比 较 译 丛 37

比 较 出 思 想

比较
Comparative Studies

韧 性 社 会
The Resilient Society

［德］马库斯·布伦纳梅尔（Markus K. Brunnermeier） 著

余 江 译

中信出版集团 | 北京

图书在版编目（CIP）数据

韧性社会 / （德）马库斯·布伦纳梅尔著；余江译
. -- 北京：中信出版社，2022.10
书名原文：The Resilient Society
ISBN 978-7-5217-4173-5

Ⅰ. ①韧… Ⅱ. ①马… ②余… Ⅲ. ①社会契约－研究 Ⅳ. ① F246

中国版本图书馆 CIP 数据核字 (2022) 第 051661 号

The Resilient Society
Copyright © 2021 by Markus K. Brunnermeier
Simplified Chinese translation copyright © 2022 by CITIC Press Corporation
ALL RIGHTS RESERVED
本书仅限中国大陆地区发行销售

韧性社会

著者： ［德］马库斯·布伦纳梅尔
译者： 余江
出版发行：中信出版集团股份有限公司
（北京市朝阳区惠新东街甲 4 号富盛大厦 2 座　邮编　100029）
承印者： 宝蕾元仁浩（天津）印刷有限公司

开本：787mm×1092mm 1/16　　印张：22　　字数：268 千字
版次：2022 年 10 月第 1 版　　印次：2022 年 10 月第 1 次印刷
京权图字：01-2022-2048　　书号：ISBN 978-7-5217-4173-5
定价：79.00 元

版权所有·侵权必究
如有印刷、装订问题，本公司负责调换。
服务热线：400-600-8099
投稿邮箱：author@citicpub.com

目 录

"比较译丛"序 ………………………………………… III
前　言 ……………………………………………………… VII

引　言 ……………………………………………………… 1

第一篇

韧性与社会

第1章　从风险管理到韧性管理 …………………… 10
第2章　韧性与社会秩序 …………………………… 30
第3章　韧性与社会契约 …………………………… 38

第二篇

防范冲击：新冠疫情的例子

第4章　对疫情浪潮的行为反应与韧性幻觉 ……… 64
第5章　信息、检测与追踪 ………………………… 74

第 6 章　沟通：对焦虑的管理 ………………… 82
第 7 章　疫苗与新常态的设计 ………………… 90

第三篇
宏观经济的韧性

第 8 章　创新促进长期增长 ……………………… 107
第 9 章　疤痕效应 ………………………………… 124
第 10 章　金融市场的锯齿状波动：中央银行保护
　　　　 金融韧性 ……………………………… 138
第 11 章　高政府债务与低利率 …………………… 156
第 12 章　通胀锯齿 ………………………………… 166
第 13 章　不平等 …………………………………… 193

第四篇
全球韧性

第 14 章　新兴经济体面临的韧性挑战 ………… 208
第 15 章　全球新秩序 ……………………………… 226
第 16 章　气候变化与韧性 ………………………… 252
第 17 章　结论与展望 ……………………………… 261

注　释 ……………………………………………… 267
参考文献 …………………………………………… 305
致　谢 ……………………………………………… 335

"比较译丛"序

2002年，我为中信出版社刚刚成立的《比较》编辑室推荐了当时在国际经济学界产生了广泛影响的几本著作，其中包括《枪炮、病菌与钢铁》、《从资本家手中拯救资本主义》、《再造市场》（中译本后来的书名为《市场演进的故事》）。其时，通过20世纪90年代的改革，中国经济的改革开放取得阶段性成果，突出标志是初步建立了市场经济体制的基本框架和加入世贸组织。当时我推荐这些著作的一个目的是，通过比较分析世界上不同国家的经济体制转型和经济发展经验，启发我们在新的阶段，多角度、更全面地思考中国的体制转型和经济发展的机制。由此便开启了"比较译丛"的翻译和出版。从那时起至今的十多年间，"比较译丛"引介了数十种译著，内容涵盖经济学前沿理论、转轨经济、比较制度分析、经济史、经济增长和发展等诸多方面。

时至2015年，中国已经成为全球第二大经济体，跻身中等收入国家的行列，并开始向高收入国家转型。中国经济的增速虽有所放缓，但依然保持在中高速的水平上。与此同时，曾经引领世界经济发展的欧美等发达经济体，却陷入了由次贷危机引爆的全球金融危机，至今仍未走出衰退的阴影。这种对比自然地引发出有关制度比较和发展模式比较的讨论。在这种形势下，我认为更有必要以开放的心态，更多、更深入地学习各国的发展经验和教训，从中汲取智慧，这对思考中国的深层次问题极具价值。正如美国著名政治学家和社会学家李普塞特（Seymour Martin Lipset）说过的一句名言："只懂得一个国家的人，他实际上什么国家都不懂。"（Those who only know one country know no country.）这是因为只有越过自己的国家，才能知道什么是真正的共同规律，什么是真正的特殊情况。如果没有比较分析的视野，既不利于深刻地认识中国，也不利于明智地认识世界。

相比于人们眼中的既得利益，人的思想观念更应受到重视。就像技术创新可以放宽资源约束一样，思想观念的创新可以放宽政策选择面临的政治约束。无论是我们国家在 20 世纪八九十年代的改革，还是过去和当下世界其他国家的一些重大变革，都表明"重要的改变并不是权力和利益结构的变化，而是当权者将新的思想观念付诸实施。改革不是发生在既得利益者受挫的时候，而是发生在他们运用不同策略追求利益的时候，或者他们的利益被重新界定的时候"。* 可以说，利益和思想观念是改革的一体两面。囿于利益而不敢在思想观念上有所突破，改革就不可能破冰前行。正是在这个意义上，当今中国仍然处于一个需要思想创新、观念突破的时代。而比较分析可以激发好奇心、开拓新视

---

* Dani Rodrik, "When Ideas Trump Interests: Preferences, Worldviews, and Policy Innovations," NBER Working Paper 19631, 2003.

野、启发独立思考、加深对世界的理解,因此是催生思想观念创新的重要机制。衷心希望"比较译丛"能够成为这个过程中的一部分。

钱颖一

2015年7月5日

前言

在新冠疫情危机的影响下,我们的世界必须解决一个关键问题:如何重塑社会,以更强的韧性来抵御不可避免的严重冲击?为此,本书主张改变我们的心态与社会互动方式。我们不能慵懒地逃避风险,而应该主动去发展对负面冲击具有韧性抵抗力的社会。

新冠疫情提供了一个良机,让我们了解如何未雨绸缪,更好地应对将来国家或国际层面的危机。本书是作者对这些议题的看法,尤其是针对世界各国如今面临的经济挑战以及我们如何应对下一次冲击,包括对疫情造成的即期与长期影响的分析。

本书旨在用成体系的方式来阐述"韧性"(resilience)的概念与原则,并使之被更广泛的公众掌握。但本书并不打算追求包罗万象、事无巨细或者高度严谨,而是提出有启发的观察视角,鼓励读者继续思考。对于那些关注政治议题、热心建设更具韧性社会的公民,希望本书能促进他们的讨论。

本书第一篇将简要介绍韧性的概念,以及如何重新设计我们的社会契约,使社会在面对意外冲击时更为坚韧。第二篇将以新冠疫情作为主要案例,阐述韧性管理的四个核心要素。第三篇探讨未来的宏观经济挑战,例如疤痕效应、高债务负担以及通货膨胀等。第四篇重点分析全球性的挑战。书中的每一章都独立成文,在阅读时无须依赖之前的章节。

笔者借鉴了其他人的思想洞见,但本书展示的是本人对主要权衡议题的分析结论,而不代表他人。事实上,这是一本尚在推进的作品。相关事态仍在发展,本书也应该被视为阶段性的成果。

引 言

在我们生活的世界中，风险无处不在。新冠疫情、俄乌冲突，以及气候变化和技术革新伴随的风险让我们感受到了脆弱。作为个人，我们发现自己可能会被重大意外事件突然袭击，而全球化、技术和医疗进步可以减轻巨大风险的传统印象被颠覆。世界各国面临各种动荡，从新冠疫情，到俄乌冲突导致的能源和食品短缺，以及日益严重的气候威胁……

当然与此同时，快速的新冠疫苗开发等成就也让我们有理由对医学和技术的力量保持信心。可是怎么看待社会的脆弱性呢？我们的社会是会很快恢复正常，还是会留下永久的疤痕？最重要的一点是，社会能否在未来克服类似的冲击？这正是本书要探讨的主题。

从投资组合风险到保障风险，再到疫情风险，我们时刻需要同风险打交道。传统上我们采用风险管理的办法，测算采取某种行动时面临的风险大小，并评估自己能否承受。

本书认为我们应该改变思维模式，把韧性概念放到核心位置。这个术语意指反弹恢复的能力，而不同于稳健性（robustness，又译"强健性"）的概念，后者是指抵御的能力。在某些时候，稳健性并不是最佳出路。这就像让·德·拉封丹（Jean de La Fontaine）的著名寓言《橡树与芦苇》描述的，韧性是指有能力经受住风暴并恢复元气。[1] 橡树极具稳健性，高大挺拔，在寻常的大风里显得坚不可摧。与之相比，芦苇则是柔韧的，微风也会使之弯腰。可是当强风暴袭来时，芦苇却高声宣告："我将弯而不折。"

这一说法包含了韧性的本质。当风暴过去后，芦苇将回到原状，完全恢复。坚固的橡树可以承受强风，但在风暴过于猛烈时，它将被折断。而橡树一旦倒下，就不可能再复原，缺乏韧性使它难以重建。始终处于摇摆运动中的芦苇虽然看似脆弱，却远比橡树更具韧性。

本书主张把重点放在韧性管理上。我们可以适应调整但能恢复的风险，承担这类风险通常是值得的，因为这往往对社会有益。创业行为从本质上讲就是冒险，许多初创企业会失败。但如果企业家们能快速恢复，继续追求下一个梦想，他们的创造力最终会催生成功的独角兽项目，支持社会的经济增长。

因此，我们有必要区分具备韧性承受力的风险与不具备韧性承受力的风险。对于可能把我们带入陷阱、难以反弹、留下长期负面效应的风险，应区别对待。如果缺乏韧性，落入陷阱的成本太高，风险规避或许是更可取的策略。

在现实操作中，韧性管理意味着发扬促进韧性的因素，抑制破坏韧性的因素。

韧性可以通过替代性来提升，例如能够应用于不同行业的学习技能,这类技能不容易受某个行业下滑的影响,便于劳动者转移到其他行业。多样性也是促进韧性的因素,借用大自然的一个类比,由单一树种组成的森林更容易受特定病虫害的影响,而多树种组成的森林则更为强韧。

一方面,在生产层面,我们的社会试图按照"追求时效"(just in time)原则来管理生产体系,也就是说,把流量最大化、存量最小化作为全球价值链追求的目标。相比而言,韧性的概念引领我们重视"以防万一"(just in case)的方式,它将赋予我们在遭受冲击后快速恢复的能力。为此,我们必须优先考虑韧性,把保留冗余当作优点,而非罪过。安全缓冲是有用的,因为它能帮助我们吸收冲击力。韧性思维方式提供了成本分析测算的一种新方法。

另一方面,我们需要避免落入陷阱等进退不得的情形。负面反馈循环属于更糟糕的现象,形势的螺旋式发展会导致失控,毁坏韧性。社会是由人们之间的相互作用形成的,没有人能真正独行。我们如何对其他人的行为做出响应,同样影响着韧性。人们的共同行为彼此强化,形成反馈循环,就可能破坏系统稳定和韧性。例如,当有人开始囤积卫生纸时,其他人看到后也如法炮制,结果将造成卫生纸短缺。

为提升韧性,人类社会需要组织起来。可以采取集中设计的组织形式,例如制定宪法;也可以采取分散化的自发组织形式,例如社会规范。没有人明说,泳池边上其他人放了毛巾的椅子,你不能坐,但社会对此心照不宣。尽管没有任何集中组织者对此负责,但如果你把别人放好的毛巾拿走并坐上去,肯定会被众人鄙夷。集中设计与自发秩序都是社会契约的组成部分,均可以用来提升韧性。

本书认为,韧性可以成为指引后疫情时代社会设计的指南。[2] 韧性这一普遍原则能帮助我们思考，如何让社会做好准备，增强团结，以更好地应对未来的冲击。全书将借助经济学家的视角来考察医疗卫生与社会契约问题。

对社会进步来说，保证个人自由至关重要，让他们能够去梦想、尝试、谋略、规划，也包括遭遇失败。在我看来，这种自由对于保证人类的尊严同样必不可少。然而，人们不应该在跌入贫困之后被套牢，而应该拥有恢复的能力，能够在吸取失败的教训之后再做尝试。个人破产保护制度正是服务于这一目的的。所以，社会应该鼓励尝试与好奇，同时增强个人的韧性，而非屏蔽一切失败的可能。

社会契约的执行

本书将探讨有韧性的社会契约该如何执行的问题，无论是通过政府行动还是社会规范。威权政府利用强制力来限制外部性，而开放社会的政府必须更多借助劝诫的力量。由于疫情，钟摆可能偏向增加政府干预，导致个人自由受限制。社会规范是执行社会契约、将外部性内部化的另一种手段，属于自发秩序，由民众自己执行。例如在日本，即使没有政府的压力，国民也普遍遵从佩戴口罩与保持社交距离的建议，因为他们担心不这样做会在社会上招来污名。

对于社会上分散的各种信息，市场发挥着重要的汇聚作用。例如当很多人喜欢某种产品时，他们就会增加对该产品的需求，推动其价格上涨，给企业发出增加供给的信号。

上述所有因素——社会规范、政府指令与市场机制——都可以在社会契约的执行中发挥作用。我们必须认识到，如果社会契约的执行能对冲击做出灵活反应，则社会与社会契约将更具韧性。根据危机的不同性质，我们需要对社会规范、政府指令与市场机制等手段的组合做出调整，而这些调整要求有细致的洞察力。过分的灵活度可能反受其累，因为人们需要有清晰一致的社会框架作为基础，以便在制定未来的预案和规划时至少有一定把握。

所以，我们迫切需要弄清楚当冲击如浪潮般涌来时（就像本次疫情），人们的行为会如何改变。危机管理需要信息。为理解新的情况，还需要开展实验。精准的沟通同样重要，部分源于它对人们的行为有巨大影响力。不过如我们所见，在疫情期间传递关于公共卫生指引的真实信息其实颇具挑战，包括很难让人们理解未实际发生的反事实情形，例如在不采取某些公共卫生措施时估计会出现的新冠死亡人数。

最后，对危机的任何韧性应对措施都会涉及对新常态的构想。本书旨在帮助读者们思考未来：危机结束后的社会将是什么样子？我们下一步将走向何方？

长期作用因素与矛盾关系

从宏观经济学与金融学的视角看，我们应该接受波动存在的现实，同时培养恢复的能力，即韧性。换句话说，为实现长期增长，我们需要欢迎并灵活适应颠覆性技术进步。看似有些矛盾的是，用这种柔韧方法来应对冲击比维持现状的风险更小，因为后者可能会造成长期停滞。

与近期疫情类似的冲击可能会在冲击后的复苏阶段触发两种长期因素发挥作用。一方面，新冠疫情推动了若干领域的技术进步与创新，这些新技术可以增强韧性，给应对未来的冲击带来更强的调整能力。

另一方面，长期的疤痕效应可能会削弱韧性。丢掉工作的劳动者可能会丧失技能，难以返回劳动力市场。教育体系内部的扰动可能留下人力资本创伤。最后，企业可能背上过重的债务，如果债务负担拖累企业的投资，经济将长期受损。

为保持韧性，我们必须避免金融市场发生灾难。金融市场在2020年和2021年早期保持了韧性。在2020年3月的初期恐慌后，中央银行的干预迅速消除了市场上的尾部风险，稳定了资产价格，形成锯齿状的下跌－反弹走势。随着各国中央银行控制了负面结果蔓延的风险，企业因为利率下调而获益，获得了急需的流动资金。此类场景在未来可能使经济更具韧性，但也可能造成中期的金融不稳定。

公共债务在危机期间通常会大增，新冠疫情期间正是如此。疫情造成了比2008年还要严重得多的根本性冲击，但大规模财政刺激计划在目前避免了大萧条那样的后果。不过，人们对债务可持续性与长期经济表现仍有担心。只有政府债务在长期可以持续，社会才具有韧性，否则将面临相当的通胀风险或者债务过重带来的通缩风险。就目前而言，由于低利率与政府债券的安全资产属性，美国政府的债务负担仍可承受。但是，对容易遭遇利率飙升的其他国家来说，利息负担有可能急剧增加。因此关键在于，需要警惕债务市场的此类潜在负面波动。

还有种风险是，通胀可能在中期表现出锯齿状的走势。2020年，被压抑的需求降低了通胀率，但通胀的力量可能在将来释放出来。为提升韧性，各国中央银行必须对通缩陷阱和通胀陷阱持续保持警觉。好比有强劲制动的高速赛车，独立的中央银行可以在经济陷入衰退时刺激复苏,也可以在经济快速增长时踩刹车收紧政策。只是在任何时候,如果收紧的货币政策会增加政府的偿债成本,中央银行与政府之间就可能发生利益冲突。

只有当社会具有公平性,且不平等受到制约时,社会契约才具有韧性。至少就美国而言,新冠疫情暴露了不平等给社会各个方面造成的危害。族裔不平等变得更加突出,医疗服务不平等同样凸显,让不同社群迎来不同的命运。新冠疫情好比一台X光机,揭示了各个国家在表面之下暗藏的挑战。

全球韧性

最后,本书将探讨全世界作为一个整体如何提升韧性。新冠疫情提醒我们,今天我们所生活的社会需要全球韧性。我们再次看到一种传染病如何飞速地蔓延到整个世界。病毒从动物宿主传染到人身上或许让人感到惊异,但其实很常见,它几乎每周都在发生。动物源性病毒发生人传人的情形则罕见得多。因此,禁止活物交易市场、建立早期预警系统和改进对疾病暴发的早期响应,乃是提升全球韧性的关键所在。[3] 此类干预还有助于侦测新冠病毒的变异,例如2020年后期在英格兰西南部与南非发现的变种,以及2021年春天在印度发现的德尔塔变种。

由此涉及关于国际秩序的更广泛议题。与过去的卫生危机应对以及抗击气候变化的斗争相似,全人类在近期遇到了一个共同的敌人:新冠病毒。然而自疫情暴发以来,国际合作的议题一直没有被提到优先位置上。在我写作本书时,许多国家依然在单方面地采取保证疫苗供应的行动。

新兴市场与发展中经济体面临的挑战尤为艰巨,既要保持韧性,又要逃离贫困陷阱与中等收入陷阱。发展中国家应对冲击的政策空间更为受限,例如疫情危机中的封锁措施引发了饥荒,以及因其他疾病的免疫接种被耽误而导致的潜在死亡。另外,发展中国家的财政空间也较小,这限制了它们培育社会韧性的能力。假如爆发另一场危机,紧张的公共资金将没有余力来提供更多的刺激。

展望未来,国际关系将在后新冠世界的塑造中扮演重要角色。美国与中国的暗中角力可能在多个领域造成影响,包括数字化、网络安全、势力范围与国际贸易等。与此同时,欧洲将不得不做出决定,是与美国更紧密地站在一起,还是在中美之间保持更为独立的身份。新冠疫情还突显了深度一体化的全球价值链的脆弱之处。在未来,供应链可能需要更加多元化,以增强韧性,哪怕会为此付出略高的成本。

最后同样关键的是,气候变化与环境可持续议题也离不开韧性原则。我们将遇到冲击和挫折,但我们仍必须靠创新来减少排放。否则,社会将被推向不可逆转的危险的临界点(tipping point,又译"引爆点"),使我们愈加脆弱。一次普通冲击或意外事件都可能把我们推到无法回头的边缘,或者持续恶化的状态。

许多因素都可能造成冲击,疫情仅是其中之一。新冠危机充分表明,不做好风险应对准备可能导致全球性的巨大破坏,特别是对缺乏韧性来迎接未知情形的某些国家。因此,我们有必要重视本书的主要议题。当下一场不曾预料的危机袭来时,例如大规模互联网瘫痪、网络攻击、生物工程实验事故、某种超级病菌、灾难性气候事件,如果社会契约的设计能让我们在受创之后迅速反弹,全人类都将因此获益。

第一篇

韧性与社会

　　韧性与社会契约如何能够指引我们的社会和共同生活方式？本书第一篇将对此展开详细讨论。第 1 章介绍韧性与韧性管理的概念，并与常见的风险管理概念进行比较。第 2 章将讨论不同组织结构的韧性，特别是设计结构与自组织结构的特点，说明自组织结构可以表现出惊人的韧性。第 3 章将探讨韧性对社会契约的意义，尤其是如何让我们作为一个和谐群体共同生活，并使社会契约本身也变得更为坚韧。

第1章　从风险管理到韧性管理

韧性是指在冲击之后做出响应和回弹的能力。韧性甚至可以为促进增长与可持续性开启新的大门。

韧性的定义

环境会沉浮变迁，但通常跟随某种趋势，随着时间平稳推进。社会偶尔也会遭遇冲击，从而偏离正常趋势与预期结果。冲击可能导致突变，例如股票价格或个人财富的大幅涨跌。

在冲击发生之前，我们通常清楚某些事情有可能突然改变，并预测可能的路径。当然对于冲击是否会真正出现，这种事前推测具有盲目性。我们只能为此类事件设定一个概率，某些冲击极为罕见和怪异，某些则更可能发生。某些冲击是好事，某些则是坏事。某些未来场景是危险的，例如新冠疫情冲击。还有些场景则是完全没有料到的，甚至根本无法想象。

  冲击具有两个重要特征：振幅与频率。剧烈冲击带来的破坏比小型冲击更大，区别展示在图1.1中，右图的冲击幅度更大。

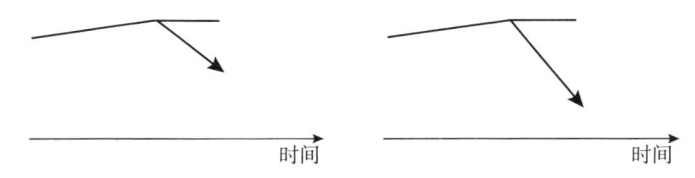

图1.1　本图描述了冲击的影响程度：相比右图的冲击，左图的冲击影响更小

  韧性意指在冲击发生之后出现的情形。长期延续的影响被称为持久冲击，如图1.2的左图所示。相反，如果社会像弹簧垫那样反弹，则是一个韧性恢复过程，如图1.2的右图所示。用规范的数学语言来说，韧性是指回归均值，返回到初始状态。事实上，韧性的概念最早源自材料科学。例如某种金属在压力（冲击）之下变形，此后又回到初始状态，则说这种金属材料具有韧性。

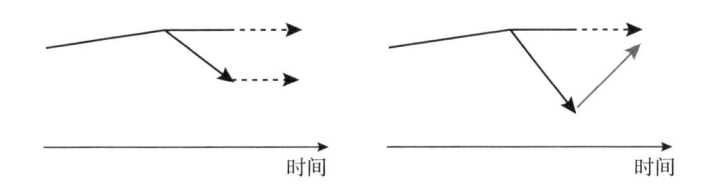

图1.2　本图展示了冲击之后的延续过程：在左图中，冲击呈现持续的状态，右图则展示了恢复原状的韧性过程

  左图中的冲击幅度较小，但留下了持续的影响。与之相比，右图中的冲击只是暂时现象，系统表现出部分回弹。用统计学的术语来说，参数回到了均值附近。

  更令人不安的场景是，冲击的影响变得越来越严重，例如螺旋失控状况。这与韧性的情形相反，但并没有在图1.2中展示。

在过去十年中，经济学界越来越多地讨论起韧性话题（例如Bank，2022；OECD，2016）。本书要探讨的韧性概念则要宽泛得多，不仅指社会在遭遇经济负面冲击后反弹恢复的能力，还包含政治、气候或健康等其他类型的冲击。我将在给出韧性的定义之后，集中分析如何提升一个社会的韧性。

有韧性的风险与无韧性的风险

大多数金融或风险管理活动着眼于减少风险，本书则强调如何管理韧性。与风险管理不同，韧性管理不代表规避风险。恰恰相反，有时候引发某些风险有可能提升韧性，稍后我们将对此做详细探讨。

风险管理是静态的，通常以风险价值来测算，例如在某个置信区间里会发生多大的损失。[1]

更一般地说，在冲击发生前，我们就面临着风险。例如回到前文的图1.1，左图中描述的事前风险比右图更小，因为可能的冲击幅度较小。这里假设两幅图里的冲击的发生概率相当。当然在现实中，冲击发生的概率或者频率可能有所不同。例如，气温或股票价格可以在一段时间内保持稳定，然后突然上升或下降。用统计学术语来讲，振幅与概率分布可以合并到一个名为"方差"（variance）的指标中。

风险管理的一种策略是风险规避，此时，社会将以减少冲击的频率和幅度为目的来组织。为使风险暴露最小化，有人或许不能从事某些活动或者要求免除某些责任。

风险规避策略有两个缺陷。首先，它可能从根本上打击本可以带来巨大社会与经济回报的风险活动。事实上，社会应该鼓励此类冒险，否则就无法充分获得企业研发投资带来的收益。如果对有风险的研发投资不足成为常态，各家企业就没有足够的激励去创新，从而降低社会收益。其次，风险规避策略仍可能遭遇失败。无论我们以多大的努力减少风险暴露，某些风险依然可能以出乎意料的方式发生。新冠疫情正是这样的鲜明案例。

反过来，韧性管理策略采用的是动态视角，它关注恢复到新常态需要多长时间？冲击的半衰期有多长？用数学术语来表述，韧性可以用均值回归来测算。均值回归越快，意味着韧性越强。

本书主张改变我们的思维模式。我们应该把风险区分为有韧性和无韧性的不同类型，而非单纯地规避风险。有韧性的风险值得承担，尤其是在采用试错策略，能借此提升预期增长率的时候。相反，对无韧性的风险则应该规避。或者说，我们的关注点并非风险本身，而是破坏韧性的因素以及如何采取相应的行动。

上述第二种策略以接受风险为基础，同时借助制度、规则与社会活动形成的体系来确保韧性。若得以成功实施，该策略将可以促进风险承担和经济增长，并在潜在危险发生时给社会提供保护。

韧性与稳健性

与韧性不同，稳健性是指不靠调整而抵御冲击的能力。在大多数情况下，稳健的系统可以保持常态，继续良好运转。好比橡树那样，稳健的系统能够经受住大部分冲击。稳健性也不同于简单地回避风险，橡树要经历风雨和其他冲击，需要足够的冗余与缓冲资源来抵御和承受这些伤害。

然而，橡树过于僵硬，在极端情况下，当它达到稳健性的边界即临界点时，可能会折断。系统越稳健，运行成本就越高，因为需要更多的安全缓冲资源。覆盖所有可能性的完全稳健性（即零容错的要求）通常是不切实际的。

相反，韧性是指在遭遇冲击后以动态方式恢复的能力。与芦苇类似，它会让步、适应、调整，然后恢复。韧性可以覆盖更多可能性，从而在足以打破"稳健性堡垒"的冲击下存活。[2] 韧性要求适当的让步，以降低成本，这是它的核心前提，所以提升韧性可以使经济更有效率。我们面临的选择是：一个成本较高却足够稳健的解决方案，一个更为节约、需要经常针对各种情形做出调整的韧性方案。

我们还可以通过另一个类比来揭示这两个概念的区别。让一座摩天大楼在任何风暴中不动如山，这需要数量极其庞大的材料，其造价极其高昂，甚至可能沉重到无法支撑起来。反过来，一座有韧性的大楼则会在风中略微摇摆，例如芝加哥的威利斯大厦在大风天两端摇摆幅度可以达到 3 英尺（约为 91.44 厘米）。[3] 这种有韧性的建造方式成就了更高、更轻并有靓丽玻璃幕墙装饰的现代建筑。[4]

冗余是指安全缓冲，它对稳健性与韧性都至关重要。不过，两者需要的安全缓冲类型各异。稳健性要求为可能遭受冲击的每个单位和每项任务都提供冗余备份，一旦有某个部分出问题，必须立刻予以替代。与之相比，韧性系统对冲击的处理是在临时退避后重组资源。敏捷性、灵活性、流动性与通识教育是韧性系统在冲击后实现部署调整的关键。

有韧性的路径与趋势

冲击与机遇会反复出现。图 1.3 描述了两条增长路径，每条都可以代表某个共同基金的累积回报、某个经济体的长期增长，或者某家初创企业的成长轨迹。此处的讨论对这三种情形是通用的。如果决策者只关注规避风险，也就是极少发生波动的情形，那么黑色直线代表的路径将更具吸引力。这条路径没有波动，但平均增长率较低。增长率较低要么是因为规避风险，同时也放弃了增长机遇，要么是因为采纳稳健增长策略，付出了大量高成本的缓冲和冗余投资。另一条黑色波浪线代表的路径则是有更高增长率的情形，但伴随着显著的上下波动。高度重视风险规避的人会选择直线路径。[5]

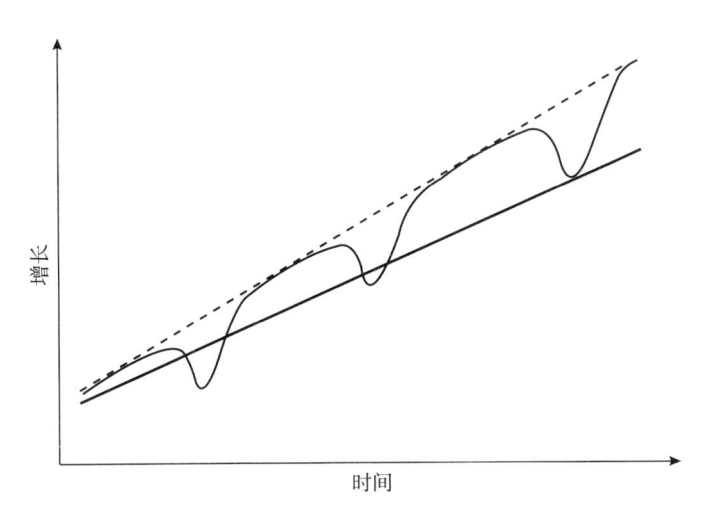

图1.3　风险规避路径（直线）与波动大但有韧性的路径

但我们有必要认识到，波动性更大的这条路径非常具有韧性。在每次下跌后，它都能完全反弹并重新增长。韧性策略关注如何增强在波动中支持反弹的那些基本因素。在更长的时期里，更高的增长率将产生累积效应，使得两条路径之间的差距呈指数化扩大。可以说，图1.3简明扼要地揭示为什么风险最小化策略有可能牺牲巨大收益，而韧性管理如何可以获得卓越的成果。值得关注的是，在图中的第三个波动处，韧性策略低谷部分的表现已优于风险规避策略。

关于这种差异的一个切实案例来自对商业周期成本的经济学分析：我们愿意为消除商业周期的波动付出多少代价？诺贝尔经济学奖得主罗伯特·卢卡斯（Robert Lucas）所做的研究表明，我们愿意付出的很少。或者说，为消除商业周期而牺牲部分长期增长是得不偿失的。当然，卢卡斯在分析中把复苏视作理所当然，而且没有考虑如何设计有韧性的经济的课题。与之相反，追求风险最小化的人会愿意付出相当高的代价，并接受更低的长期增长率，以消除波动（好比图1.3中的直线路径）。但这一思路完全忽视了韧性。许多年来，美国经济在每次衰退之后都能稳步复苏，至少在2007年之前，美国经济都非常有韧性。

泰国与印度在20世纪80年代到21世纪头10年早期的增长经历对比也可以提供佐证。泰国经济大幅对外国投资和资本进出开放，在许多年里实现了强劲增长，但也在1997年亚洲金融危机中遭到沉重打击。相反，印度的市场开放程度更小，增长率远逊于泰国，但非常平稳地度过了1997年危机，没有出现任何衰退（Ranciere et al., 2008）。不过总体而言，泰国经济的波动性虽然更高，自1980年以来的累积GDP增长业绩却始终高于印度，即便在1997年的危机中亦不例外。

韧性与可持续性

韧性的概念还可以和可持续性联系起来，后者是本书中气候变化一章关注的焦点。能够在长期中坚持的发展才是可持续发展。

韧性对可持续性而言必不可少,它能防止个人或社会在遭受冲击时跌下悬崖。但仅靠韧性还不足以维持长期发展,如果社会因为某些基本因素的作用而发展缓慢甚至恶化,未来仍将变得可怕而无以为继。

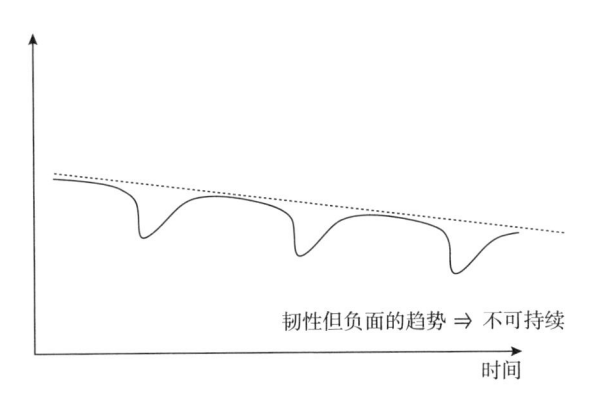

图 1.4　有韧性但呈现负面趋势的路径是不可持续的

图 1.4 说明了仅靠韧性不足以保证可持续性的情况。图中曲线代表的发展路径很有韧性,每次遭遇负面冲击后都能反弹,但并未扭转缓慢的下滑趋势。所以除具有韧性之外,可持续性还要求消除整体上的负面发展趋势。

韧性策略

我们如何获得韧性?韧性策略成功的关键在于双管齐下:第一是控制初始的冲击,危机的范围和严重程度需要受到限制;第二是为复原创造条件。在这两方面齐头并进是非常重要的。例如在新冠疫情中,我们不能只实施封锁,同时还应该开发先进的疫苗。有些国家忽略了第二个方面的努力,因此到 2022 年初依然不得不继续实施严厉的封锁措施。

恢复可能是回到原先的正常状态，也可能是走向新常态。危机往往推动创新，例如新冠疫情就促进了mRNA（信使核糖核酸）疫苗的开发以及居家办公方式的普及。恢复到新常态的现象，可能让人们联想起纳西姆·塔勒布（畅销书《黑天鹅》的作者）的反脆弱观点（Taleb，2014）。对于事前有所准备的风险，我们通常能够更好地实现恢复。为韧性做准备不代表规避所有风险，而是选择我们善于恢复的风险，规避不太具有韧性的风险。

至于如何做好第二个方面的努力，首先要在事前识别更具韧性的风险。具体来说，这些风险不带有陷阱、反馈循环、临界点等破坏韧性的因素。其次在冲击发生后，我们可以采取一些行动来激发可替代性、多样性等提升韧性的因素。

韧性提升因素

个人或社会如何获得相应的能力和知识，以实现快速调整和反弹恢复？我们该如何提升韧性，增强灵活调整与应对冲击的能力？

适应性、灵活度与变革能力

韧性的第一个促进因素来自适应性和灵活度。我们需要适应新环境的能力，保持敏捷，快速学习，而僵硬度（rigidity）对恢复来说不是好事。用金融学的术语来说，流动性才能带来韧性。流动的易变现资产组合能够根据需要随时调整，而非流动资产组合在危机时期可能会出现梗阻，使证券卖不出去。

从根本上讲，我们面临两种类型的不确定性。一类是"已知的未知"，即我们知道存在某种特定风险。例如我们不知道明天的天气，但知道基本的天气类型，晴天或者雨天等，于是就可以针对具体情况预先准备好应对方案。如果下雨，最好带上雨伞或雨衣。如果天晴，则不必如此。此时我们的应对函数大体上类似于某种规则。

当然，规则并不完全等于稳定，因为可能会出现规则没有预测到的情况。对此采取相机决策是合理的，可以确保应对意外情形的必要灵活度。

另一类不确定性是"未知的未知"，要求不同类型的应对函数。此时，仅靠事前确定的算法已经不够，还需要制度框架来帮助我们对意外情形做出反应。例如通过治理规则来提升信任度，从而增强应对能力。中央银行在控制通胀目标上如果有很高的可信度，就更容易利用量化宽松等非常规货币政策工具来干预市场，因为公众相信，如果通胀率过高，央行肯定会采取措施。反之，若可信度不够，采用非常规货币政策工具会导致通胀的锚定预期被撼动。

可替代性

可替代性能带来承受冲击与灵活调整的韧性。如果某个行业的劳动者获得的灵活培训能够应用于其他行业，当所在行业遭受负面冲击时，他们或许能去其他行业寻找工作，从而恢复就业。反过来，如果转换成本太高，劳动者的技能不容易应用于其他领域，他们就可能被困在原来的行业里。

许多汽车制造商在供应链上采用各种非常专业化的芯片，例如GPS（全球定位系统）系统使用的芯片既不同于巡航控制系统的芯片，也不同于开锁系统的芯片。近期的芯片短缺导致汽车制造在新冠冲击后复苏缓慢。如果汽车采用的各种芯片之间有更好的替代性，则可以提升韧性，我们或许能将其命名为"乐高原则"。如果每个原件都像乐高积木那般易于替代，遭受冲击时就能表现出极大的应变能力。

由于目前汽车制造采用高度专业化的芯片，即便只有一种芯片缺货，汽车也无法完工。如果芯片更容易相互替代，巡航控制系统的芯片能为 GPS 系统所用，短缺现象就不会变得过于严重。与乐高积木一样，巡航控制系统的芯片可以调整为其他用途。

采用共同的标准往往能促进可替代性。如果各家汽车制造商都采用不完全相同的螺丝钉，则不同汽车的零部件会很难相互组合，任何一个出故障的螺丝钉都必须用专门的型号来替代。而如果采用通行标准，让大多数汽车使用相同的螺丝钉，就会极大地提升可替代性，在需要更换螺丝钉的时候变得韧性十足。

可替代性还与时间期限关系密切。著名的勒夏特列原理（Le Chatelier principle）认为，从长期看，新投入或新经济活动的替代性会变得越来越强。这个原理出自化学领域，被保罗·萨缪尔森借用到经济学中。它意味着调整和适应能力的普遍增强会提升韧性。

俄罗斯在与乌克兰爆发冲突后受到西方国家制裁，这个例子同样凸显了可替代性的意义。从短期看，德国等国家难以在实施制裁后立即找到俄罗斯油气资源的全部替代品。可是就中期而言，德国很可能找到其他能源供应国，或者加大绿色能源产出，以替代从俄罗斯的进口。

多样性与开放态度

多样性是韧性的另一个促进因素，它同时还能增强稳健性。只包含一个树种的森林在韧性和稳健性两方面都较为缺乏。如果遭遇这个树种容易感染的疾病，整片森林可能全部死亡。它面对疾病不够强健，同时在受创后也不能恢复。多样性则可以实现分散化。包含多个树种的混交森林在遭遇特定树种的疾病侵袭等冲击的时候，抵抗能力会强大得多。

与之类似，所有人都从事相同行业（如旅游业）的社群更容易受特定类型冲击的损害。如果该行业面临低谷，社群中的所有劳动者都会受影响，没有人能给其他伙伴提供保险。反之，如果人们分散在不同行业，当旅游业受挫时，则其他行业的人就能给旅游业从业者提供救助。

多样的文化通常还有着更活跃的创造力与突破性思维，多元化的社会更容易发挥特立独行者的优势。

缓冲与冗余

存货给韧性提供了额外的缓冲资源。发展中国家在食品价格上涨时，可以释放库存的粮食来救济民众。根据需要做灵活的存货管理可以提升韧性，降低对缓冲资源的数量要求。

与稳健性缓冲相比，韧性缓冲更为灵活，能应对不同的环境。稳健性策略要求准备多种缓冲资源，以覆盖任何一种意外情况。韧性缓冲资源则要求有足够的灵活度，可以应对各种"已知的未知"或"未知的未知"风险。

有时我们面临利弊权衡，例如在短期内反弹意味着更容易受下次冲击的影响。我们动用缓冲资源来避免当前危机，防备后续冲击的储备就会相应减少。

图1.5展示了采用"随时清障式"策略为何会损害韧性。图中的实线在初期避免了可以顺利恢复的、较小的危机。但为避免这些

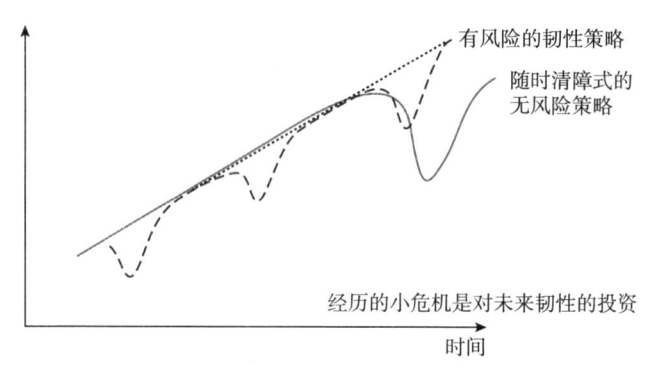

图 1.5　随时清障式的无风险策略与有风险的韧性策略

危机，它动用了缓冲资源，导致韧性面临的潜在风险逐渐积累。到第三波冲击到来时，虚线代表的韧性策略占据优势。这显示承担一定风险的韧性策略要优于表面上稳定却长期积累风险的策略。

归根到底，我们需要做好动态权衡：动用多少缓冲资源应对当前危机，保留多少资源防备未来冲击？这就涉及短期韧性与长期韧性相权衡的韧性结构（structure of resilience）的概念。例如，某个国家在遭受冲击后考虑如何利用世界银行或国际货币基金组织的援助，是尽早借款，以争取迅速反弹？还是更有耐心地开展行动，以维持韧性，给未来的冲击留下政策空间？[6]

风险暴露有助于培育韧性

偶尔经历小规模冲击还有一个好处，就是人们能学习如何应对冲击。当个人或社会暴露在某些风险之下时，他们便有机会学习如何调整规划，以应对未来的类似危机，从而提升韧性。

人类的免疫系统就是这方面的绝佳案例。为发展出抗体和对病菌的抵抗力，免疫系统需要暴露给病原体。如果免疫系统被隔离在高度无菌的环境中，人体就不能发展出抵抗力。在离开无菌环境时，人体没有经历过与病菌搏斗的训练，将更容易受到感染。类似的，许多企业家经历过失败，但这些经历帮助他们开发出了极为成功的独角兽商业模式。如果具有韧性，人们就能通过挫折来改进自己的思考与实践。

整个社会同样如此，经历小规模冲击有助于社会改进抵抗未来冲击的能力。中国台湾在新冠疫情暴发初期的应对非常成功，正是因为当地从 2003 年的萨斯（SARs）疫情中学到了如何实施紧急计划。[7]

风险暴露与避免失衡累积

偶尔的小危机能帮助提升韧性，背后还有一个原因。危机带来了促进必要调整的机遇，若没有调整，失衡程度会逐渐累积。此时，维持表面的稳定会导致最终不可避免的危机变得越来越严重，系统的反弹能力越来越弱。与之相反，在小型危机较为频发的系统中，每次冲击都伴随着反弹，灵活性与敏捷性得以维持。所以相比表面上稳定的系统，后者更具韧性，更能抵御风险。

这一现象有时被称作波动性悖论（volatility paradox），它意味着，当波动性非常低的时候，我们应该特别保持警惕。金融市场进入高度紧张的时期之前，就可能遇到波动性特别低的情况。例如在大衰退发生前，某些经济学家曾经认为，深度衰退已经成为遥远的过去，因为 20 世纪 80 年代以来更为精巧的经济政策从根本上消灭了这种现象。但事实上，或许正是 20 世纪 90 年代到 21 世纪初期相对平缓的商业周期给 2008 年的深重危机埋下了隐患。

韧性破坏因素

陷阱

由于韧性往往涉及人们对冲击的反应，下面我们来讨论对韧性尤其具有破坏性的冲击。"陷阱"会摧毁韧性，让人们在冲击后无力反弹。例如某位雇主解聘一位员工，使后者无力继续负担孩子们的在校教育，她的子女的潜力就会被严重损害。这些孩子几乎没有办法应对冲击。好比拉封丹寓言中的橡树那样，一旦被风暴连根拔起，橡树就会枯萎死亡。

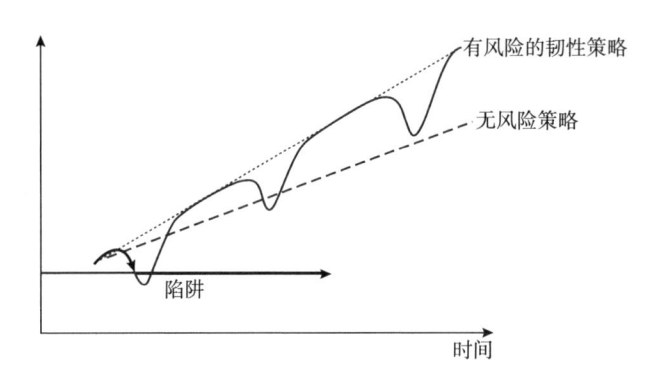

图 1.6　存在陷阱时，无风险策略与有风险的韧性策略

图 1.6 展示了陷阱的影响。一旦发展轨迹落入陷阱，即超过某个临界点以后，就不再能够复原。因此，陷阱会永久性地损害韧性。图中的有风险策略本来能带来更高的增长，但如果落入陷阱，所有可能的收益都将不复存在。所以当存在陷阱时，更有韧性的选择或许是无风险策略，至少在陷阱威胁消失前是如此。有限责任制

度就是一种帮助人们在负面财务冲击之后可以应对和反弹的手段。

反馈循环

遭遇负面冲击时，人们的反应可能导致不稳定的反馈循环，削弱整体韧性。因此应对措施在某些情况下有可能成为破坏韧性的因素，使形势变得越来越糟，而非走向反弹。

或者说，人们可能在相互之间造成更多的外部性，使社会的均衡与韧性持续恶化。我们称之为"反馈式外部性"（feedback externalities）。一个典型案例是银行挤兑。如果银行的许多客户在同一天去取钱，就会给银行造成动荡，带来负外部性。如果人们的取钱行为刺激其他人也加入取钱队伍，就会招来更多的"反馈式外部性"。最终，这一过程可能发展成全面的银行挤兑，由于银行通常来说不会保留足够多的存款，它们将被迫终止提款服务。

从抽象的意义上看，囤积口罩同银行挤兑属于同一性质。商店原本有足够多的口罩，可以为潜在客户每人供应一副口罩。但由于出现囤积行为，商店可能在口罩供应上丧失"流动性"。

这两种挤兑都显示了反馈式外部性的巨大影响。导致银行挤兑或口罩囤积的极少数人会给其他许多人带来负外部性。经济学家把这种反馈归因于所谓的"策略互补"。图1.7描述了这种囤积行为，假设某些人（包括A）购买了超出正常需求的卫生纸，于是其他人（包括B）能获得的卫生纸相应减少，B就受到了负外部性的影响。看到这种情形，其他人可能推测卫生纸出现短缺，于是他们也增加了购买量。接下来，A将受到他自己引发的负外部性的冲击。随着卫生纸变得极为稀缺，A会选择囤积更多，B也选择购买更多作为应对。到某个时点，所有卫生纸都被抢光，反馈循环才停止。外部性加上反馈循环的作用，会成为真正的"韧性终结者"。

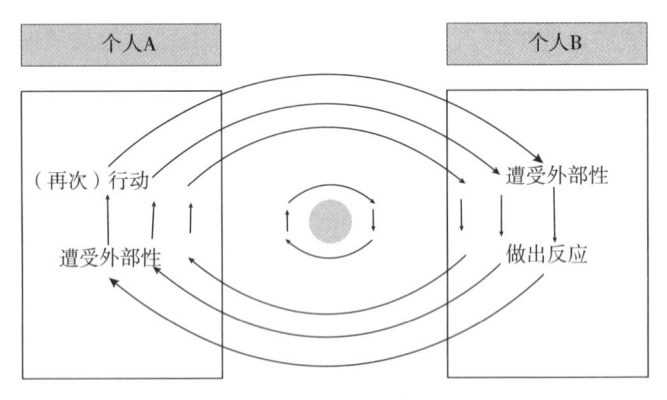

图 1.7　反馈式外部性的循环

与导致失衡的反馈循环相对，则是"动态稳定"（stabilizing dynamics）的状态。当一个暴露于负外部性的人采取特立独行的应对策略时，就会出现这种动态稳定机制。尽管有担忧，但此人仍坚持不抢购卫生纸，甚至把自己多买的部分返还回来。然而，一旦反馈循环被启动，仅靠少数特立独行者将无法使其停下来，这时需要政府的干预。

更广泛地说，数千年来人们早已认识到恶性反馈循环的潜在破坏作用。古代社会采用"以眼还眼、以牙还牙"的复仇规则，正是为了控制暴力的恶性循环。如果没有这些规则，一次事故可能触发更为严重的报复事故，再导致更多的报复。而采用复仇规则，则会使这一循环在前面两步之后停下来。当然，给失去眼睛和牙齿的人提供家畜或者金钱作为赔偿，会是更好的解决办法。

临界点

反馈效应的发生往往是在到达临界点之后，临界点是对韧性的严重威胁，一旦跨越，韧性就会丧失。例如，一次很小的触发事件可能把暗中怨气弥漫的社会推下悬崖，走向解体，陷入内乱。而一旦出现暴力事件，再回到和平共存将变得非常困难。[8]

尽管本书认为，在处理风险时，韧性策略通常优于稳健性策略，然而韧性策略也有自身的局限。遭遇强风暴时，坚挺的橡树可能被折断。而在更强的风暴中，韧性十足的芦苇也可能被刮走。所以，韧性并不能让我们免除所有的风险，只是说韧性带来的保护经常胜过稳健性的作用。

许多时候，我们不容易知道何时可能达到临界点。在它到来之前，一切都看似平稳如常，之后却迅速恶化。临界点会使社会运转呈高度非线性的特征。

韧性策略有时候是逃离临界点的唯一办法，如图1.8所示。

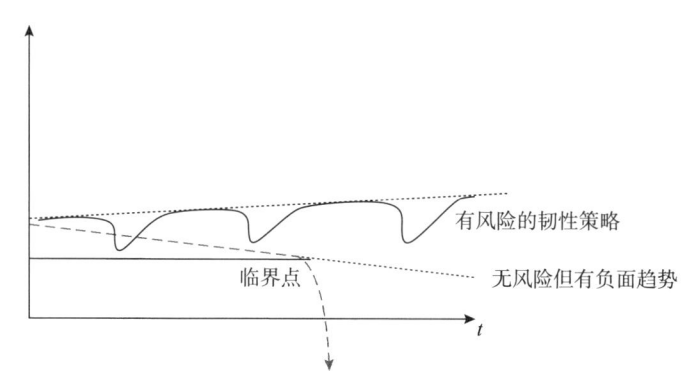

图1.8　有负面趋势的风险规避策略与有波动的韧性策略

从图中可以看到，如果系统处于负面趋势中，向临界点迈进，这样的直线发展策略看似稳定，却不具备韧性。尽管没有波动，实际却非常危险，因为没有办法逃离临界点。

相反，看似风险更高的韧性策略却是更安全的选择。系统在遭遇负面冲击后总能反弹，使其远离临界点。或者说，通过韧性策略来承担某些风险或许是保证可持续性的唯一出路。

许多时候，确保发展进程可持续的唯一办法是接受颠覆式技术变革。这种颠覆可能带来临时冲击，但如果采取明智而有见地的应对措施，就能获得足够强大的韧性，在每次冲击后反弹。在这些技术颠覆中进步，或许是实现最终的可持续性及其中包含的韧性的唯一办法。

韧性与变革速度

如果变革的步伐没有超出应对变化的能力，社会将更具韧性。这就好比在面对侧风时骑车，如果骑手保持适当的速度，自行车就能抵抗住突然的侧风，具有韧性。同样在经济增长受阻时，我们会更难驾驭给社会某些部分施加压力的扰动变化。总之，能够促进包容性增长的社会才可以维持社会契约本身的稳定，实现良性循环。

还有一种危险是，如果骑手的速度过快，他的脆弱性也将增加。高速骑行会削弱骑手避开坑洼障碍的能力，可能导致翻车。一旦骑手摔倒并受伤，重新上路将变得更加困难。因此，变革与技术进步必须避免把人们甩在后面。我们将在探讨创新与不平等的后续章节再开启这些话题。

为实现增长，社会必须能够承担创新可能带来的风险。然而，风险有可能变为现实。假设遇到这种情况，我们不能任由此类负面冲击摧毁个人或者社会。这正是需要韧性的原因。韧性使个人、群体与社会有能力承担风险，并在冒险行为失败后仍可以恢复。

恰当的风险选择还取决于人们做出反应的速度。对负面冲击的反应越慢，落入陷阱的风险越大。反过来，快速反应往往能减少冲击造成的负面影响。

第 2 章　韧性与社会秩序

　　韧性的概念可以适用于个人、系统以及社会等不同层面。个人具有韧性是指，人们在遭遇挫折后，可以采取正确行动，恢复原状。系统科学与社会科学研究也关注韧性的概念，尤其是韧性取决于组成部分或个体之间的相互作用。

　　系统可分为两种类型，一种是由人类规划的有组织系统，另一种是像自然秩序那样演化产生的自组织系统。两种系统都可以具有韧性。有组织系统比较容易受规划者未曾预见的意外事件的冲击，自组织系统则需要时间来发展出韧性。只有坚韧的系统能经受住时间的考验。

　　我们的社会往往通过社会契约来获得韧性。达成社会契约能帮助人们限制外部性的影响，克服所有个体都没有权利的丛林法则。社会契约使社会更加坚韧，继而建立更具韧性的社会契约。

　　社会契约的执行手段包括：不断演变的社会规范、有意识的政府干预或者自由市场机制。本章将着重讨论,有韧性的社会契约该如何利用所有这三种手段,并根据需要做灵活调整。

个人韧性

遭遇严重危机时,缺乏韧性的人或许永远无法恢复。暂时丢掉工作可能导致永久性失业,沉重的债务可能经年累月困扰某个家庭。即使有保险制度来缓冲负面影响,有些人依然难以回到正常状态。

个人韧性是指每个社会成员从负面冲击中恢复的能力。能否恢复经常取决于人们如何对冲击做出响应。学习新的技能以及把已有技能灵活转移到其他岗位上的能力,也可以提升个人韧性。另外,通识教育可以提高人们的可替代性,让他们更容易在失业后重新获得工作。

更普遍地说,韧性较强的人可以自我更新,积极参与恢复过程。事前制订遭遇冲击后的应变计划也有助于提升韧性。

韧性的提升能改善物质福利与精神健康。心理层面的若干因素对提升韧性关系重大,例如保持积极态度能确保人们不陷入负面情感的反馈循环,促进自我接纳和正视个人危机也是提升韧性的关键。相比受害者心态,积极寻找解决方案的态度对走出困境要有效得多。把注意力放在自己可以控制的方面,可以说是走向反弹的第一步。

最后,虽然每个人的韧性都各有特殊性,但人们在挑战面前并不孤单。依靠亲朋网络,保持交流,能帮助我们减轻冲击的影响,更好地实现恢复。

系统韧性与网络韧性

从电信系统、学术合作到银行间市场……网络无处不在。抽象地看，网络包含两种成分：节点与连接。我们可以把节点理解为彼此相关的企业，把连接理解为它们的供应链联系。人类也可以是节点，他们在脸书网站上的朋友关系则是彼此之间的连接。

从韧性角度看，网络带来了个人韧性之外的更多挑战。系统中不同节点之间的相互依赖乃是关键所在。

例如，某个国家的一所发电厂出现暂时故障，电网能否快速恢复，是否会导致全国范围的停电？银行间市场是否容易遭受系统性冲击？当雷曼兄弟公司于2008年破产时，银行间市场显然很缺乏韧性。随着金融业的压力增大，溢出效应使最初的冲击被放大，系统性风险急剧提高。

网络韧性涉及个人或节点之间的相互作用，也取决于对疫情等重大事件的准备程度。一个节点遭遇的冲击可能被螺旋式放大，形成更大的冲击，这与其他节点如何反应有关。如果初始的小型冲击因为反馈式外部性而被放大，随着该进程的延续，最后甚至可能发展为巨大的社会冲击。

中心式网络与分散式网络

网络的节点及其相互连接可以表现为不同的组织形式。图2.1显示了三种不同类型的网络，哪种具有更强的韧性？左图展示的是中心式网络，所有的连接都通过中心节点，除此之外，外围的节点之间没有任何联系。我们可以将这个网络理解为一种高度层级化的结构。中心节点是核心角色，比其他节点的影响力都大得多。这种

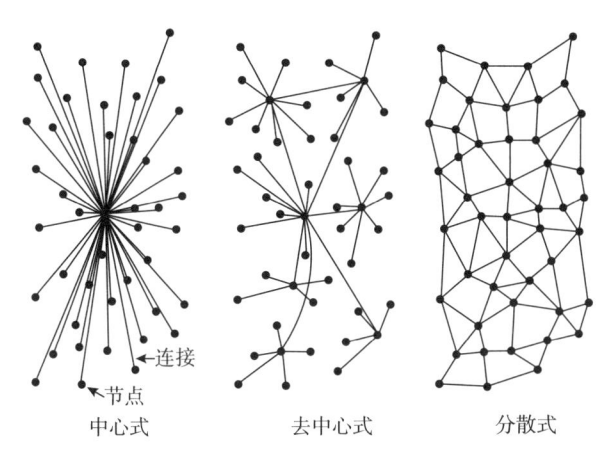

图2.1 不同类型的网络

中心式网络的韧性较低,如果中心节点出现故障,网络中的所有连接将会同时中断。中间图的去中心式网络的韧性更强一些,但它们仍可能受制于某些局部中心节点的故障。与之相比,右图的分散式网络的韧性最强,具有扁平式层级特征。当某个节点发生故障时,任何两个节点之间仍至少有一个连接存在。即使有多个节点发生故障,网络中的大部分连接依然可以运转。这种网络对信息的要求也不太高(Cho et al., 2011)。

在中心式网络中,信息通过中心节点来流动,中心节点还需要根据信息制定决策的能力。这一节点若遭到恶意攻击,整个网络的信息流动都会瘫痪。相反在去中心式网络里,每个节点都能根据局部信息开展行动。在正常运转时,任何两个节点都能彼此交换信息。这样的网络对信息干扰的防范会好得多,可以经常性地做出调整,调整过程也要平滑得多。

最后我们还要看到,去中心式网络的优势并不意味着所有的经济社会活动都应该尽可能去中心化。规模经济、比较优势以及资源供应等因素都可能导致某种程度的中心化才是最优结果。保持韧性对我们来说仍具有警示作用：有时需要在短期经济效率与韧性之间找到平衡。短期内成本效率最高的系统如果缺乏韧性，从长期来看或许并非效率最高的选择。

社会韧性

社会由众多个人和系统共同组成，它与前文讨论过的网络有相似之处。但与电路等技术网络相比，社会网络在另外两个维度上还有特殊性。首先，对社会中其他人如何行动的预期会影响每个人的行为。我们比较容易预测机器的反应，但人的行为更具不确定性。所以，每个社会成员都需要对其他人如何采取行动形成某种预期。其次，能够整体反弹的网络就是有韧性的网络。如果某些节点下降，其他节点上升，网络依然具有韧性。社会网络对韧性的要求则更高。

熊彼特式创造性破坏就凸显了经济体作为企业网络的这一特点。即使某些企业缺乏韧性，经济体仍可以韧性十足。在大多数经济体中，企业都有较大的更新替换比率。新企业不断创建，试图取代在位企业。老企业也在演化，某些将退出市场。因此，整个经济体保持着韧性：退出的企业陆续被新企业取代，增长的发动机没有减速。当然，不是所有企业都具有韧性，退出市场就好比落入永久性的陷阱。

人类社会与企业网络又有不同。从社会立场看，我们或许希望企业承担风险，尽管某些风险大到会让某些企业被淘汰。如果创造性破坏的发动机能有效运转，部分企业的退出实际上是好事，因为这会把位置让给有新商业模式和新创意的后来者。

同时作为一个社会，我们不希望让个人承担不利于恢复的风险。有韧性的社会需要努力带领所有人共同发展。也就是说，除社会整体之外，至少大多数个人有恢复的机会，这才是有韧性的社会。社会凝聚力与共同身份认同会极大地促进人们互相帮助，向共同目标迈进。多样性与开放心态能鼓励大家分担风险。

利用模拟与压力测试来评估对冲击的不同应对策略，可以提升社会的准备程度和韧性。总体而言，韧性社会能够协调一致地采取应对措施，并改进制度环境。

设计秩序与自发秩序

系统与社会可以通过有意识的设计来组织，也可以通过反复的相互作用（很多时候表现为非线性过程）来演化。我们经常看到自组织形成的结构，这也被称为自发秩序（spontaneous orders）。这一概念可追溯到启蒙时代的众多苏格兰哲学家与思想家，其中包括亚当·斯密、大卫·休谟与亚当·弗格森。弗里德里希·哈耶克则高度重视此概念在经济哲学中的意义。

生活、语言、晶体结构、市场经济等各类事物的演化，都不是参照某个预先设定的方案，而是随时间有机地生长。例如，现代的各种语言在数百年乃至数千年历史中发展出了很强的韧性，从而非常具有适应能力。英语的讲述方式和词汇表在不断改变，但这种语言却长期留存下来。

另一个启示是，任何自发秩序都更加类似于分散式网络，而非由中心点与层级结构控制的中心式网络。分散式网络有着更强的韧性。

设计秩序（designed orders）正好相反。由于是为特定目标而创建的，它们经常更具层级和对称特征，并在原则上无法为所有可能的意外事件提供韧性准备。世界语等人造语言就是采用中心化设计的，并没有像天然语言那样被普遍接受。

许多秩序具有混合特征，例如企业这样的设计秩序在市场之类的自发秩序中生存发展。经济学里有许多文献分析企业的边界，以及单个企业能在多大程度上影响其所在的市场。哈耶克或许会认为，中央计划经济的失败证明了市场经济的不凡韧性。由于我们不可能预见所有经济冲击并制定应对策略，中央计划经济很快就会疲于奔命，无法处理运行整个经济所必需的海量信息。而在市场经济中，如果消费者的需求改变，供给端会迅速重组。市场价格综合了各种信息，显示着稀缺程度。随着价格波动，供给会相应调整。

相比之下，如果企业按照预定的五年计划来生产，调整就需要漫长的时间，经济体对消费者需求的变化将严重缺乏韧性。如果产品和服务的实际需求偏离预定的计划，很大部分资本可能出现错配。

自发秩序并不代表完全随机，恰恰相反，现实中可能有数量惊人的组织结构与经验规律。例如，我们看到许多国家的城市规模分布服从所谓的齐普夫定律（Zipf's Law），即城市规模大体上与它们的排名成比例。最大城市的人口数量往往是第二大城市的两倍，第二大城市则比第三大城市多出50%，如此等等（Krugman，1996；Gabaix，1999）。例如在美国，纽约市有840万人口，洛杉矶约有400万，芝加哥约有270万。在意大利，罗马有280万人口，米兰约有140万，那不勒斯则约有96万。这一规律并不完美适用于所有国家，但我们很少看到某个国家的前五大城市规模相当的情况。

在很多个世纪里，人们兴建起一座座城市，并在其间迁徙，他们之间的相互作用形成了某种未曾想到的数学规律。有人或许会说，城市人口规模只是特例，但我们在其他许多领域也能看到类似的概率分布模式，包括各种语言中的词汇使用频率、不同规模的企业的数量分布等。

大自然中充满了各种案例，当事者只能依靠局部信息做出决策，却由此产生了非常复杂的组织结构。例如鱼群的行为，每条沙丁鱼只能观察到自己附近的沙丁鱼的情况，但它们集合起来会形成巨大的鱼群。尽管没有某个中央计划者在组织这个群体，可是在遭遇捕食者时，它们却能够共同做出复杂的逃跑行动。

自发秩序当然也存在某些临界状态，沙堆就是这样的典型例子。往一个大沙堆上再加一粒沙，通常不会对沙堆有任何影响，甚至没有人会注意到。但在达到某个临界状态时，多加一粒沙就会使整个沙堆垮塌。此类非线性使得很小的冲击会带来系统的巨大改变，这也正是所谓蝴蝶效应的核心。它最早由数学家爱德华·洛伦兹（Edward Lorenz）发现：初始条件的微小调整会导致天气观测的巨大变动，巴西的一只蝴蝶扇动翅膀，可能导致地球另一端发生风暴。虽然此类现象在现实世界中很常见，但经济学研究目前还很少关注。

第 3 章　韧性与社会契约

社会契约应该让社会在整体上更具韧性。它包含自发秩序与设计秩序这两方面的元素，部分由自然过程产生，部分源于组织设计。我们先设想有这样一群人，他们只根据自己的眼前需要和自身利益采取行动，不考虑行动给其他人带来的效应。这样的人群会具有暴力和不稳定的性质，崇尚丛林法则。任何冲击或者危险都会因为他们试图把影响转嫁给他人而被放大，并往往带来不可逆转的后果。丛林法则可以改善少数人的生活，却会毁坏社会整体的福利。事实上，我们不会把这样的人群称为"社会"。

此外，丛林法则将使社会面临持久的危险。社会的维持是因为有某些机制来防止冲击循环放大，直至自我毁灭，这些机制统称为"社会契约"。社会契约应该包含对社会韧性有贡献的所有力量与机制。

启蒙时代的思想家，包括托马斯·霍布斯、约翰·洛克、让-雅克·卢梭等，探讨过社会契约出现的原因。霍布斯推测，如果人们生活在社会出现之前的"自然状态"下，或者说没有社会秩序及法律的世界中，他们将不会耻于侵犯别人的利益。例如，他们将不受约束地偷盗别人的财物并加以利用。因此，经济学中对行为的一项基本假设（浓缩在"经济人"的概念中）正是基于霍布斯的上述观点：人是自利的，会做任何不受惩罚的事情。但与成为古典经济学基础的霍布斯的假设相反，洛克与卢梭对人类的看法更为正面。他们强调，人本性善良，只是会被社会腐蚀。近年来，人类的利他主义与公平观等议题已成为行为经济学的研究对象。

为克服社会出现"自然状态"的糟糕结果，人类可以联合起来，达成心照不宣的社会契约。此类契约可以设定在家庭、社群、企业、国家乃至全球层面。它们可以规定人们的个人权利，使人们能够更好地应对冲击。简而言之，社会契约界定了个人自由的范围，从而可以极大地改变游戏环境。

社会契约应该在哪种维度的福利上展现出韧性：经济、社会还是个人维度？这些维度事实上都非常重要。首要的一点是，社会契约本身需要有韧性，不能承受外部冲击的社会契约将毫无意义。实际上，如果社会契约容易瓦解，社会也很难有韧性。

为更好地理解社会契约与韧性的联系，我们首先需要谈谈"外部性"，这个经济学家耳熟能详的概念可以适用于更广泛的社会议题。

外部性与社会契约

外部性是用来描述溢出效应的。当某个人的行动给其他人造成间接影响时，就会产生外部性。经济学中的一个经典例子是，企业排放的污水污染河流,从而给居住在下游的人们带来负外部性。除外部性本身,还有个问题也很重要:受到外部性影响的人们会做出怎样的反应?例如,他们是采用滤水器来减轻污染,还是可以通过某些行动把危险再传递给其他人。

在新冠疫情中,我们能够很快联想到三个与外部性有关的重要案例。第一个案例是,口罩保护了佩戴者及其周围人的健康,给其他人带来正外部性。另外,所有人都能看到谁没有佩戴口罩,这使大家可以做出应对,远离不戴口罩的人。

第二个案例是保持社交距离,当人们选择不听从这一建议时,他们会增加其他人的感染风险。这种负外部性在许多情况下可以通过保护性措施来缓解,但往往代价不菲。

第三个案例是,拒绝接种疫苗会削弱疫苗的作用,增加其他人的感染风险,同样会造成负外部性。但此时,我们很难知道某人是否接种了疫苗,所以在涉及许多陌生人的场合,不容易采取相应的对策。

除上述个人层面的外部性,各个国家也会产生向其他国家溢出的外部性。例如自2021年1月以来,随着许多国家的新冠疫情失控,病毒变异种类增加,此时面临的风险是病毒可能继续演化,达到使现有疫苗效率下降乃至完全失效的临界点。因此,不采取措施控制疫情的国家会带来负外部性:给新的病毒变异提供温床,并可能蔓延到全世界。

社会契约与约束外部性

社会韧性以社会契约为基础,后者有两个目标:约束社会成员之间彼此造成的外部性,以及防止自然冲击带来破坏性结果。离开社会契约，人们会随心所欲地对彼此施加负外部性。从网络的角度看，负外部性可能沿着网络中的连接传播。

在没有任何社会契约时，外部性将无处不在。正是因为社会契约设置了可以接受的个人行为的范围，才能帮助人们避免陷阱式外部性，终止反馈式外部性。当然社会契约也可以被视为对个人自由的限制，为解决对其他人造成的外部性，社会契约需要制约人们的行为。例如在全球疫情中，外部性大量存在，并引发了有关个人自由的激烈讨论：个人是否有感染他人的自由？应该以何种方式限制这种自由，理由何在？我们是否有参与政治集会的自由，哪怕这一行动可能传播致命的疾病？我们是否应该为保护脆弱群体而限制人身自由？就韧性而言，尤其值得关注的是影响人们如何应对溢出效应的外部性。

保险与社会契约

来自大自然的冲击

除制约外部性、促进积极应对之外，社会契约还有一个重要目标：给面临自然冲击以及大自然造成的外部性影响的人们提供支持。

负面冲击包含多种形式，由于这些冲击具有异质性（也就是因人而异），我们可以让幸运的人给不走运的人提供保险。例如每年都有一部分人生病，其他人则安然无恙。我们不可能预知具体谁会生病，但知道由于治疗费用昂贵，疾病给个人带来的成本相当高。不过，因为整个人口中只有极少部分人会生病，所以平摊到每个国民的费用会相对较低。

此时,保险就成为一种合理的解决方案,其目标是让所有人分摊成本。每个人都支付一笔保费,作为交易,个人的疾病治疗费用可以部分报销。以此方式,健康的人可以有效地给生病的人提供补贴。让每个人都支付一小笔费用,而不是迫使某些人支付巨额账单,其他人则袖手旁观。

保险合同可以成为社会契约的一部分,也可以通过保险公司达成正式协议。某些形式的"保险"是以社会规范作为基础的,例如在自然灾害发生后,人们通常会互相帮助,即使法律并没有明确规定有这类行动的义务。

为更好地理解为什么需要社会契约来保护人们免受自然冲击的影响,可以暂时设想我们身处"无知之幕"(veil of ignorance)背后,即类似于每个人在出生之前的情形。在"无知之幕"背后,我们不知道人们会降生在哪里,以及他们各自有怎样的天赋和缺陷。这是哲学家约翰·罗尔斯(John Rawls)提出的一种假想的经济场景。在这样的场景中,当面临未来的重大自然冲击时(例如大流行病),我们是否愿意为社会中最弱势的、还不知道具体身份的成员提供保护?许多人会赞成提供某些保护,这正是新冠疫情之前的社会契约的本质。当然在"无知之幕"背后,大多数人又愿意选择不完美的保护,以保留对个人努力的激励。哲学家罗伯特·诺齐克甚至主张,如果从平等的初始条件出发,则自由交换导致的一切不平等都应该被接受,因为任何再分配都会侵犯某些人的自由(Nozick,1974)。

保险为汽车事故等风险提供了对冲机制,但并不保证向均值回归。保险的效果还取决于社会的异质性与多样性。在高度同质化的社会，每个人都面临着相似的冲击，相互之间提供保险的空间很有限。有着多种偏好的更异质化的社会则更适合提供社会保险。假如经济体中的所有人都从事制造业，负面冲击到来时他们将受到相似的影响。而如果有部分人从事服务业，制造业遭遇的冲击就不会给所有人造成同等打击，服务业从业者有可能给制造业从业者提供保障。

一方面，多样性能确保社会有承受冲击的灵活度。但另一方面，在较为同质化的社会，人们相互提供保险的意愿又会更强。近期离世的意大利经济学家阿尔贝托·阿莱西纳（Alberto Alesina）就认为，欧洲的社会保障体系比美国更为发达，是因为欧洲各国民众的同质性高于美国。

保险还会受道德风险问题的困扰，可能由此导致过度的风险承担或糟糕的风险配置。有韧性的社会可以自然而然地找到实现目标的最优风险水平。它不是让成员免受一切风险，也不是试图完全消除风险，而是明确主张赋予社会成员在风险降临时恢复的能力。这意味着在福利和公共政策领域采取全新的思路。

逆向选择与道德风险：风险与韧性

利用保险来实现分散化能降低个人风险，从而提升韧性。然而保险并非万能的解决方案，它受困于所谓的逆向选择与道德风险问题。例如生病的人通常有更高的意愿获取医疗保险，此时就会出现逆向选择。保险公司可能因此迎来大量高风险客户。对私人保险公司而言，解决办法可以是撇脂定价（skim the cream），只给风险最低的人提供保险，但这会使高风险人群无法获得保险。所以，私人医疗保险制度通常是失败的，对于被私人部门边缘化的人来说，公共医疗保险变得必不可少。

另外还有道德风险问题：一旦获得保险，人们的行为可能发生改变。保险为风险提供了防护，但也可能降低对努力的激励，过于优厚的失业保险制度就经常遇到此类问题。

与之相比，韧性更少受道德风险问题困扰。韧性社会给人们提供更好的应对冲击的办法，例如，有韧性的失业制度不只是给失业者提供现金补贴，以弥补丧失的收入，还更关注为失业者提供再培训，使他们能够再就业。关键在于，对遭受冲击的人来说，韧性解决办法鼓励他们积极参与恢复过程，要求他们付出努力，以减轻道德风险问题。在我看来，还有一个方面甚至更加重要。如果人们能够重整旗鼓，他们完全可以为自己的成就感到自豪，从而维护自尊。

社会契约的执行方式

社会契约是如何得到执行的？一种方法是采取政府强制，可以在全国或地方层面实施，类似于人为设计的较为中心式的网络。此类执行有两种形式：威权社会或者开放社会。

在日本这样的国家，可以通过强大的社会规范把外部性内部化，类似于前文讨论过的自发秩序或分散式网络。即使没有政府干预，许多人仍会听从佩戴口罩、保持社交距离及其他公共卫生建议。人们对自己社会声誉的担忧成了强有力的约束工具。

另一种常见的社会契约执行方式是利用市场，例如，价格体系就是经济系统运转的一个强大的协调工具。当然市场并不完美，尽管能够妥善应对小型冲击，但在重大危机爆发后，市场可能发生波动，无法提供太多韧性。

对提升韧性而言，如何平衡利用组织人类协作的不同方式是关键所在。如果社会契约的执行方式能根据具体环境做出调整，社会将具有最大的韧性。

社会契约的不同执行方式之间存在利弊权衡，每种保证韧性的方式都有自身的优势与缺陷。社会规范来自公民的自律，它们不像政府制度那样严厉，具有自下而上的特点，覆盖面要广泛得多，遍及社会的每个角落。然而，社会规范不善于对变化的环境做出灵活调整。

强势的政府执行属于自上而下的性质，可以在整个地区乃至全国开展协调一致的行动。如果政府能够有效贯彻规则，就可以轻松适应新的环境。借助清晰有效的政府组织，溢出效应可以被尽量减小。但自上而下管理的缺陷之一是，政府经常缺乏实施最优规则所需的详细信息。例如在新冠疫情暴发的最初阶段，中国基层和地方政府向中央的信息汇报较慢，导致了负面的反馈循环，并可能迟滞了政府的响应速度。而在坦桑尼亚等其他国家，由于领导人未能及时通报疫情的严重性，延误了宝贵的行动时间。[1]此外，政府执行还可能受到游说集团和腐败的影响，而非追求公共利益目标。最后一个问题是，政府开展的监督可能有强化威权主义的风险。

作为执行社会契约的另一种方式，市场经常在产权执行中与政府行动相配合。市场的巨大优势在于它们汇聚了各方面的信息，并往往能够鼓励有创新和创意的解决方案。关于市场自身能发挥的韧性，经济学家们仍有许多争论。市场能在"常态"下提供韧性，但遭遇出乎预料的巨大冲击、政权更迭或不确定状况时，它们也可能崩溃。市场（尤其是金融市场）可能陷入螺旋状态，最终导致垮

第3章 韧性与社会契约

塌。对于宏观经济在衰退之后能否自动恢复，不同学派的经济学家仍存在分歧。真实商业周期理论不关心韧性问题，凯恩斯主义学派则主张利用政策干预来实现快速复苏。韧性的概念对于金融市场和宏观经济政策的分析显然意义重大。

利用社会规范与惯例执行社会契约

隐性的社会契约

上文简单介绍过社会规范，这一课题还需要更深入的讨论。社会规范和惯例尽管普遍不受重视，尤其被经济学家忽略，却影响着大多数决策，是社会契约的重要组成部分。与治理社会的国家宪法和法律条款不同，社会规范不具有法律上的约束力。它们不是通过政府、规定、法律或监管实施，而是由民众默默遵守。

社会规范可以培养共同体意识，以促进社会融合。不过，严厉的社会规范也可能会打击探索和风险承担行为。标新立异者在受社会规范严格约束的地方通常不受欢迎，但追求新奇思想的人正是创新的主要发动机。他们的想法经常会失败，但有时会带来重大突破。他们会使社会契约在长期具有可持续性。

我们可以看看社会规范的一个典型例子，有人在度假时去宾馆的游泳池玩耍，她突然想起把什么东西遗忘在了客房里，但仍想先占一张阳光下的躺椅。于是她很可能会把浴巾放在椅子上，打算稍后回来。在自己离开时，利用毛巾占位子就是一个普遍的社会规范。宾馆的其他客人会由此认为，这张椅子已经有人预定。如果另外的人把毛巾拿开，自己坐上去，则会被大家鄙视。

此类社会规范无处不在。在放下毛巾后，人们可能排队购买冰激凌，这里同样有被普遍接受却没有法律强制的社会规范。人们要按次序排队，不能直接插到前方。插队的行为不会被社会接受，违规者可能遭到众人的集体排斥。这两个简单的案例展示了社会规范的普遍性。日常生活中的各种交流无一没有社会规范的影响：人们之间相互问好，同新的顾客握手，在商店里排队购物，在地铁里给年长者让座……政府不需要为所有可能的情形制定强制规则，因为我们有强大的社会规范来协调各种行为。

新冠疫情中的一个例子表明，社会规范如何能提升遭受负面冲击后的韧性。许多人认为，亚洲经济体对新冠疫情的成功防控是因为广泛采用先进技术。但日本在没有使用很多新技术的情况下也控制住了疫情。图3.1显示，日本并没有实施很严厉的封锁措施。

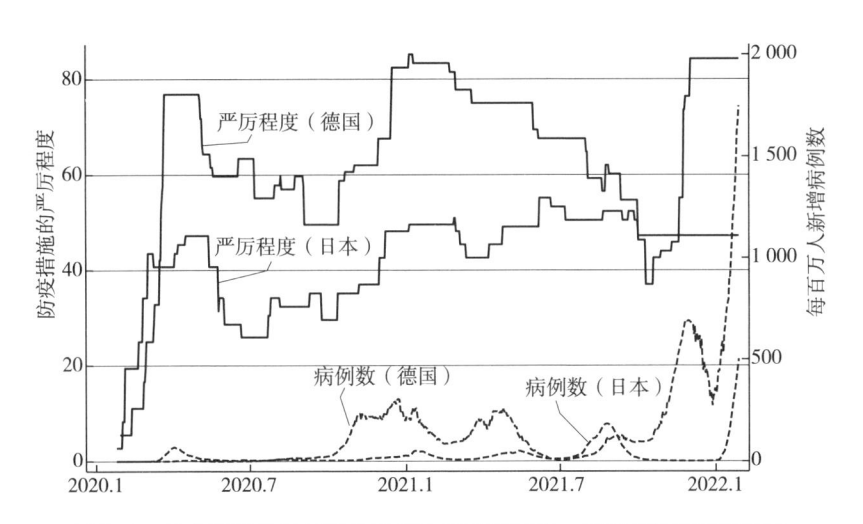

图3.1　日本采取的严厉措施尽管少于其他国家，新冠病例却明显更少
资料来源：Our World in Data（2021）。

依靠不够严厉的公共政策措施，日本如何能取得比德国和美国出色得多的疫情防控结果？隐性的社会规范很可能发挥了关键作用。日本有遵从社会规范的强烈文化传统。社会规范能产生巨大能量，周围人的负面评价会影响人们的行为。日本人普遍会主动而自觉地佩戴口罩，以避免受到谴责，或在社会上留下污名。

同样，没有人在日本清楚地讲过，政府领导人如果涉嫌财务不端或婚外恋该如何处置，但日本的公众羞耻文化据称非常强大，以至于卷入此类丑闻的内阁成员会自杀谢罪。[2] 某些观察家注意到，日本极具凝聚力的社会结构让民众在没有实施戒严令的情况下平稳度过了福岛核危机。

与日本相比，有类似社会规范的韩国甚至更好地控制住了新冠疫情。有人推测这些差异可能应归功于技术，韩国比日本更普遍地采用了技术工具来追踪新冠病例和接触人群。

有个简单的事例凸显了社会规范与不良声誉在韩国如何产生相互作用。2020 年 3 月，即韩国隔离政策实施之前几周，有位韩国学生在结束美国的学期后返回首尔。尽管出现了轻微症状，这名学生和她母亲仍按原定计划到韩国的度假胜地济州岛去旅行。新冠检测阳性结果出来后，济州岛当地政府和接待过她们的商家得知了这一情况，政府当即提起诉讼，要求她们赔偿 10 万美元。韩国的主流媒体和搜索网站 Naver 争相报道此事，大部分公众对该学生一家人感到愤怒。这一事件明确显示，相比对个人自由的保护，韩国公众压倒性地支持维护整个社会的利益。

即使在一个国家内部，约束社会行为的规范也会存在差异。例如在美国的部分地区（如东北部），虽然政府没有发布戴口罩的指令，人们也会鄙视不戴口罩者。由于担心其他人的负面反应，很多人在政府不做要求时也会佩戴口罩。而在美国的其他某些地区，佩戴口罩则会招来他人的异样目光。

社会规范有潜在力量，却也有若干缺陷。社会规范会压制不同意见，让特立独行者靠边站。没有人站出来质疑和寻找最佳干预办法，或者提出不同解决方案，也没有人必须为决策承担责任。

另外，社会规范不容易发生改变，特别是在短期。通常来说，社会规范是数十年乃至数个世纪社会演化的结果，是旧的习惯和风俗的强化。而在遭遇类似新冠疫情等重大冲击之后，我们或许需要更快的干预措施。

共同身份认同

共同身份认同是维持隐性社会规范的关键。人们自觉坚持社区契约，是因为他们需要跟一个群体实现认同。经济学家们认为，人们从加入群体中获得了效用。身份认同是一种把外部性内部化、最终提升社会应对外来冲击的韧性的办法。在多元化社会中创造共同身份认同，如今对许多国家的政府来说仍是重大而艰巨的任务。

在种族隔离制度结束后，南非处于分裂的边缘。正如电影《成事在人》所述，纳尔逊·曼德拉利用 1995 年在南非举办的橄榄球世界杯，给南非的黑人与白人建立了更强的共同体意识。南非的多族裔橄榄球队在世界杯上首次夺冠，无疑巩固了曼德拉的努力成果。南非夺取 2019 年的世界杯也产生了类似的效应。

我们关心他人。我们不是生活在由纯粹自利的个人组成的社会，所以共同体意识至关重要。在危机时期，团结精神可以把人们联合成共同体。例如在 2021 年春天，当印度受到第二波疫情沉重打击时，新德里的邻居们互相提供餐食，并组织起来帮助新冠患者的家庭。危机可以促成大量的外部性被内部化,本书将反复强调这一点。

由政府执行社会契约

霍布斯认为,政府对保护公众的安全必不可少。洛克强调,考虑到能够获得的好处,民众会主动向政府提出要求。卢梭则相信,政府的主要作用就是执行社会契约。

政府可以在危机到来后修订法律和监管规定,做出协调一致的反应。我们暂不讨论政府的规模应该更大还是更小的问题,而是先看看有哪些可行的政策手段。

政府有三种推行政策的手段。首先,政府可以实施严厉的强制规则。例如为防止疫情期间的感染外部性,政府可以采取严厉的封锁,有效限制不利于发挥韧性的行为。其次,政府可以对某些行为征税,例如进入拥挤的酒吧。税收将提高这些活动的成本,从而把外部性内部化。再次,政府可以分配和保护产权,如果这些产权能够交易,人们就可以将它们出售给标价更高的其他人,以换取其他福利。

政府禁令

上述第一种执行社会契约的手段要借助政府的暴力机器、法规和监管。为把外部性内部化,政府可以实施封锁政策、强制接种疫苗,或严格保持社交距离。这些干预措施要求强制实施,因此需要较高的权威。政府或者统治者可以直接把某些行为列为非法,对不遵从者施以罚款或监禁。例如在法国,在公共场所不佩戴口罩会被罚款135美元。[3] 这些政策显然类似于大棒式执法。

政府可以强制要求接种疫苗。对强制接种的一个显然的顾虑是,这样做可能损害人们对疫苗的信任。在许多发达经济体中，有相当大比例的民众（在法国达 50%）表示不愿意接种疫苗。强制方式虽然可以成功增加接种的人数，却可能加剧民众对疫苗的不信任。

补贴和税收，而非禁止

还有一种改变导致外部性行为的方式是对外部性收费。[4]政府可以对污染排放者征税，或者给污染受害者提供补贴。这样做不是利用严厉的法规禁止污染排放行为以防止外部性，而是借助税收给外部性增加一个隐含费用。需要排放的企业可以选择部分排放，但需要支付相应的代价。而通过税收来给污染标价，政府可以鼓励企业减少污染，同时增加公共收入。

确立和保护产权

政府的另一个重要作用是保护产权。只有在法规明确，产权清晰、可交易和可执行的条件下，经济才能实现良好运转。产权保护要求政府的参与。产权的确立能保证个人自由，但同时也会限制其他人的自由。政府可以清晰地确立产权，以尽量减少外部性。可是政府应该把这些权利赋予谁？又应该如何界定个人自由？如果某些权利可以交易，人们就可以通过市场活动来自主决策。

监督与隐私

如果社会契约的执行高度依赖政府法规和强制力，政策实施就需要一定程度的监督。只有在可以强制执行时，对旅行者实施隔离才是有效的。否则，搭便车的动机将占据主导。但即便可以强制实施，我们仍需在尊重隐私与有效控制疫情之间做出权衡。

中国和西方国家采取的控制新冠疫情的不同办法，很好地揭示了它们对待隐私问题的不同态度，以及监督与隐私之间的取舍关系。不同文化预设的社会前提体现在它们为防控新冠疫情而利用的技术手段中。中国采用了不同颜色标识的手机应用程序。在建筑物门口，人们必须先用手机扫码，绿色的健康码表明持有人未被感染，可以进入。与之相比，德国推出的是分散式数据存储与自愿遵守的疫情应用程序，当人们接近某个感染者时，程序会发出警示，但没有强制集中隔离的要求。能否让更多的民众采用此类数字工具，主要取决于大家对政府的信任程度，然而在很多国家，这样的信任度较低。[5]德国的这款应用程序实际上也不是非常有效果。

联邦制与韧性

在世界各国，新冠疫情考验着联邦政府与更分散的权力节点的关系，包括各个州、县和城市政府等。"辅助性原则"（subsidiarity principle）* 是关于权力集中或分散程度的一条基本原则。该原则认为，每一项任务都应该安排给能够有效执行的最低层级的政府。例如你所在小镇的停车计费应该由市政府来管理，而非州政府或联邦政府。反过来，基层的市长不太可能有效处理你所在国家的外交政策，这就应该交由中央政府负责。

危机会带来形势变化，要求对社会契约做相应调整。在社会规

---

* 西方国家解决国家与个人关系、中央与地方关系的一种学说，主要包括以下三方面内容：（1）凡是个人能承担的事务，由个人承担；个人无法承担的，由政府提供辅助。（2）下级政府能独立承担的事务，由下级政府承担；如下级政府无法独立承担，则由上级政府提供辅助。（3）国家对个人或上级政府对下级政府的辅助不能代替个人或下级政府的自助。参见刘莘、张迎涛，《辅助性原则与中国行政体制改革》，《行政法学研究》2006年第4期。——编者注

范、政府和市场之间做调整,以及在政府部门内部做调整时,需要根据情况把权力下放或集中。关键在于,权力平衡的所有变化都应该根据情况来灵活调整。具有韧性的辅助性原则需要保持灵活度,避免落入制度安排的僵局或陷阱。

在新冠疫情中,联邦制的优势是能够灵活应对疾病在国内的差异性传播。[6] 与中央政府相比,地方政客能更好地感受到压力点。例如 2020 年 9 月的第二波疫情在法国制造了紧张局势,首都的政客们认定,作为新的疾病暴发热点的马赛应该关闭酒吧和餐厅。但那里的小企业主与政界人士不同意,认为这是不了解地方实际情况的人提出的过分措施。[7]

联邦制的另一个优势是可以开展地域竞争和地方实验。当然,联邦制国家的响应速度通常较慢,因为有大量地方政府机构在各自应对新冠疫情。另外,地方法规的差异会给国民带来困扰,他们往往认为这些规定缺乏公平性。中央法规的优点在于所有人都清楚所有地方要遵守的规则。2021 年 3 月,当德国各地在尝试放开的途中重新实施封锁时,联邦政府决定实施统一的封锁法规。这给地方政客们出了难题,因为社会上对新的收紧措施强烈不满。事实上,某些地方政客很快就偏离了部分全国性指导意见。[8]

从实证研究的结果看,我们尚不清楚新冠疫情是否暴露了联邦制的失败。德国和韩国在疫情暴发的早期阶段做出了比较有效的反应,但美国和意大利等国的表现颇为挣扎。

通过市场执行社会契约

开放社会依靠信息灵通、富有创新力和创造力的措施来应对冲击，避免螺旋式下降和反馈循环。为执行有韧性的社会契约，必须利用好市场机制。市场的特点是有经常性的扰动，这会让系统更加灵活、更能变通，从而带来更强的韧性。不断发生变化的系统比缺乏韧性的僵化系统更容易调整适应。

因此，市场结合了自发秩序与设计秩序两方面的元素。基本形态的市场依靠双边协商和交易，类似于自发秩序。但许多市场也具有集中化的特征。例如股票交易所就是指定的市场，能集中产生价格信息。各个交易商的分散交易需求同纽约股票交易所这样的中心机构发生往来。政府监管不仅可以影响市场机制，还能降低市场集中度、创造公平环境、促进竞争。新企业进入和创新突破在竞争性市场中更容易出现，并使在位企业经常处于被替代的威胁之中。

自我稳定的市场与自我失衡的市场，以及价格信息的意义

一方面，市场反应迅速，并具有自我稳定的特征。在受到小型或中型冲击时，市场通常具有韧性。随着世界的变化，市场会做出调整、推动变革。市场通常能保证有效率却未必公平的资源配置。市场与政府结合起来，可以在支持社会契约方面发挥核心作用。

路德维希·冯·米塞斯最早强调，产品的价格反映着它们的相对丰富或稀缺程度。2020年3月，飙升的价格汇聚了各种分散的信息，显示口罩的稀缺与巨大需求。这促使现有生产商扩大生产规模，并鼓励新企业进入市场。价格体系的魔力让许多经济行为人开展协作，甚至经常遍及全球。[9]

另一方面，如果让市场独自应对新冠疫情或战争那样的巨大甚至极端冲击，它们会失去稳定。市场会使情况变得更糟，甚至让社会陷入螺旋式失控。与之相反，政府能通过调节税收和转移支付来应对大型冲击。此外，政府还有逐渐减轻冲击并在民众之间实施资源再分配的卓越能力。

市场在协调产品和服务上往往运转良好，但在处理风险配置时可靠性较差。资产市场容易出现投机和泡沫，会带来市场的动荡，降低配置效率。

公平与市场

市场还涉及公平问题。因为需求突然飙升，其他供应商又不能及时进入，口罩和呼吸机等医疗设备变得非常稀缺，制造这些产品的企业会获得巨额意外收益。这会加剧人们对公平的争议：意外的价格上涨带来了随机的暴利收入，没有被广泛的社会成员分享；不过，意外收益看似缺乏公平，但自由市场上的此类价格信号也会提供重要的激励，吸引更多企业进入市场。

市场并不完美，它还受制于短期目标与长期目标的冲突，药品开发就是例子。等药品或疫苗成功开发出来并获得批准的时候，大量的事前固定成本已经发生，所以此时应该扩大其生产规模，以服务全体民众。但从事前角度看，我们又需要用垄断租金来补偿初期的研发支出。因此，政府采用专利的形式赋予开发者排他性的知识产权。

提升韧性的响应式社会契约

实现韧性的三种方式，即社会规范、政府、市场，各有利弊。较为严肃的社会规范会形成自我监督的社会。如果在缺乏明确法规时，国民仍能自发地遵守规范，则可以减少对政府强制的需求。不过，我们很难在有需要的时候快速改变社会规范，另外，多元化社会不容易确立共同的规范。

政府可以更协同、更高效地做出调整适应，但可能缺乏实施有效干预所需的信息。遭遇外来威胁时，威权主义政府通常有能力开展一致行动，但它们同样可能缺乏分散在民众中的信息。

市场是更好的信息汇聚方式，它们的问题是在极端冲击下可能变得不稳定。

因此，对社会契约的执行而言，什么才是社会规范、政府与市场的最优组合？这通常需要把三种方式结合起来。在现实中，市场需要政府的支持，例如帮助执行产权、创造公平竞争环境、给每个人提供同等的事前机会等。每个社会都需要寻找社会契约执行的恰当平衡点。图3.2是这一思想的展示，其中的圆点代表社会所处的位置。

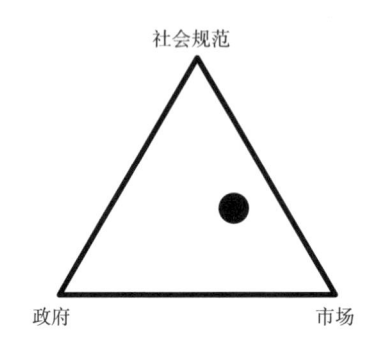

图3.2 三种执行方式之间的平衡

响应型的混合执行方式

关键的一点是，社会韧性取决于它有能力在形势需要时改变和调整社会契约的最优混合执行方式。社会应该保持灵活响应，愿意接受变革，同时又有能力在暂时的威胁退去后复原。韧性社会并非固定在一个位置，而是能够随着情况变化在图3.2的三角形内部加以调整。这个圆点的移动能力本身就是韧性的关键要素。如果一个社会能够在共同接受的社会规范之上实现繁荣，又能接受政府权力的临时扩大，它自然就极具韧性。但这对政府来说颇具挑战，它必须准备好在需要干预的时候采取行动，在不需要干预的时候保持克制。

新冠疫情危机中出现了一个很好的案例：美国通过动用"战时"权力来鼓励疫苗开发。这一行动表明，政府可以投入大量资源，同时利用公私合作模式（PPP）与私人部门开展协作。为控制病毒传播，美国的"曲速行动计划"为疫苗开发投入了大约100亿美元，还有10亿美元用于研发新冠治疗药物。[10]与之类似，德国政府为生物新技术公司的疫苗项目投入了大约4.45亿美元。[11]此外，个人自由在疫情最猖獗的时期被搁置。但在真正的韧性社会中，政府不能永远把持大权，而是当威胁消散后，政府的权力亦随之减弱，让生活回归之前的常态。

事前韧性与事后韧性

强大的制度、合宪法律与规则可能会制约人们对危机冲击做出灵活响应。当环境剧烈改变并难以预测时，调整能力一方面可以提升韧性，但另一方面，过度的灵活多变也会损害韧性。只有在民众主动接受的时候，社会契约才能得到良好执行。如果民众在规划未来时有一定把握，不会被频繁改变的措施困扰，他们会更容易接受社会契约。也就是说，政客们的自由裁量权过大会带来不利的结果。

因此，政客们面临着保持前后一致的考验。他们需要对清晰且长期稳定的措施做出承诺，以此来提升事前韧性。不过当形势改变时，政客们又需要背离原有承诺，重新优化选择，只要制度框架能够允许。这种调整能力有助于提升事后韧性。制度架构则将帮助一个社会在事前韧性与事后韧性之间寻找平衡。另外，制度约束还能防止某些政客的极端倾向，如过度主动、希望扮演实干家和强势危机管理者的角色等。

响应型社会契约可以确保社会与个人更具韧性。关键在于，社会契约还应该纳入对公平、机会平等、社会流动性等方面的考虑，以保证自身的韧性。我们将在第 13 章再来探讨这一话题。

展望：未来的社会契约执行方式

日益复杂化的社会可能出现两个对立的极端。权力集中的威权社会通常善于强制执行规则，会通过加强压制和减少扰动来实现稳健性，由此可能要增强监控。在重大危机来临时，这些特征或许还会得到更多人的赞赏。例如在新冠疫情的严重冲击后，面对数百万人的死亡与二战后最严重的经济衰退，用稳健性来应对未来危机看起来很有吸引力。

然而，强化压制和监控可能会导致没有回弹的负面循环，每次危机都会带来更多的压制。在社会规范、政府与市场的三角关系中，威权社会不能灵活地调整。此外，高度集中化的组织结构可能导致缺乏韧性。如果每个人都试图取悦中央，信息将不能充分流动，使社会各方面难以做出最优的应对行动。

开放和民主社会或许应该选择韧性策略。当冲击来临时，它们会出现动荡，但正是这种动荡，或者说敏捷性，使它们能够反弹。这样的社会存在特立独行者，信息保持透明流动，正确传递社会如何恢复的信号。开放社会更加类似于去中心式或分散式网络，而非中心式网络。在新冠疫情危机中，最高效和最普遍被接受的疫苗也是在开放和民主社会中研发出来的。

另外，开放和民主社会有着权力平稳过渡的巨大优势，而威权社会在这方面有僵化的缺陷。

第二篇

防范冲击：新冠疫情的例子

新冠疫情预示了全球共同体将在未来面临的诸多挑战，其中某些可能来自生物工程事故、气候变化灾难或网络攻击等。如果出现螺旋式失控，危机将展现与韧性复原相反的场景，正如本次疫情中经常出现的某些情形。新冠病毒及其后续变种的指数式传播，加上许多国家对疫情缺乏准备，使各国政府难以协调组织有针对性的快速应对，以稳定局势、争取时间、找到长期解决方案。

本书第二篇的各章将分析如何从根源上控制危机，其中的要点包括理解人类行为与收集信息。我们需要对政策反应和沟通方式做精准调适，同时找到走向新的长期稳态的合适路径。

为了从根源上控制冲击，我们必须了解人们如何对危机做出反应。人们的反应不仅由自利驱使，也受心理因素影响，如恐惧和焦虑。危机会随着人们的态度改变而演化，进而对政策效果造成影响。如果人们出现韧性幻觉，例如错误地以为危机已经结束，冲击的结果可能会大不相同。

新冠疫情带来的教训是，经常被论及的保护人们健康与发展经济福利之间的取舍问题，其实是一种短视的理解。因为从动态的角度看，身体健康与经济发展本是相辅相成的。果断采取封锁措施会暂时限制经济活动，却有利于保护健康和未来经济发展，因为这能更快地控制疫情蔓延。所以对社会整体来说，不存在取舍问题，有效抗击疫情能够更快地实现经济复苏。

接下来，第5章将强调信息与实验的重要性。要制定有针对性的措施，以减少和控制应对措施的成本，信息不可或缺。根据不同情况，决策者可以在三种疫情防控策略中做选择。第一，在找到长期解决方案之前，他们可以主动防止国民接触病毒。澳大利亚和新西兰在新冠疫情暴发后就采取了这一策略。作为岛国，它们对入境人员的控制要容易得多。第二种策略是主动压制病毒，把日常病例数控制在低水平，比如把每10万居民的周病例数控制在10例以下，通过追踪收集接触者信息与采取隔离措施，有效阻断传播链。日本最初就比较成功地尝试了此类做法。第三种策略较为松弛，目标是把重症感染病人的数量控制在医院的重症监护病房容量以内，以防止医疗系统不堪重负。但在该策略下，病毒仍会广泛传播。

值得注意的是，上述三类策略要求不同类型的信息，并面临不同的临界点。例如当病例数太多时，追踪接触者的调查方法将不再有效。对病例接触情况不能再做有效追踪的临界值就代表一个临界点。我们需要采取主动压制病毒的措施，让社会远离这种临界点，使病毒传播不会回到指数增长的状态。

第6章将主要讨论沟通与信任的重要意义。有效的沟通能培养共同体意识，确保所有国民各司其职，从而帮助落实检测和追踪策略。

第7章将简要指出，任何韧性策略都必须包含长期解决方案，在最终消除威胁之后，让社会回归新常态。从这个意义上讲，韧性来自及时回归常态。在新冠疫情危机中，瑞典和英国等国家认为当群体免疫发挥作用后，长期的新常态就会出现。但结果表明这是幻觉，因为曾经感染新冠并康复的人并不具备永久免疫力，并且新冠还经常会带来持续的健康危害，即所谓"长期新冠"现象。实现长期新常态更有希望的办法是开展大规模疫苗接种，这是另一种类型的群体免疫。美国等国家把主要精力放在快速推动疫苗开发上。许多亚洲经济体利用创新性的信息采集手段和有效的沟通渠道，较好地实施了第一类韧性管理策略，但它们不像美国和欧洲那样重视疫苗开发。简单地说，它们低估了确立清晰的新常态愿景的重要性，而这是任何成功的韧性策略都不可或缺的。

长期新常态还有一个核心要素，就是鼓励各国及早报告传染病紧急状况的机制。目前，许多国家并不存在此类机制。报告本国新出现的疫情可能招致巨大的经济损失，因为其他国家会采取封闭保护措施。于是，出现小规模疫情的国家可能会在向国际社会通报前等待观望，希望小规模疫情自行消失。然而，这种小规模疫情也可能恶化为更严重的疫情。所以，我们可能需要全球性的机制，给实施早期封锁、控制疫情蔓延的国家提供补贴。与保险计划类似，这种机制将给报告本地疫情并实施公共卫生措施的国家提供财务上的补偿。

第 4 章 对疫情浪潮的行为反应与韧性幻觉

在韧性管理的所有阶段,个人面对危机时的行为和反应都是关键所在。人们的行为可以放大,也可以压倒政策的效果。人们可以在没有法令要求时自愿佩戴口罩,反过来也可能拒不执行佩戴口罩的命令,削弱具体政策的效力。因此,理解人们的态度与行为偏差是实施防控措施的重要组成部分,尤其是在危机响应的初始阶段。

新冠疫情危机的演变经历了三个阶段,但时机在各国之间有所差异。每个阶段表现出了不同的行为特征。2020 年 3 月,影响个人行为的主要是恐惧。由于不太了解病毒如何传播及其致命程度,很多人把自身安全放在第一位,尽可能切断对外接触。然而人类是社会动物,随着第一波疫情在世界某些国家退潮,韧性幻觉开始出现。许多人以为社会已拥有抵抗新冠疫情的韧性,生活将很快恢复常态。但这是一种幻觉。

到 2020 年秋季,我们关于这种疾病的知识已大为丰富。可是面对病毒的重新肆虐，人们的行为没有做出恰当的调整。病毒恐惧让位于防疫疲劳。我们在 2021 年春季目睹了第三波疫情，与大规模的疫苗接种几乎同时。为什么人们不恰当调整自己的行为？这个现象被普遍称作"最后一公里"难题。各种组织、群体和个人在推进某个项目的最后阶段时，经常会遭遇困难。新冠疫情的"最后一公里"伴随着第三波封锁措施，特别是在某些欧洲国家。而在印度等部分新兴经济体，2021 年春季又出现了传染性更强的新冠病毒变种。

在讨论几波疫情浪潮之前，我先介绍主流的流行病学模型——SIR 模型，以及如何通过对这些模型的改进来提升韧性。

包含行为反应的 SIR 模型

SIR 模型是主流的流行病学模型，它描述的是，病毒如何在易感人群（S）中传播，并逐渐感染（I）大多数人口，后者再逐渐康复（R）。该模型的核心参数是病毒的基本传染数（R0），意指每位感染者会传染多少人。假如每位感染者平均传染的人数不足 1 人，则病毒会逐渐消失。反过来，如果每位感染者平均传染的人数多于 1 人，则会出现指数式的疫情蔓延。

与病毒有关的巨大行为外部性可能会强烈影响传播率，给流行病学模型带来直接影响。R0 一旦超过 1，就会跨越临界点。由于指数式增长的作用，会出现负面反馈循环，病毒传播将失去控制。

只有到基本上不再有易感人群时，上述过程才会停止。到那时，疫情将慢慢消失。也可以认为，只有当群体免疫实现的时候，韧性反弹才会展示出来。基于此类模型的政策建议是，通过保持社交距离和封锁等措施，把疫情暴发的曲线拉平，并控制在重症监护病房的容纳能力之下。

然而,基本 SIR 模型如果忽略了行为调整的影响,它们预测的传染曲线就可能造成误导。相比标准 SIR 模型的预测,现实中新冠疫情达到峰值的时间要早得多,受感染者在人口中所占比例则低得多。此时韧性开始出现,疾病的指数式增长已经退潮。可是,抑制病毒传播的并不是群体免疫力。事实上当我在写作本书时,全世界所有国家距离群体免疫都还很遥远。减缓病毒传播速度的其实是人们的行为改变,因此,SIR 模型需要把行为反应纳入考虑。[1]

一旦考虑到行为反应之后,病毒的基本传染数往往就会趋近于 1。[2] 如果基本传染数低于 1,人们一般会放松警惕,导致基本传染数重新上升。而随着这个数字提高到 1 以上,人们又会改变行为来抑制疫情暴发。用物理学的术语来说,这会导致所谓的稳态。

若采用风险最小化策略,将把目标设定为进一步压低基本传染数,直至为 0。如果实现该目标,使得 R0 = 0,则意味着病毒被有效消灭,不再有新的疫情暴发风险。而如果采用韧性策略,则允许某些冲击出现,R0 将被压低到 1 以下,足以控制病毒传播。即使又局部暴发,病毒也不会大面积扩散。只要 R0 低于 1,病毒必然会消失。

故事 1 对新冠病毒的恐惧

在疫情出现之初,每个国家都陷入对病毒的恐惧中。图 4.1 描述了美国威斯康星州与明尼苏达州的经济活动变化:与 2020 年 1 月的支出水平相比。[3] 威斯康星州进入封锁的时间略早,重新开放的时间也早得多。让人惊讶的是，该图表明对病毒的恐惧让人们在政府正式实施封锁之前就纷纷停止了经济活动。[4]

明尼苏达州的人们看到毗邻的威斯康星州的情形，也随之改变了自己的行为，没有太多在意官方的封锁公告。接下来，当威斯康星州重新开放时，当地人的消费模式与明尼苏达州并无多少差异。所以，美国支出水平大幅下跌的主要原因不是封锁措施，而是居民自发地开始保持社交距离，减少了在需要密集接触的服务业的消费。

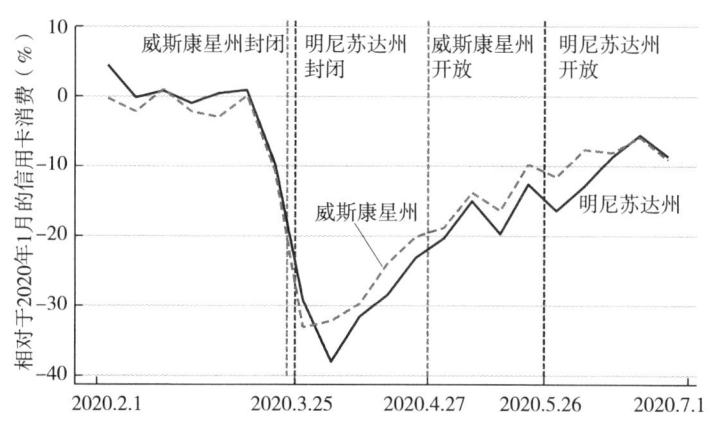

图4.1 美国威斯康星州与明尼苏达州的消费者支出变化，它们实施了不同的封锁政策，但支出方面的经济活动变化却非常相似

资料来源：Opportunity Insights（2021）。

支出下降有很大一部分是源于高收入员工，他们远程上班，对病毒较为警惕。[5]收入属于顶层25%的家庭，其支出下降幅度明显高于底层25%的家庭。这表明偏好与风险感受的变化对经济造成的影响大于购买力下降的效应。[6]

来自芝加哥大学的经济学家奥斯坦·古尔斯比（Austan Goolsbee）与查德·西维尔森（Chad Syverson）对实施封锁的美国各州

与保持开放的各州的相邻县域开展比较研究，得出了类似结论。在保持开放的各县，人们同样减少了出行。[7]这些发现证实了恐惧的关键作用，并有助于解释其他相似现象，例如瑞典和丹麦采取了截然不同的疫情应对措施，经济表现却基本差不多。[8]

社会恐惧：焦虑的加总

我们有必要弄清楚，国民中的集体恐惧和焦虑会如何影响个人的社交距离与疫苗接种决策。另外还需要了解，一个人保护自己免受病毒侵害的决策会使其他人变得更加谨慎，还是反而让他人放松保护措施。人们的行为反应往往会与其他人造成的外部性相互作用。[9]

设想有如下两种场景。第一种是，如果大多数人重视病毒，佩戴口罩，保持社交距离，这些普遍的防护措施将产生正外部性，从而削弱其他人跟进的激励。此时别人的行为成了个人行为的策略替代。假如这种效应占据主导，会有更多人选择不够积极的抗病毒措施。或者说，某些人的行为可能会削弱另一些人的反应。最终，正外部性的作用将打折扣，但不会消失。

不过，个人行为中还包含信息因素。例如，当人们保持社交距离时，就传递出新冠病毒具有危险性的信号。于是，人们从其他人的行为中了解到病毒的严重性，即便政府未发布明确公告，他们也会改变自己的社交距离习惯。在此情景下，每个人的行为都会触发其他人在生活中的连锁式调整，引起更严厉的病毒防护措施。这样的结果显然来自相互促进的策略互补效应。假如模型中的行为人有不同行为习惯，掌握不同信息，上述效应会有所削弱。但个人行为依然会影响其他人的行为，使其效果被放大。

如果存在信息回音室现象（例如现代社交媒体），策略互补效应将被加强。这一思想可以追溯到德马尔佐等人的研究（DeMarzo、Vayanos and Zwiebel）。[10] 人们往往不知道，自己的信息会反弹回来。[11] 例如在新冠疫情中，如果 A 注意保持社交距离，并导致 B 的效仿，则他们都会把对方的行为当作严肃对待病毒的信号。这就是一个产生反馈式外部性的教科书式案例：A 的行为鼓励 B 保持社交距离，后者的反应又使 A 加倍努力。这种反馈循环将发展成为广泛的社交距离习惯，大体上可以解释 2020 年 3 月实际发生的情形。

在新冠疫情中，由于信息外部性，封锁措施或许发挥了关键的信号传递作用。封锁措施可能成为沟通工具，显示危机的严重程度。采取"严厉行动"可以强化人们对重大公共卫生危机的认识。[12] 印度的封锁措施就是一个例子，在发布之后短短 4 个小时即生效。这种快速实施的严厉封锁所传递的信号引起了广大国民的关注。[13]

恐惧可以成为一种强有力的行为促进机制，以阻止病毒蔓延，提升韧性。但由于巨大的策略互补效应，社会也可能反应过度，造成系统不稳定。恰如美国总统富兰克林·罗斯福在首次就任演讲中所说的那样，有时候"我们唯一需要恐惧的就是恐惧本身"。[14]

超级传播者带来的共同焦虑

人群中间的异质性值得特别关注。新冠疫情因为超级传播事件和超级传播者而加剧，也就是一个人导致其他很多人被传染的情形。超级传播者通常从事人员密集接触的工作，或者性格较为大胆、不够谨慎。这些传播者可能给其他许多人带来伤害，而培养他们的恐惧或谨慎态度并不容易。于是，他们可能加剧全民的整体焦虑。

异质性带来的韧性

尽管新冠疫情暴发之初的几个月人们充满恐惧，社会依然需要某些勇敢且有责任感的人从事必要的工作，如医疗机构或超市的服务等。不同人群对恐惧的不同态度可以为此提供韧性。

另一种办法是，我们可以支付更高的工资，以鼓励人们从事这些必要的工作。但这可能造成错误的选择机制，毕竟我们不希望让超级传播者提供医疗服务。

故事2 防疫疲劳与韧性幻觉

疫情期间的焦虑不会永远持续。随着形势在2020年夏季迅速回归正常，例如欧洲的传染率降至低水平，人们的行为亦随之改变。到2020年九十月份病例数又突然暴增时，我们却看到很少人调整自己的行为。欧洲人依旧大量聚集在户外用餐，举办私人派对，无视健康风险。这是为什么？在这个秋季的疫情高潮中，人们更多显示出抗疫疲劳、否认现实甚至宿命论的特征。类似的情景也在2021年春季的第二波印度疫情中出现。大规模宗教活动与政治集会导致新型德尔塔变异毒株快速传播，而之前采用的个人防护措施往往还减少了。

人们更愿意秉持乐观态度，悄悄地从对良好结果的愿望中获取预期满足。德国人有个说法是：预期的快乐才是最大的快乐。人们希望以幸运的色调来看待事物，这就可能使他们的信念朝过于乐观的方向扭曲。[15]不幸的是，错误的预期可能带来惨痛的代价，因为它们会让人们基于扭曲的看法去做决策。

当然，也有一种"现实主义力量"会迫使过分乐观的人们正视现状，最优预期需要在乐观主义与现实主义这两种对立力量之间保持平衡。如果政府通过封锁措施或其他定向干预来限制个人的行为，现实主义力量可能会受到抑制。与之类似，如果由于外部性，结果受到其他人的影响，而不取决于自己的行为，现实主义力量也可能被削弱。

总的来说，乐观主义预期可以解释新冠疫情在 2020 年秋季的迅速恶化，特别是在欧洲。例如对第一波疫情防范最成功的波兰和捷克等国，在第二波疫情中受创最为严重。德国各处滑雪胜地在 2021 年初的冬季假期里尽管关闭了宾馆和餐厅，却依旧人潮汹涌，也属于防疫疲劳的表现。[16]

对于 2020 年秋季的新冠疫情再起，还有一种假说是因为季节性因素。新冠出现之前的所有冠状病毒都显示出强烈的季节性特征，在夏季消退，到冬季卷土重来。[17]该现象的一种可能原因是夏季的紫外线强度较大。除季节性因素之外，平均气温也会影响新冠病毒的传播。气温降低会带来人们的行为调整，尤其是增加在室内的社交活动，这可能有利于病毒在冬季加快传播。

故事 3　新冠疫情的"最后一公里"

到 2021 年初，疫苗在发达经济体变得日益普及，新冠疫情有了结束的希望。从理论上讲，如果公共卫生措施再坚持几个月，各国将有足够的时间给大部分人群接种疫苗，继而为逐步放松管制措施铺平道路。但事实上，许多国家在 2021 年春季迎来了第三波疫情高峰，尤其是在欧洲，也包括印度。

前文提到,有时这被称为"最后一公里"现象。当任务完成胜利在望时,人们往往会遭遇一段困难时光。到2021年春季,防控乃至最终战胜疫情的大部分行动都已经实施,但仍需要多一些耐心。从2020年11月起,疫苗开发成功的消息鼓舞了人们对快速回归常态的希望,于是对放松管制的公众压力开始增加。

"最后一公里"现象给韧性带来了挑战。有韧性的公共卫生策略可能会失败,因为人们难以将其坚持到疫情结束的时刻。随着民众变得漫不经心,策略互补效应可能被逆转。例如看到邻居们对病毒的关注度下降,其他人也会放松警惕。

地区差异

全球许多国家在2020年春季和夏季经历了第一波疫情的冲击。更强的第二波疫情出现在当年的秋季。在这期间,我们观察到病例数出现了很大的地区差异。例如在美国,当年春季病例数最多的地区(如东北部)在秋季的情况较好,从绝对数量上看,秋季的病例数依然与春季持平甚至超出。但基本避开第一波疫情的地区却在秋季迎来了最为剧烈的疫情浪潮。例如,南达科他州在2020年8月中旬之前的日增病例数基本未超过100人,可是到11月的高峰期,日增病例数达到2 000人,成为全美总感染率最高的地区之一。[18]在德国,东部的萨克森州在当年春季没有受到多大冲击,却在12月份成为最糟糕的疫情热点。当年秋季,莱比锡和德累斯顿等大城市的病例数降至最低点,但更多乡村地区的病毒扩散却把传染率不断推高。[19]匿名者Q(QAnon)等阴谋论也在这些地方找到了传播沃土。[20]

更普遍地说，受国际旅行的部分影响，新冠病毒一开始往往是在城市区域传播。然而到 2020 年秋季，病毒开始在各国内部蔓延，没有哪里能够幸免。2021 年春季的第三波疫情与第二波类似，也不放过任何地区。更具传染性的病毒变种则进一步加剧了病例数的重新飙升。

第 5 章　信息、检测与追踪

对于任何满足成本效益比的危机控制策略，要支持社会继续运行，直至新常态开启，信息都至关重要。然而在危机中，人们经常不得不在未知的迷雾中行动。例如在新冠疫情期间，随着关于疾病的更多信息浮出水面，我们经常需要做出重大调整。

在完全缺乏信息时，人们必须在初始危机与某种新常态之间设计一种不定向的衔接策略。在未知的迷雾中这样操作，有时可能要付出极大的代价。因为缺失信息，政府一开始不得不实施普遍的封锁。由于信息不足，更有韧性和可持续性的解决方案，例如只把被感染者与最容易发生重症的人隔离起来，可能无法采用。

信息收集可能颇具挑战，特别是当新冠疫情这样的新型冲击到来时。对任何信息采集策略而言，开展实验和开发新的检测方法通常都是关键所在。美国总统富兰克林·罗斯福在大萧条中尝试过多种政策工具，美联储主席本·伯南克在 2008 年金融危机中也试验过不同的政策手段。在新冠疫情这样颠覆世界的重大事件中，无所作为通常是不明智的，更好的办法是做出调整与尝试，至少驱散部分迷雾。

在本章中，我们将探索设计有韧性的衔接策略所需要的信息收集工具。与本书其他章节一样，我们将结合新冠疫情的经历来展开讨论。

全面封锁与定向封锁

全面封锁造成的经济成本极为庞大。2020 年 5 月，仅美国就每周损失约 800 亿美元。[1]除这些直接成本外，还存在经济体不能回到平衡增长轨道的危险。在 2008 年危机中，不能尽快回到先前增长轨道的成本达到每年 1.2 万亿美元。[2]也就是说，拖延复苏会加剧沉重而持久的增长损失的风险。结合新冠疫情，这方面的思考给我们提出了如下疑问：能否设计出更有针对性的封锁方案，既挽救更多生命，同时又取得更好的经济成果？[3]

定向封锁策略的好处

高质量的信息可以让政府设计出有针对性的封锁方案。假如我们能够轻松识别感染者，包括无症状感染者，此时有效隔离这些人员就能基本上控制病毒传播。除减少传染外，这一策略带来的经济成本远低于全面封锁。我们可以只隔离感染者，而对其他人采取很少的限制。

然而在缺乏完美信息时，我们不知道需要隔离哪些人。一种可行的半定向封锁办法是限制非工作年龄段人群的活动，这是减少短期经济损失的简单方式。还有一种办法是要求脆弱人群留在家里,例如老人和有基础病的人。[4]这样做可以大幅降低死亡率。[5]

检测项目的成本

对感染者实施半定向封锁需要信息支持:在任何给定时点,知道谁是感染者而且具有传染性。这要求实施检测项目。开展广泛的检测项目要付出多大成本?与盲目的全面封锁相比,这一成本小得惊人。假设每次检测的成本为 20 美元(这在 2020 年春季是较为合理的水平),那么对美国全部人口做一次检测大约需要 70 亿美元。诺贝尔经济学奖得主保罗·罗默建议,可以每天对大约 7% 的美国人(2 000 万~2 300 万人)做检测。[6]这种大规模检测项目的日均支出约为 4 亿美元,与全面封锁导致的大约每周 800 亿美元的损失相比微不足道。上述测算表明,应该转向定向封锁加上广泛检测的应对策略。检测结果为阳性的人们可以被暂时隔离,以阻断病毒传播链,使基本传染数 R0 下降到 1 以下。[7]

检测可能导致鲁莽行为

检测的另一种成本是可能带来个人行为的变化。任何新冠检测都可能产生假阴性的结果,此时,被病毒感染的人得到的检测结果是阴性。[8]还有,根据检测的不同类型,有时需要数天才能得到结果。因此在结果出来以前,感染者可能已在不知不觉中传播疾病。假阴性和检测结果时滞可能诱使人们的莽撞行为,他们自以为安全,实际上却在传播病毒。如果出现这种情况,韧性将被严重削弱。在疫情暴发之初,我们并不了解此类效应的威力。知识空白点促使学者们分析大规模检测的结果,以及人们的行为调整。这凸显了搜寻实证依据以改进政策决策的重要意义。

定向封锁所需的信息类型

定向封锁瞄准全部人口中的特定群体，例如只对感染者和脆弱人群实施隔离。然而为准确识别这些人，我们必须收集特定的相关信息。采用感染后抗原检测、快速抗原检测或者聚合酶链式反应检测（核酸检测）可以筛查出感染者，并帮助测算某个人群与群体免疫的距离。对于感染者和他们的接触者——至少是通过密接追踪能够被认定的人——可以实施隔离。这一方法类似于中世纪鼠疫暴发期间对水手们实施的40天隔离制度。

不同类型的信息

定向封锁所需的信息取决于封锁针对的对象，这里至少有两种选项：针对最容易出现重症的人，或者针对会影响很多人的超级传播者。因此，政府需要的信息要么是哪些人最容易受负外部性冲击，要么是哪些人最容易制造外部性。政府试图识别的人群对象不同，所需的信息也不同。

表5.1 不同类型的信息划分

信息的种类	脆弱者 （易受外部性影响）	传播者 （会带来外部性）
免费	年长者、有基础病者、护士	护士，来自高风险地区的旅客
高成本	抗体检测	抗原检测 追踪

注：年龄是反映健康脆弱性的良好指标，这一信息可以免费获得。医疗从业者的身份信息也同样。相比之下，检测需要较高的成本。

第5章 信息、检测与追踪

不同类型的检测

不同类型的检测之间涉及重要的利弊权衡。核酸检测非常准确,几乎不会得出假阴性的结果。[9]但核酸检测准确度最高的还是针对已经度过高传染阶段、病毒载量越过峰值的患者。快速抗原检测的准确度不如核酸检测(至少在确认病毒的存在上面),但更适合用于侦测实际传染性,因此对于实施有效防控策略也非常重要。

追踪、有效检测与定向执行

为有效实施定向封锁,需要利用检测与接触追踪来收集必要信息。但这两种方法有着不同的精确度。检测能提供较为准确的信号,假阳性率较低,但得出结果的时间可能会有延迟。

接触追踪可以作为检测前的一种初步措施。当检测数量很少时,接触追踪的价值会更加突出。如果公共卫生工作者能辨别哪些人有更高的感染风险,就可以把检测能力集中在这些人身上。感染者的接触者正是有更高感染风险的人,因此需要做检测。定向检测可以有效阻断传染链,但未必能够揭示新冠病毒在整个人群中的真实流行状况。如果我们关心的问题是后者,则需要做普遍的随机检测。

在中国和其他几个亚洲经济体,利用手机应用程序做接触追踪的效果非常好。在中国,人们在进入建筑物之前必须用手机扫码,显示新冠检测阳性的人或者与感染者有过接触的人会被拒绝进入。中国台湾的策略则是重点封锁那些最容易导致传染的人,并利用手机信号追踪他们的接触人员。当学生等从海外返回台湾时,他们必须接受两周的隔离。当地利用三角定位追踪手机系统,监督人们是否遵守隔离。但某些意外情况依然会发生，例如有位叫谢米罗（音）的学生的手机暂时没电了，于是在一个小时内有四家政府机构和他联系，核查他所在的位置。[10] 尽管台湾的"电子围栏"保护了社会的安全，但人们始终对隐私感到担忧。开展接触追踪的一个低技术方法是通过接触日记（contrat diary）* 追踪，效率更低，却更适合保护隐私。[11]

有能力开展广泛检测和对更多新冠病例做接触追踪，是培养经济韧性的一个巨大优势。但有两个临界点会给接触追踪构成巨大挑战。第一个是如果基本传染数 R0 超过 1，病毒就会形成指数式暴涨。第二个是发病率过高。一旦达到这两个临界点，接触追踪都将难以为继，至少在不采用某些技术方案时是如此。许多西方国家出于隐私考虑放弃了这些方案。

德国在很长时间里曾把周发病率达到每 10 万人 50 例作为临界点，后来被降低到 35 例。一旦跨越这个水平，接触追踪就不再能有效开展，病毒传播可能失控。此时，韧性政策要求采取更强的防控措施，以防止在跨越临界点之后出现负面反馈循环。

另一种有效措施是保证不同群体之间的距离，例如建立"气泡"或者"分离舱"，鼓励人们只与同一群体的其他人会面，从而遏制疾病的传播。检测与接触追踪还能放大针对不同年龄段实施的封锁政策的好处。[12]

隐私与污名

接触追踪（尤其是通过手机应用程序）引发了人们的顾虑：隐

---

* 一种软件，记录人们近期参与的各种活动和联络的人。——编者注

私的价值，以及感染者的健康状况被广泛知晓后可能带来的污名。

信息共享与隐私

政府机构与私人部门之间的信息共享可以极大地促进各种定向防控措施的实施效果，然而只针对特定群体的措施有可能会侵犯隐私。

亚洲各经济体在信息共享方面尤其高效。例如，当某人在韩国检测出阳性时，地方政府将从医院获得该病人的报告。政府有权收集病人的就医记录、移动电话定位记录、信用卡消费记录，以及从附近建筑物获取的监控摄像记录。包括病人的活动轨迹在内的各种信息将广泛透露给病人所在区县的本地民众。每天，病人的信息通过政府机构的疫情通报发布出来，同一区县的人们可以从韩国疾病控制与预防中心的网站上获取这些信息。另外，与感染者去过同一商户的人会收到短信通知以及接受检测的建议。出于对隐私保护的考虑，韩国政府于2020年10月收紧了关于个人病例的信息发布。

对污名化与检测的担忧

人们对隐私与社会污名化的担忧说明，各国政府需要处理好平衡。如果很多人出于对隐私或社会污名化的顾虑而不放心接受检测，这些社会因素就可能削弱大规模检测策略的效力。

特别是，对病人的污名化既可能敦促人们服从防控法规，也可能适得其反。例如在幼儿教育机构暴发的疫情可能带来极大的外部性，被感染孩子的父母将被迫隔离，如果机构被关闭，所有日托孩子的家长还需要寻找备用计划。因此，把孩子送去做新冠检测的任何家长都可能给其他人"造成"严重不便，后者或许会指责新冠检测阳性的孩子的家长。此时，对社会污名化的担忧可能会破坏人们参与检测的积极性，导致潜在的恶性后果。原本可以在事前轻松控制的病毒，反而会蔓延到整个日托机构。

  总之，为制定可行的防控策略，在新常态实现之前维持社会的运行，信息至关重要。我们必须认识到，无症状病毒传播、选择性接触、季节效应以及病毒对儿童的影响等都是最优政策设计中的关键考虑因素。[13]

第 6 章　沟通：对焦虑的管理

在之前两章中，我们强调了个人行为与信息对实施可行衔接策略的重要性。社会学习过程与反馈式外部性可以有力地放大对新冠的行为反应，所以，意见领袖与政府传递的信息能起到关键作用。有效的劝诫式沟通是核心，它要求以基本的信任作为基础。

对沟通工具的利用好比走钢丝。政府或许愿意制造一定程度的焦虑，以显示健康危机的严重性，但又希望避免广泛的恐慌，因此必须在制造焦虑和避免恐慌之间寻找恰当的平衡。

首先，政府可以向公众传递客观的信息，通过与疾病有关的事实帮助人们修正初步的看法。例如，德国前总理安吉拉·默克尔就介绍过基本传染数 R0 的重要性及其误差界限的敏感性，她指出 R0 从 0.98 上升到 1.02，意味着病例数将从逐渐减少变成指数式增加。在获知更充分的信息后，国民将更容易对危机做出恰当响应，因此沟通可以成为提升韧性的一个核心要素。另外，沟通还可以通过政府之外的众多渠道发挥作用。

培养共同体意识

一方面,像印度那样实施4小时后生效的快速封锁会凸显新冠危机的严重性,并很自然地造成一定的焦虑。前文提到,有人认为封锁发挥了信号指示的作用。用封锁来制造恐惧,这种解释具有马基雅维利式的权谋特征。另一方面,各国政府又可以利用恰当的沟通来培养共同体意识,传递所有国民同舟共济的思想。这种培养共同体意识的办法不是通过恐惧去刺激人们防控病毒,而是利用"温情效应"来鼓励人们为公共利益而遵守规则。在经济学模型中,当一个人的效用取决于其他人的效用水平时,就会出现利他主义行为。[1]用大白话来说,就是人们会彼此关怀。

为培养人们的共同身份认同感,可以从多个渠道来开展沟通。[2]新西兰总理杰辛达·阿德恩就利用议会报告、每日简报、脸书网站直播和播客等多种渠道向民众传递讯息,因之广受赞誉。[3]良好的沟通给民众的预期提供了坚韧的长期锚定。

此外,借助意见领袖也可以有效放大政府的声音。例如在印度,宝莱坞的男女演员们发布自己遵守疫情防控规则的视频,可能会在他们的追随者中产生强有力的推动效果。

借助政府与民间两类沟通渠道的交互作用,许多政治家把新冠疫情防控比喻为一场战争,既激发共同体意识(团结在共同的旗帜下),也伴随着恐惧。[4]与战争时期一样,要动员民众参与防止疫情蔓延的战斗,维持士气是关键。[5]在新冠疫情中,全人类面临一个共同的敌人。这个事实可以有效地用来传递跨越国界的同仇敌忾的观念，也可能让各国分裂为彼此敌对的小团体。[6]

可信度在沟通中的作用

政府能否有效利用沟通来劝诫民众，这取决于人们对政府乃至更广泛地对科学的信任度。[7]信息泡沫可能让某些国民无法获得关键消息。鉴于如今的日常信息流量巨大，许多新闻可能被人们忽略或鄙弃。当然新冠疫情是个足够大的话题，足以让关键信息穿透各种泡沫，抵达全球各种各样的人群。

新冠疫情的统计数据

著名记者达莱尔·哈夫于1954年发表了经典著作《统计数字会撒谎》，人们自此关注到统计数据可能会被调整，以支持不同党派的政治纲领。[8]这一现象是不幸的，因为统计数据的可靠性对于说服普通民众接受和执行公共卫生措施极为必要。

社会需要对科学与统计数据的信任，这点从新冠死亡数据中就能看到。新冠死亡病例的含义并不清晰，一个人是因为感染新冠而死亡，还是在感染新冠时因为其他原因而死亡？[9]另外，因为意外事故的死亡减少，全因死亡率通常在经济衰退期会下降，在封锁期间甚至降幅更大。[10]还有，新冠可能会带来"收割效应"，意思是由于剩余寿命较短的人们死于新冠，死亡会在疫情大暴发的几个月里集中出现。短期内我们可能看到惊人数量的死亡病例，但长期的死亡率却没有那么可怕。[11]

在本次疫情中，某些人对检测产生了疑惑。例如许多人在问：更多的新冠病例是否源于更多的检测？显然不是。即使没有被检测发现，疾病依然会流行。如果人们不参与检测，他们或许会在不知情的情况下传染更多人。因此从中期看，更多的检测有可能减少新冠病例的总数，尽管这点是无法观察到的。可是从短期看，由于更多人参加检测，报告的病例数确实会更多。前文提到，背负社会污名可能会阻碍人们参加检测或者报告病例，也会扭曲我们对统计数据的看法。

传递科学信息

在上述情形下，科学知识的传播将是强有力的工具。诺贝尔经济学奖得主阿比吉特·班纳吉（Abhijit Banerjee）开展了一项实验，在新冠疫情中向印度的某些社群发布消息。利用这一可靠来源传递某些重要信息以后，当地对公共卫生措施的遵守情况有了显著改善，例如报告症状等。[12]因此，可靠的沟通确实能够影响民众，提升韧性。

抗击阴谋论

本次疫情期间，某些不易理解的观点加上对科学与统计数据的不信任，助长了阴谋论的泛滥。这方面的例子包括匿名者Q运动和误导性电影《人造疫情》（Plandemic）传递的错误理念。有意思的是，匿名者Q运动的传播方式和病毒颇为相似。德国多党派政治制度的极化程度并不显著，但如今据估计却有世界上人数第二多的匿名者Q运动追随者，仅次于该阴谋论群体起源的美国。[13]如何在各种阴谋论面前维系社会团结，仍是当前社会面对的艰巨挑战。

借助反事实情景来提高可信度

动态的危机沟通经常需要可信地描述反事实情景。人们不太容易理解反事实情景，因此需要某些沟通技巧，包括对他们提出如下问题：假如不采取封锁或保持社交距离的措施，会出现怎样的情况？

图6.1描述的是德国自2020年1月之后的超额周死亡人数，其中的阴影部分为疫情之前2016—2019年的最大与最小周死亡人数的区间。许多阴谋论者利用这些数字宣称，新冠疫情危机是骗局，因为截至2020年秋季（第40周），当年并不存在超出历史数据的超额死亡人数。不过从2020年秋季开始，该图显示了显著的

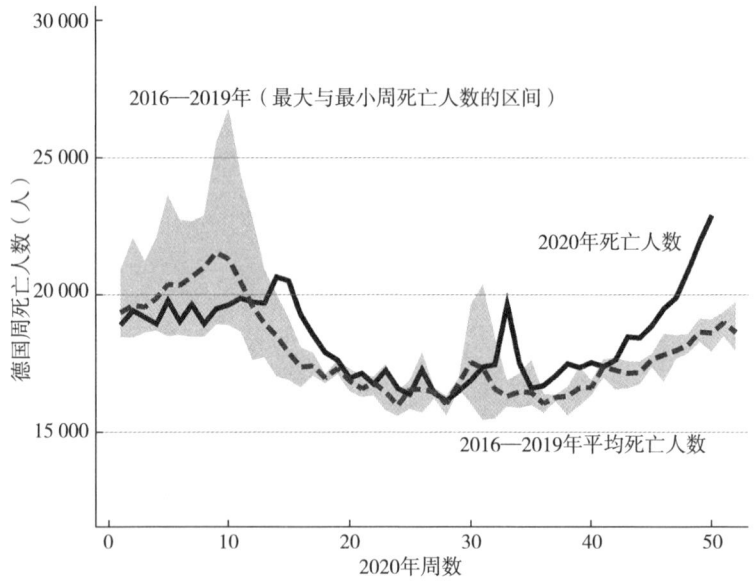

图6.1 德国的周死亡人数，新冠带来的超额死亡率

资料来源：Statistisches Bundesamt (2021)。

超额死亡人数的证据。当然，如果不采取任何病毒防控措施，反事实的死亡人数将大大高于当年的数字以及历史平均水平。

如果人们很难理解反事实情景，政策制定者又该如何与人们沟通呢？在本次疫情中，有一个反事实情景是如果不实施封锁，会出现多少死亡病例。这与政府在长时期里以何种严厉程度实施封锁政策有关。有些矛盾的是，如果封锁政策的实施非常严厉，传染率保持在极低水平，反而可能招致批评意见和阴谋论。人们或许会以为问题并不严重，于是错误地断言政府实施封锁政策是出于不可告人的目的。假如政府的信誉因此受损，人们可能会想方设法规避封锁政策。此时，可靠地传递威胁严重性的唯一途径或许是让疫情轻微发作。通过这种方式，反事实情景将更鲜明地被不知情的国民所目睹。然而，这样的策略会带来道德上的疑问，也有可能导致无法遏制的指数式暴发。

我们面临一个动态的沟通问题：应该采用一个确切的"死亡率"目标，还是容忍偶尔的疫情浪潮，以便让民众了解情况的严重性？或者说，为建立可信的沟通，政府是否必须经常开展实验并做极限测试？德国实施了相对成功的封锁措施，反而让国民中流传起虚假信息，认为新冠疫情的总体威胁并不像预测的那般可怕。

此时，政府会更愿意采取后发制人的策略。在此策略下，政府将等待疾病的传染人数达到某个确切水平后，再实施封锁政策。其理由是，如果过早实施封锁，这些努力反而会因为结果的成功而被轻视。较早实施封锁无疑可以防止许多糟糕的情景，却也会让不知情的国民对封锁的必要性提出质疑，这对于增强社会韧性不是好事。

与之类似，巴西和瑞典等国家忽略新冠疫情威胁所遭遇的后果，对其他国家的沟通工作起到了帮助作用。新冠疫情管理不力的国家的糟糕结果，清楚地展示了反事实情景的可能面目。用经济学术语来讲，政策选择不力的国家给其他国家的沟通工作提供了一种正向的外部性。

愿景与叙事

作为政治领导人，是应该把更长期的愿景展示出来，还是应该秘而不宣？对于这方面的策略考虑，我们并不容易提供现成的答案。公开展示某种愿景可能会引来反击和批评，但如果把计划保密，又可能因缺乏透明度而受抨击。有个例子展示了如何在招致过多批评与保持过分隐秘之间保持平衡，欧洲央行行长马里奥·德拉吉在一次演讲中做出了著名的"不惜一切代价"的声明，以此做出保卫欧元区的明确承诺，同时又以相当大的含糊性来回避批评。

富兰克林·罗斯福在大萧条期间的做法同样显示了一种可行策略。他的政府尝试了多种政策，寻找走出危机的良方。与此同时，罗斯福总统清晰地表达出他对民众的关心，给大家传递了一种脚踏实地的安全感。[14]

"会讲故事的人统治世界"，这句话据说来自美洲土著部落霍皮人，也有人说出自柏拉图。无论如何，简单的故事（包括经济学模型）能够把现实情景描述得清晰易懂，然后更容易说服民众。但故事也可能被过分简化，或者造成扭曲。从经济学的角度来看，关键在于模型或故事的内部一致性与外部一致性之间的权衡。一方面，符合内部一致性的信息会展示理性行为人以及合乎逻辑的推理，但这样的模型或许不能很好地反映现实。另一方面，强调外部一致性的信息更强调与现实情况相符，却经常会使模型过于复杂，让普通民众不明所以。

随着世界变得日益复杂，简化与包容之间的权衡也显得愈加重要。阴谋论就是个很好的例子，这类理论给出对世界的一种直观看法，"合理解释"人们无法理解的各种各样的事实。新冠疫情带来的复杂性与不确定性，就给2020—2021年各种阴谋论泛滥提供了绝好的沃土。

掌握叙事关系重大。病毒起源于哪里？疫情暴发是谁的责任？[15]有人指责中国在疫情初期没有做充分报告。与此同时，中方拒绝成为全世界的替罪羊，一直在努力证明自己的制度在应对危机方面比其他国家更为优越。我们将在第15章再来讨论这方面的问题。

第 7 章 疫苗与新常态的设计

在任何危机应对中，设计出长期可持续的新常态都是一项重要任务。当社会能够逐渐落实这方面的必要措施后，韧性才将最终显示出来。

在新冠疫情中，群体免疫最初被视为长期解决方案之一，特别是在瑞典以及一段时期内的英国。然而这从未成为真正可行的选择，原因有如下三点。第一，有充分证据表明新冠幸存者中有人受到长期负面健康影响。[1]如果追求群体免疫，将把许多人暴露在他们可能永远无法完全康复的健康问题中，即染上所谓的"长期新冠"。第二，对新冠的免疫力可能是暂时的，群体免疫或许永远无法实现。第三，新的病毒变异在持续出现。所以，唯一可行的选项只能是开发疫苗。

科学界为新冠疫苗开发付出了前所未有的努力，尤其是在美国和欧洲。正常情况下需要十年甚至更长时间的开发过程，这次在一年之内就推出了首批备选疫苗并大量投入使用。亚洲各经济体强调韧性策略中的防控方面,但对于如何回归新常态这个方面则较为轻视。

由于若干新疫苗的出色效果,截至本书写作时,许多国家的病毒传播状况和死亡率已呈下降趋势。给大约60%的人口接种疫苗,或许就足以把R0持续控制在1以下,即病毒会自行消失的分界线。以当前的疫苗生产和分发速度,有人预计疫情将于2022年在全球大部分地区结束。然而,也可能某种疫苗对防范重症和死亡非常高效,但对疫情的无症状感染的控制作用不大。假设如此,我们可能需要比60%高得多比例的人口接种疫苗,才能终结疫情。辉瑞-生物新技术公司的疫苗的早期数据表明,它能够降低传染性,但这一效应的大小尚不清晰。[2]此外,如果有新的病毒变种能逃逸疫苗,我们的某些希望或许要落空。

更普遍的一个教训是,我们可以针对未来的病毒主动提升韧性。动物源性病毒传递到人类身上是种常见现象,所以在新冠疫情受到控制之后,还会有新疫情的风险。如果我们可以改进这方面的准备,将是增强社会韧性的关键一步。

疫苗的成本收益分析

之前我们关于检测与接触追踪的成本收益分析同样适用于疫苗开发。疫苗的边际收益可以通过如下几个因素的边际增加的乘积来近似测算:疫苗获得成功开发的概率;美国遭受的每月3 750亿美元的经济损失;疫苗开发提前6个月成功的假设。针对不同类型的疫苗,其边际成本大约都为每剂1美元的生产成本乘以生产的总剂数。[3]我们还必须考虑产能的可替代性,由于疫苗工厂通常可以相对迅速地转向生产另一种疫苗，因此对于试图为 80 亿人口接种的每种疫苗来说，其生产成本分别约为 80 亿美元。[4]

mRNA 疫苗——例如辉瑞-生物新技术公司的疫苗和莫德纳公司的疫苗——比其他类型的疫苗贵出一个数量级，据称价格约为每剂 15 美元。但由于疫情封锁造成的巨大经济损失，以上成本收益分析的基本结论不会改变。疫情早期阶段有过这方面的讨论，关于欧盟是应该采购较贵的 mRNA 疫苗，还是较便宜的后来推出的其他疫苗。结果发现，相比延长封锁造成的经济损失，选择便宜疫苗所能节约的成本显得微不足道。[5]

疫苗开发：冗余、分散化与韧性

有两种激励疫苗开发的手段。第一种是赋予开发企业暂时的垄断权，如果疫苗获得成功，它们将收获巨大的利润。第二种是由政府为开发失败带来的损失提供某些保险。[6]

企业掌握着备选疫苗的重要私人信息，因此经济学家迈克尔·克雷默（Michael Kremer）于 2020 年 5 月提出了一个"80-20"的资助计划。根据该计划，政府将承担至少 80% 的建立疫苗制造产能的成本，私人公司承担 20% 的"共担风险"。作为出资的回报，在疫苗开发获得成功时，政府将拥有购买疫苗的选择权。[7]

疫苗开发应该遵循三条原则。第一条是冗余，疫苗产能应高于实际需要数量。这是为了防备某些疫苗开发项目失败。第二条是分散化，把投入分散在不同的疫苗技术中，可以减少各个项目之间的相关性。更大的分散化将提高其中某些项目获得成功的概率。第三条是有韧性的疫苗开发，确保疫苗容易适应变化，以应对可能出现的病毒新变种。

冗余与分散化：并行开展的疫苗开发

疫苗开发具有风险，可能失败，因此我们需要对多种疫苗做并行开发。[8]各国政府起初并不知道哪些疫苗最有可能获得成功，因此，很多国家对多家公司做出了疫苗采购承诺（图7.1），结果获得了多于本国人口需要的疫苗数量。

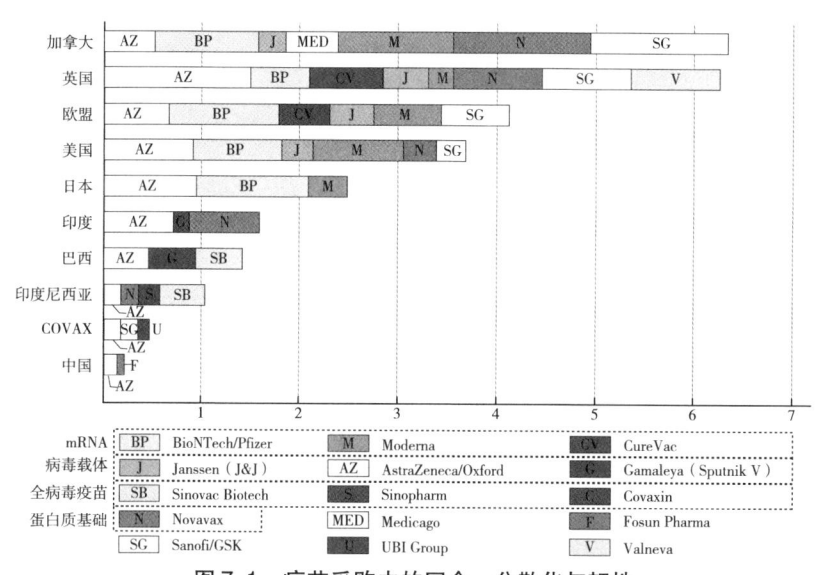

mRNA	BP BioNTech/Pfizer	M Moderna	CV CureVac
病毒载体	J Janssen（J&J）	AZ AstraZeneca/Oxford	G Gamaleya（Sputnik V）
全病毒疫苗	SB Sinovac Biotech	S Sinopharm	C Covaxin
蛋白质基础	N Novavax	MED Medicago	F Fosun Pharma
	SG Sanofi/GSK	U UBI Group	V Valneva

图 7.1　疫苗采购中的冗余、分散化与韧性

资料来源：Bloomberg（2021）。

2020年5月时有人估计，每尝试14种疫苗，大约有90%的概率到2021年秋季有1种获得成功。[9]14这个估计数是基于不同疫苗的互相关性分析得出的。采用相似技术的疫苗有更高的互相关性，所以，相比开发一种基于完全不同技术的候选疫苗，开发一种与现有疫苗类似的疫苗带来的多样性更少。

从 2020 年 5 月各国政府的角度看，有多种潜在疫苗可供选择，这提供了标准的分散化开发的激励。疫苗主要以如下四大类生物技术为基础：mRNA（Pfizer、Moderna、CureVac、Sanofi 等机构）；病毒载体技术（Astra Zeneca、Johnson & Johnson、SputnikV 等机构）；全病毒疫苗技术（科兴生物、国药集团、Covaxin 等机构）；蛋白质基础技术（Novavax 等机构）。分散化要求向生产不同类型疫苗的企业下采购订单，比单纯保留产能冗余更进一步。事实上，图 7.1 中的大多数国家都采用了这一策略，但许多国家的疫苗采购组合中不包括全病毒疫苗技术的疫苗。

2020 年后期到 2021 年出现的若干病毒变种让人们关注到与分散化有关的另一个原因。截至 2021 年 4 月，我们尚不清楚哪些疫苗对抵御这些变种最为有效，因此尤其需要保持疫苗开发的多样化，并研究它们对各个病毒变种的效果。

疫苗融资的国际协作

疫苗融资策略原则上可以在国际层面设计，例如，每个国家可以把 GDP 的大约 0.15% 投入疫苗开发。至少在初期各国应该有强烈激励参与此类合作，因为它们都希望避开与本国疫苗备选方案有关的失败风险。[10] 不同于上述全球策略的另一种办法是采取更浅层的合作形式，本国政府给外国企业出资，建立富余的疫苗产能。[11] "新冠肺炎疫苗实施计划"（COVAX*）就是试图协调疫苗融资的国际行动的范例。

---

* 该计划是由全球疫苗免疫联盟、世界卫生组织和流行病预防创新联盟共同提出并牵头的项目，拟于 2021 年底向全球提供 20 亿剂新冠肺炎疫苗，供应给"自费经济体"和"受资助经济体"。——编者注

利用数据购买疫苗

经济交易通常是用货币购买产品或服务。但在国际疫苗采购中,某些国家还以数据来回报疫苗企业。以色列的疫苗接种率在 2021 年 1 月下旬处于世界领先水平,并一直向辉瑞 – 生物新技术公司报告疫苗接种的每周数据,其中包括该国接种国民的人口结构信息。[12] 还需要指出,以色列为每剂疫苗支付的价格高于欧盟的水平。

疫苗接种试验

有些无奈的是,世界上某些地方对新冠病毒的防控失败反而可能使那里更容易开展疫苗接种试验。大规模试验通常需要对数万人施行,有的接种疫苗,有的注射安慰剂。研究者们接下来将比较两个群体的感染率。巴西和美国的新冠病例数非常高,使得治疗组和对照组的人们都有足够的病例暴露,以测试各种候选疫苗的效果。事实上,到 2020 年下半年,拉丁美洲已成为疫苗试验的热点地区,那里有很高的感染率,也有非常多愿意参加疫苗试验的志愿者。[13]

疫苗分配

一旦有某种疫苗可用时,各种伦理问题随之而来。哪些国家应该首先使用?每个国家内部谁应该优先接种?在这方面缺乏国际领导力,使问题变得尤其尖锐。[14]

国际疫苗分配

有一个简单的思想实验可以帮我们厘清国际层面的考虑。假设有两个国家各成功开发出一种疫苗,它们是应该完全接种本国的疫苗,还是拿出一半的疫苗同邻国交换?标准的风险规避理由支持后一种做法。假设其中一种疫苗具有副作用,把两种疫苗搭配使用可以确保一半的国民不受副作用影响。然而,这样的做法很难在国家之间交流协商。

疫苗分配还必须考虑国际溢出效应。由于生产链的相互依赖,以及国际人员往来和旅游业的因素,来自新兴市场与发展中经济体的健康外部性会对发达经济体造成影响。

许多新兴市场与发展中经济体面临两难选择,它们在购买优质疫苗时不太容易获得优惠待遇,使选择变得更加艰难。我们将在本书第 14 章再来讨论新兴市场与发展中经济体面临的特殊挑战,在第 15 章分析疫苗出口管制问题。

国内疫苗分配:给哪些人接种哪些疫苗?

国家层面上有两种可能的情景。第一种,如果需求超出现有疫苗数量,将出现疫苗短缺。第二种,疫苗供应充足,但由于人们害怕未知的副作用,对疫苗的需求有限。此外,想接种疫苗的人不属于最需要疫苗的类型。有人或许因为较高的私人收益而愿意付费接种疫苗,最为脆弱的群体反而可能不太愿意。

政府该如何集中分配稀缺的疫苗资源?假设人们不改变自己的行为反应,我们将看到一条鲜明的界线:一边是外部性的传播者,特别是超级传播者;另一边是外部性的受害者,特别是脆弱人群。

政府可以优先考虑给关键工作人员接种疫苗,如重要岗位的医护人员。同样还可以优先考虑提供重要社会价值的工作人员,特别是因为职业会广泛暴露于病毒的群体。

一个显而易见的解决方案是给最容易因病毒死亡的人群尽早接种疫苗。但脆弱人群有较强的私人激励去接种，他们或许不需要政府的太多"助推"措施。

然而，脆弱人群可能不是社会交往最活跃的群体。给脆弱人群接种疫苗会给他们自身提供保护，但对减缓病毒传播速度帮助不大。反过来，给超级传播者接种疫苗的好处则会倍增，不仅能保护超级传播者自身，还能截断与之有关的整条传播链。给更多超级传播者接种疫苗有助于把基本传染数控制在 1 以下，即病毒将逐渐消退灭亡的临界点。

根据不同的参数值，首先给超级传播者接种的社会收益可能超出首先给最脆弱人群接种，这或许并不符合人们的直觉。[15]消灭超级传播者导致的传染外部性对脆弱人群的帮助，可能大于给他们自身优先接种疫苗。不过，如何识别超级传播者是个难题。有时或许可以用年轻人或非居家办公者来代表他们，但超级传播现象部分源于生物学上的特征，使我们难以在事前将其甄别出来。

另外与脆弱人群不同，超级传播者接种疫苗获得的私人收益可能远远低于由此带来的社会收益，从而使政府面临如何"助推"他们接种疫苗的挑战。何况识别他们的难度可能还更大。

还有一种选择是，给有更高私人生命价值的人优先接种。如果生命价值无限，风险最高的老年人就应该首先接种疫苗。但如果生命价值与收入或者剩余寿命成正比，则年轻人应该首先接种。此时，经济上的成本收益分析将与道德伦理问题纠缠不清。最后一个要考虑的方面是熨平消费的常见经济动机。老年人的剩余寿命较短，不能用"未来的休假"给予补偿。年轻人则有更长的预期寿命，更容易跨时期分配自己的消费。如果他们未能在 2020 年休假，还可以在 2021 年、2022 年甚至 2025 年补休。这种理由进一步支持为老年人优先接种疫苗。

印度尼西亚则采用了另一种策略，给工作年龄段的人优先接种疫苗。[16] 其目标是让劳动者在接种之后能立刻开始正常工作，以减少新冠疫情造成的经济损失。

行为反应

行为反应在控制病毒传播中扮演着关键角色。如果疫苗质量高，保护效率接近 100%，则行为反应关系不大，因为接种者会被完美保护。但如果疫苗保护效率只有 50%，结果将大为不同。接种过疫苗的超级传播者只有 50% 的概率免疫，但他却可能因此增加社交行为，参加以往两倍数量的聚会。此时，虽然他在每次聚会上传播病毒的概率下降了一半，但由于聚会数量翻倍，接种疫苗对控制新冠病毒的蔓延不再有任何意义。

不同的疫苗效率与战略储备

获得各国批准的疫苗有不同保护效率，哪些人应该接种哪些疫苗呢？这个问题的答案并非显而易见。

政府还必须考虑的一个问题是，是否要保留部分疫苗作为储备。这样便于政府在今后疫情再起时迅速做出反应。从本质上讲，这是个动态权衡问题。保留更多疫苗作为战略储备，有可能导致未来出现更多疫情热点，但利用战略储备又能更高效地控制住疫情热点。对此问题的确切回答还取决于接触追踪的力度，以及是否有其他应对措施作为补充。

参数设定的不确定性

以上我们考虑的所有情景都有个隐含基础：参数设定有较高的确定性。而在稳健的最优化设计中，参数不确定性是个关键的顾虑。如果疫苗的效率及潜在副作用一开始就存在不确定性，最好的办法或许是在人群中随机分配某些疫苗，以了解疫苗对不同子群体的保护效率。[17]之后，可以把这些初步学习过程得到的结果用于改进疫苗分配机制。还有一个选项是重点关注以色列那样的小国，那里过去十年的医疗数据已全部数字化，可以从中了解更多的疫苗参数信息。

与疫苗观望态度做斗争

在许多国家，人们普遍对疫苗持怀疑态度。例如在法国，2020年11月只有略超过一半的人报告说他们愿意接种疫苗。[18]一旦疫苗变得广泛可及，观望率就可能发生变化，但如何提升其支持度依旧是个恼人的难题。为实现群体免疫，至少需要60%~70%的人口接种疫苗。

提高疫苗支持度的一种做法是让政客们尽早和公开接种。美国的拜登与以色列的内塔尼亚胡正是这样做的。[19,20]但默克尔等世界其他国家的领导人则需要根据本国的疫苗接种计划排队。[21]我们尚不清楚哪种做法在政治上更为明智。领导人希望鼓舞民众对疫苗的支持，但他们也可能因为优先获得接种而激起不满。

疫苗护照

还有一种鼓励疫苗接种的方法是给接种者提供特权。目前正在展开的激烈讨论是，企业或机构能否对提供接种证明的人实施优惠待遇。随着疫苗逐渐变得对所有人普及，至少在欧洲和北美洲是这样，提供特权可以成为提高接种率的重要手段。[22]例如，人们可以获得证明自己已接种的疫苗护照，欧盟和中国目前就在准备实施此类护照[23,24,25]，以色列已于2021年3月开始广泛使用，让完成接种的人回归公众生活。

疫苗护照或者国内疫苗通行证可以促进经济复苏，从而极大地提升韧性，因为这能够帮助解决信息问题。如果只有接种者才有权回归公众生活，信息不对称现象就会减少。例如，当所有的电影观众都对健康防护措施感到放心时，影院的上座率就能显著提高。

总之，为从根本上防控新冠疫情这样的危机，我们需要深入理解人们的行为，包括心理偏向、恐惧和焦虑。然而，把战胜公共卫生危机与稳定经济视为相互排斥的目的是错误的，它们其实是相互依赖的任务。信息与沟通对于降低防控策略的成本、结束疫情至关重要。维持信任与反击阴谋论充满挑战，我们可以通过可靠地阐述反事实情景来增强可信度。最后，危机应对策略需要包含对长期新常态的愿景描述，这将最终带来韧性恢复。

第三篇

宏观经济的韧性

韧性社会要求具备在冲击发生后实施恰当应对措施的能力,以回到之前的增长路径为目标。在安排临时控制措施后,社会还需要搭建通向新的长期解决方案的桥梁。有韧性的社会契约是稳定经济的关键,后者又会反过来维持社会契约的稳定。

新冠疫情引发了二战以来最严重的经济大衰退。2020年3月,某些观察家甚至担忧,我们将经历堪比1929年大萧条的可怕危机。幸运的是,这样的结果没有出现。经济很快得以反弹,展示出显著的韧性。但未来的情形又会怎样?

本篇将探讨若干关键的宏观经济问题,涉及创新、疤痕效应、金融市场、财政政策与货币政策,以及不平等。讨论的重点是如何避免经济衰退期间及之后的疤痕效应造成的陷阱。

我们有必要了解经济如何陷入衰退及其与有关应对措施之间的

关系。经济学家保罗·克鲁格曼把衰退划分为两种基本类型：由内部失衡导致的衰退，包括由不可持续、需要矫正的私人部门支出或投资所致的衰退[1]；以及由外部阻力导致的衰退。[2]从历史上看，后一种类型的衰退经常发生在货币急剧收紧期之后，接下来经济会表现出快速的就业复苏。[3]近期新冠疫情导致的衰退也是这样的例子。在冲击发生之前，经济基本面良好，因此促进了疫情过后的快速反弹。

相比之下，由私人部门过度扩张、然后金融部门压力突然增大（所谓的"明斯基时刻"）导致的衰退，通常会迎来迟滞的复苏。[4] 2007—2008年衰退即属于这种情形。2008年，杠杆率高企的家庭部门非常容易受住房价格波动的冲击，同时资本金不足的金融部门又难以提供韧性。[5]结果导致后续的去杠杆要求使衰退变得很漫长。如果克鲁格曼的这种类型划分成立，那么2020—2021年的衰退应该更类似于1979—1982年的情况，可能出现形似"耐克商标"的快速复苏。[6]

图III.1展示的是，经济增长可能受到长期影响。该图描述了日本自20世纪90年代早期以来的实际GDP，我们看到日本自己的银行业危机与2007年全球金融危机如何导致日本增长速度的显著下降。由于日本经济缺乏韧性，在21世纪初期跌落到一条更低的增长路径上。

经济反弹也存在两种类型。第一种反弹是经济能够恢复到之前增长路径上的水平。第二种是经济不仅能够回到危机前的水平，还能重新沿着长期增长率继续前进。从长期看，恢复到之前的增长率（图中虚线的斜率）更为重要。日本经济的增长率就再也没有恢复到银行业危机之前的水平。

图Ⅲ.1　日本的实际GDP及其线性增长趋势（虚线）

注：20世纪90年代后期与21世纪头10年后期的两次金融危机导致实际GDP与GDP增长率永久性下跌，增长率下降造成的影响更为深远。相比之下，福岛大地震带来的外部冲击并没有留下长期持续的经济影响。[7]

资料来源：FRED（2021）。

相反，2011年福岛附近发生的强烈地震虽然是更为严重的基本面冲击，却没有显著影响增长前景（虚线的斜率）。日本经济在自然灾害面前表现得颇有韧性，并迅速反弹。问题在于，新冠疫情的冲击与哪种类型更为接近？是金融危机还是自然灾害？

在哪些部门受创最严重，哪些部门表现得更具韧性等方面，历次经济衰退也不尽相同。在通常的衰退中，耐用品（例如新的冰箱或汽车）的销售会大跌，非耐用品（例如理发或餐饮）的消费相对稳定。但宏观经济学家熟悉的这一模式在新冠疫情期间却被颠覆了。疫情对我们购买耐用品的能力影响不大，却增加了许多非耐用消费行为的健康风险。因此，通常涉及非耐用品的接触密集型行业受疫情冲击最大，耐用品行业所受的直接影响反而较小。

图Ⅲ.2描述了美国主要行业销售收入的年度变化。一方面，让人吃惊的是，在2008年衰退中受创最严重的两大行业——建筑业和制造业——这次的业绩却出现大幅增长。另一方面，艺术、娱乐、住宿和餐饮等服务行业的收入大幅下挫。

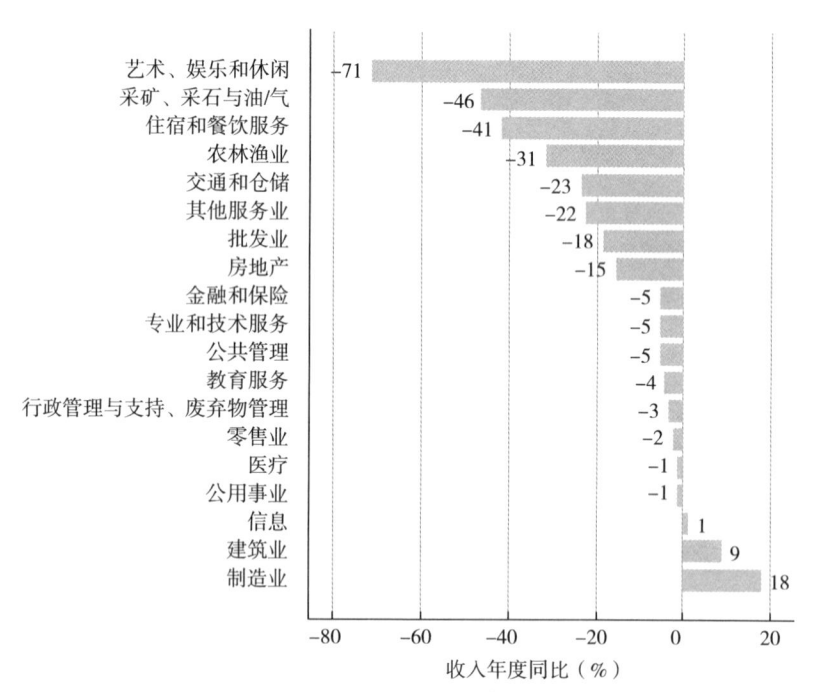

行业	收入年度同比（%）
艺术、娱乐和休闲	-71
采矿、采石与油/气	-46
住宿和餐饮服务	-41
农林渔业	-31
交通和仓储	-23
其他服务业	-22
批发业	-18
房地产	-15
金融和保险	-5
专业和技术服务	-5
公共管理	-5
教育服务	-4
行政管理与支持、废弃物管理	-3
零售业	-2
医疗	-1
公用事业	-1
信息	1
建筑业	9
制造业	18

图Ⅲ.2 美国各行业销售收入的年度变化

资料来源：Greenwood、Iverson和Thesmar（2020）。

可见，新冠疫情引发的经济衰退至少在两个方向上发挥了作用，因此它有时也被称为"K形衰退"。产品和服务更容易实现在线提供的企业从中获益，例如纳斯达克指数自2020年3月以来大幅上涨，它们代表"K"的向上延伸的笔画。然而商业模式需要人际接触或大量群体参与的企业则受损，例如游乐园、影剧院和连锁餐厅等都属于"K"的向下延伸的笔画,至少在本书撰写时依然如此。

接触密集型行业与非接触行业的全要素生产率出现了分化,如果疫情持续的时间足够长,我们可能还会看到创新的繁荣,这将在后文展开讨论。从长期看,这是否表明需要做跨行业的资源再配置呢?我们也将稍后再做探讨。

新冠疫情给我们的日常生活带来了剧烈变化,同时也让我们有机会反思某些老的习惯。最突出的一点是,很多人尝试了居家办公。疫情刺激了医疗、零售和高等教育等产业部门的创新,这一创新繁荣或许有助于在长期促进经济的可持续增长。

同时,许多企业和员工受到了疫情的沉重打击。依靠更多借款才熬过疫情的企业,如今面临巨额债务或破产压力。同样,如果长期失业导致未来的就业前景黯淡或者技能丧失,员工们也会受到伤害。

应对K形衰退的政策措施必须立足于新冠疫情的特殊场景。泛泛而为的刺激是不够的。在封锁导致餐厅关门的地方,刺激补贴支票无法用于餐饮消费。消费选择受限加上危机之前的预防性储蓄不足,让美国人把《关怀法案》(CARES Act,即《冠状病毒援助、救济和经济安全法案》)提供的很大一部分刺激性拨款用于储蓄。[8]另一种更有针对性的干预方法是发放数字优惠券,中国的杭州市就开展过此类试点。[9]与刺激补贴支票不同,当地人从自己手机获得的数字优惠券只能用于消费。此外,优惠券有截止日期,从而会进一步鼓励短期消费。如果优惠券的使用范围限制在特定行业或城市区域,则可以实施有高度针对性的财政政策干预。

新冠疫情后的经济复苏之路笼罩着不确定性,尤其是出现了若干病毒变种。政策制定者此时如果能保持政策的灵活度，以便针对衰退进程做出调整，将具有巨大的"选择权价值"。目前可以"保留一些弹药"，以防止像 2020 年 3 月采用"不惜一切代价"的初期应对措施后，某些令人后悔的情况再度出现。灵活度能帮助政策制定者避开陷阱，以此提升韧性，让他们随着事情的发展而相机做出调整。

第 8 章　创新促进长期增长

微软公司首席执行官萨提亚·纳德拉（Satya Nadella）在 2020 年 4 月底说："我们在两个月内看到了平时需要两年才能实现的数字转型。"[1]新冠疫情导致经济活动结构发生了根本性的变化。持续保持社交距离的需要刺激了更多创新，以帮助人们的经济活动适应疫情压力。新冠疫情的出现加速了已有的趋势。

强大的冲击还可能动摇社会发展进程。如果某个社会在之前处于陷阱或次优均衡状态，新冠冲击可以将我们推出陷阱，引向新的均衡。我们可以看到，冲击至少能够让社会摆脱某些非永久性的陷阱。

远程医疗与在线教育这两个在过去几十年价值飞涨的行业，有力改善了我们对突发新冠疫情的适应能力。[2]居家办公在过去时常不被人们接受，但到 2020 年 3 月却在数周之内成为无数员工的标准操作。与传统看法不同，有些人在居家办公后发现自己比在办公室时更有效率。

同正常时期相比，研发支出在本次危机中有所下降，这背后至少有两类原因。第一，私人企业的研发工作涉及较大的正外部性，例如新冠疫苗在给医药开发商带来利润的同时，也会产生更广泛的经济收益，而其他企业并不承担疫苗研发的成本。因此，研发投入不足在很多时候是正常现象。增加研发努力会让社会收益良多，但从私人企业的角度看，由于社会收益不能够被内部化，却是成本超过了收益。

第二，成功的研发可能导致企业蚕食自己的现有产品与商业模式。例如，一家汽车制造商在开发出优秀的电动车以后，或许要放弃此前为燃油汽车设计的现有商业模式。我们将在后文再分析这一现象以及有关的协调问题。

归根到底，创新是长期增长的主要发动机。一方面，创新的繁荣能促进持续的增长，从而提升社会契约的韧性。保持快速的包容性增长的经济体能够轻松应对未来危机带来的侧向冲击。但另一方面，如果变革和趋势的加速度过快，许多人可能会被抛在后面。从这个角度看，新冠疫情之类的巨大冲击是对社会契约的韧性的现实考验。

加速已有趋势

通过促进创新，新冠疫情加速了许多已有的趋势。当疫情迫使我们改变旧习惯时，上述居家办公、在线教育和远程医疗等原本处于缓慢推进中的趋势突然获得了强大动力和潜在的发展机遇。危机从根本上造成动摇，迫使我们重新思考根深蒂固的传统。而随着我们在日常生活中必须尝试各种新技术和新方法，广泛的改进得以发生。工作与生活的平衡可能得到改善，技术创新可能加快。

然而，相比突如其来的转变，一个经济体通常对缓慢改变更具韧性。如果转变发生得太快，有人将难以适应，韧性可能消失。我们在前文强调过，虽然加快骑车速度更有利于抵御侧风，却也更容易碰到坑洼障碍。与之类似，如果社会变革过于迅猛，许多人将难以跟上，并可能导致社会动荡。我们为了躲开危险的侧风，最后可能跌到坑里。

我们来看一个例子，20世纪后期，许多发达经济体的制造业社群解体，并将他们的经济重心转向服务业。更具体地说，可以看看德国的矿业工人。随着采矿业的衰落，大多数煤矿关门，矿工们不得不改换职业，学习新的技能。这种调整对年轻人来说较为轻松，他们更容易学到新技能，在其他行业从头开始。而对年长的矿工来说，变革过程要复杂得多，有经验的煤矿工人无法在一夜之间变成软件工程师。他们需要较长的时间接受再培训，获得新技能。此外，人们很多时候并不愿意做新的尝试。

令许多人苦恼的一个常见说法是，21世纪的劳动者需要接受多次再培训。由于劳动力市场的结构性调整，这很可能是真的。结构性调整还会影响劳动者如何接受教育，使他们在快速变化的劳动力市场中具备个体韧性。高度专业化的培训或许会让员工在重大经济变革面前反而更缺乏灵活性。从提升个人韧性的角度看，更好的办法是发展有可塑性的、能够灵活应用于不同行业的技能。

由于不容易驾驭快速变革，我们的社会尤其需要韧性来承受新冠疫情这样的巨大冲击。同时，针对那些重塑现代社会的缓慢推进（也时有加速）的趋势，我们也需要有更多韧性。

创新的原则：侵蚀效应与传统键盘

采用新技术时，我们通常需要在获得明确收益之前支付一个初期固定成本。[3]于是变革经常会被推迟——除非遇到新冠疫情这样的冲击。

除了消费者不愿意采纳新技术，企业也可能因考虑到新技术对现有技术和商业模式的侵蚀效应（cannibalization）而不愿意提供。例如，21世纪初全球最大的手机制造商诺基亚公司就没有跟上智能手机的趋势，而被迫改组为一家电信基础设施企业。还有一个例子是，因为新冠疫情，有固定营业场所的零售业纷纷被在线购物替代。这一分销模式的演变原本已经在发生，疫情则使之大大加快。变革的到来侵蚀了许多零售商原本以门店为中心的商业模式。

技术进步面临的另一类挑战是企业和民众之间的协调，这方面的一个著名案例是传统键盘问题（QWERTY问题），有时也被称为先有蛋还是先有鸡的问题。传统键盘出现于19世纪，成为英语国家唯一采用的键盘。它的设计出发点是尽可能降低打字机按键在输入中相互碰撞的频率，以防止机器发生机械故障。对于计算机键盘而言，这其实是个缺乏效率的配置，但转换键盘的成本太高。[4]

图8.1描述了这种挑战。最初引入打字机时，人们尝试过各种键盘，直至传统键盘的模式变得比其他设计更受欢迎。传统键盘在打字机时代是高效的，因此我们最后到达了图中的均衡点B。此时计算机开始兴起，C点代表新的全局最优均衡点，对应着不同于传统键盘的一种新的键盘设计模式。然而，依靠缓慢变化的趋势无法到达这个新的最优点，我们需要一次真正的跃迁，可称之为传统键

盘跃迁。它将给整个经济造成震动，让社会从现有的局部最优点跨越到新的全局最优点。

因此，新冠疫情可能给创新带来两种效应。一方面，某些趋势会加速，例如居家办公等。[5]图 8.1 中的小球或许不再沿着黑色曲线缓慢移动，而是沿着虚线滑向 B 点，由于有更高的初始斜率（坡度），它在那里会有更快的速度。也就是说，新冠疫情的作用可能还不只是趋势加速器。

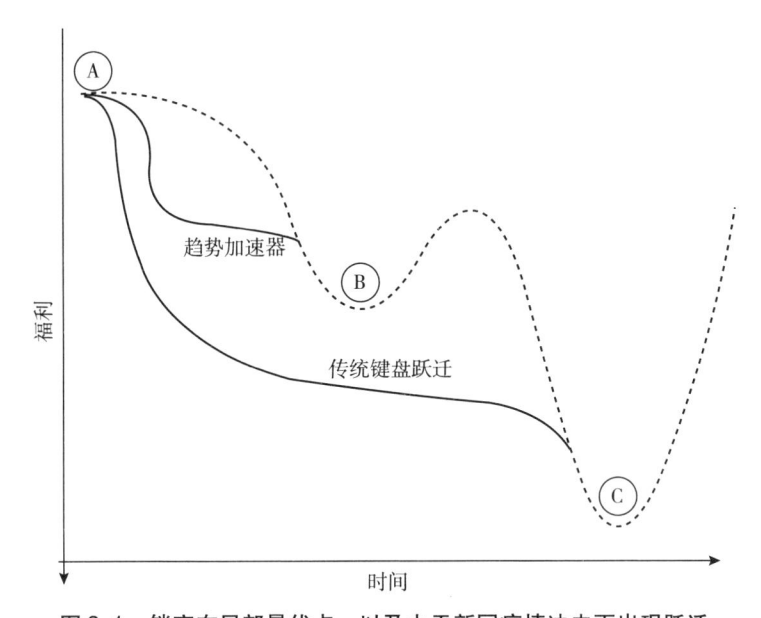

图 8.1　锁定在局部最优点，以及由于新冠疫情冲击而出现跃迁

如果居家办公长期延续，可能会出现传统键盘跃迁。社会将转移到新的均衡点（C 点），居家办公场景会远远多于新冠疫情没有发生的时候。接下来，这一居家办公跃迁可能带来巨大的生产率进步。所以正如前文所述，疫情冲击可能带来更好的长期发展结果。

第 8 章　创新促进长期增长　　111

打破监管的束缚

监管可能会约束技术进步。新冠疫情扰乱了政府的协调与监管。[6]有人认为，鉴于远程医疗或人工智能等领域对改善社会福利的巨大潜力，这方面的变革速度还不够快。[7]危机的紧迫性促成了原本可能需要数年甚至数十年才能实现的变革。我们之后将再来讨论远程医疗的话题，这里只是强调，保持社交距离的要求迫使我们向远程医疗快速转型，取代了部分面对面的问诊服务。

然而，监管与创新之间存在相互作用，数字时代尤其如此。如果过度严格的监管压抑了创造性，我们可能会失去关键的创新成果。如果监管机构固守现状，将创新预先排斥在外，我们或许永远不会有新发现，这不是因为缺乏才智，而是因为缺乏对新思想的开放态度。[8]

创新案例

有许多例子表明，新冠疫情可以持续促进创新。在这一部分，我将探讨与社会韧性有关的某些重大创新趋势。

生命科学、远程医疗与疫苗的进步

以创新提升未来韧性的一个典型案例是疫苗开发，尤其是mRNA疫苗。它采用的信使核糖核酸技术作为治疗癌症的可能途径已有多年的探索。如今这一技术已被成功应用，让研究者们看到了基因技术创新在个体靶向癌症治疗中的潜力。[9]另外，该技术也给疟疾的治疗带来了新的希望。2021年之前，只有一种抗疟疾疫苗被投入市场，且防护效率较低，只有39%。如今，生物新科技公司开发的备选疫苗在2022年的临床试验阶段取得了90%的保护率。[10]

数字化通过改善信息获取方式，同样能改进医疗卫生的韧性。例如，医疗机构的信息采集能力提升后，它们对未来的疫情反应将更加高效。由此带来的灵活性还能让我们把医疗资源配置到社会上最需要的地方。

从更长远的角度看，人工智能在疾病诊断和治疗方面拥有巨大潜力。在病人就诊之前，依靠大数据支持的人工智能就可以帮助识别互相关性。[11]医生们将获得更充分的信息，诊断的改善也会使治疗变得更加有效。

远程医疗正在迅速普及。由于隐私顾虑和广泛监管，医疗创新领域的进步通常慢于其他领域。[12]但是，新冠疫情使在线就诊几乎变成人们的日常习惯，从而放松了监管的束缚。[13]处方药的发放在过去通常是一种线下行为，而如今的亚马逊等公司已可以安排处方药并递送给客户。

经营管理：新的层级秩序

线上会议和讨论的增加颠覆了原来的层级秩序与信息传播方式。例如在新冠疫情之前，许多银行只与高层管理者商讨并购方面的业务。这些会议从2020年3月以后转为线上举行，实际上，一次视频会议是10个人参加还是100个人参加几乎没有区别。于是低层职员也可以受邀参与这些高层会议，直接从高层职员那里学习经验。由此带来了多方面的好处。首先，通过观察经验丰富的上司如何处理高端对话或谈判，低层职员能获得更快进步；其次，让他们更早接触这些会议可以加强他们的职业发展激励。

在线会议还有效率方面的收益。高层管理者过去通常会给没有参会的下层职员提供会议简报,这个步骤如今可以省略,在节约时间的同时促进了信息分享。总体来说,线上会议可以为新职员成长为领导者提供一条快车道。

在企业内部,许多流程正变得日益民主化,层级之间的信息差距大为缩小。需要指出的是,这些变化并不代表层级的扁平化趋势,层级梯度或许仍会保留,但阶梯上的所有成员对特定业务的信息如今有了更平等的访问权。与此相关,机构中的管理执行会议也更多地在线上召开。新冠疫情之前,各种组织很依赖现场会议,经常要求参会者为此做商务旅行。[14]这些潜在障碍会带来选择性,只有某些成员能参加管理执行会议。如今任何人都可以在线参会,了解情况并贡献意见。这里很显然存在利弊权衡:虽然参会变得民主化了,但随着更多的人想发出声音,治理可能会变得更为复杂。当然,在线办公还有其他某些重大缺陷。许多面对面的非正式但需要保密的会议或许不能召开,因为担心会议内容在视频会议平台上被记录下来。

居家办公

新冠疫情极大地改变了人们对居家办公的态度。之前人们普遍以为,居家办公比较缺乏效率,但如今它已快速成为很大一部分劳动者的工作常态。[15]对于工作任务和地点比较容易调整的员工来说,居家办公能提供更大灵活度,从而增强韧性。新冠疫情在很大程度上消除了人们对居家办公的糟糕印象。[16]

一个不太受关注的话题是居家办公对即兴社交活动的影响。一方面,在视频会议的世界里,不再有茶水间会谈、茶歇或办公室走廊上的随机碰面。与办公室里的许多人际交往不同，视频会议要求事前的有意安排。另一方面，这些杂谈的消失会减少严格来说不属于工作活动的时间，可能会提升效率。许多高管人员发现，在线会议的焦点往往更为突出，因而效率较高。不过，非正式人际交往对于维持友好工作关系或鼓励商业创意或许很有帮助，不是每次茶水间会谈都属于浪费时间。事实上，这些交往可以帮助分享信息、讨论意见。另外，工作中还经常涉及需要亲自动手的部分，包括白领类型的职业。例如工程师们经常利用白板来协调工作，建筑师们经常使用实物制作的图纸和模型。这些结合手工的活动在虚拟场景下开展的难度要大得多。

居家办公在将来会如何发展？它面临的一个重大挑战是如何监督员工，确保他们完成自己的任务。某些软件可以抓拍员工及其电脑桌面，记录键盘的敲击，但类似的监督会带来隐私方面的顾虑。[17]

监督工作表现可能会从输入控制转向输出控制，它是指管理者检查员工的产出结果，并根据项目完成情况予以评价。但这种方法也有自身的问题。当任务能清晰地分配给各个员工时，产出控制相对比较简单，但在团队合作开展项目时，产出控制方法或许会导致偷懒避责。

有研究估计，美国的工作中仅有约40%能够居家完成。[18]此外，这些工作集中在高技能员工群体。就此看来，居家办公的出现可能使现有的不平等恶化，因为大部分居家办公者受自动化等其他缓慢发展趋势的影响较小。[19]同时，许多工作必须依靠人与人之间的现实交往，或借助固定设备，无法居家完成。而咨询服务或客户联系等更适合居家环境的经济活动，也可能出现效率下降的情况。

总之，居家办公的最大潜力表现在金融、保险、管理和专业服务等领域。而在另一端，制造业、建筑业和农业几乎没有开展居家办公的潜力。

现有的调查证据可以为此提供支持。图8.2A和图8.2B描述的是，居家办公方式在未来可能如何持续。[20]其中图8.2A报告了疫情期间居家办公的天数所占的比例，以及对疫情之后雇主允许雇员居家办公的天数的估计。雇主打算让员工在疫情后每周居家工作1~2天，但有约30%的雇员希望达到5天（见图8.2B）。因此，未来数年内可能会出现混合模式。许多员工可能习惯性地每周在家工作1~2天，但仍需要把大量的时间留在办公室。[21]

在全球范围内，各国分工从事不同的经济活动。新兴经济体通常集中在不能远程操作的活动中。因此，居家办公现象可能会在发达经济体中更多地保留下来。

谷歌公司首席执行官桑达尔·皮查伊（Sundar Pichai）为该公司设想了一种混合模式：某些员工可以返回办公室一段时间，但其他人或许会永久居家办公。这能够缓解长时间通勤造成的压力（经常达到每天3~4小时），由此可以大幅度提升员工的生产效率和福利水平。

城市化：甜甜圈效应

工作场所偏好的变化可能给城市地理布局带来何种影响？人们住到郊区的趋势将继续下去，还是会回到过去的生活方式？随着更多的人居家办公，即使在疫苗得到广泛接种后，总体的结果仍可能是"甜甜圈效应"（donut effect）。[22]由于许多人如今可以不用远程通勤去拥挤的办公室，对市中心摩天大楼的办公室的需求在持续下降。此外，许多企业正把市区的办公室迁往郊外的产业园，大量员工也从中心地区的小房子搬到郊区更宽敞的住宅。[23]若干证据显示，新冠疫情削弱了"城市高密度"的吸引力。[24]

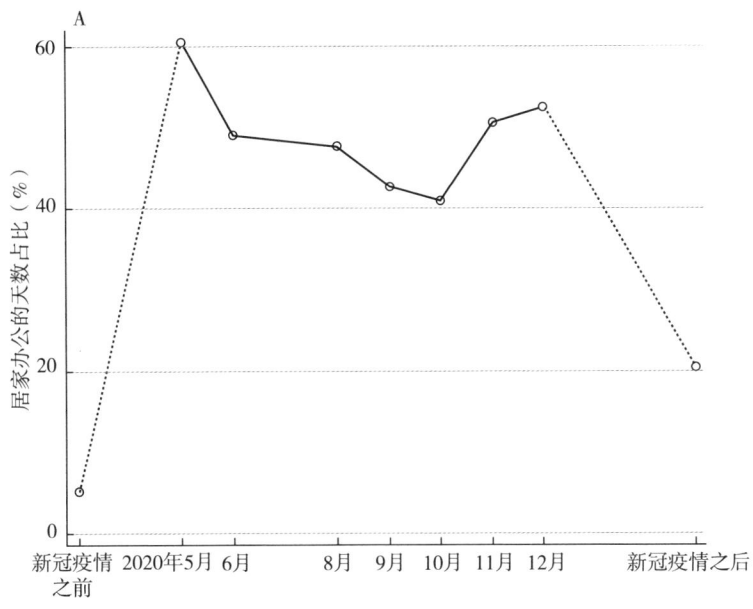

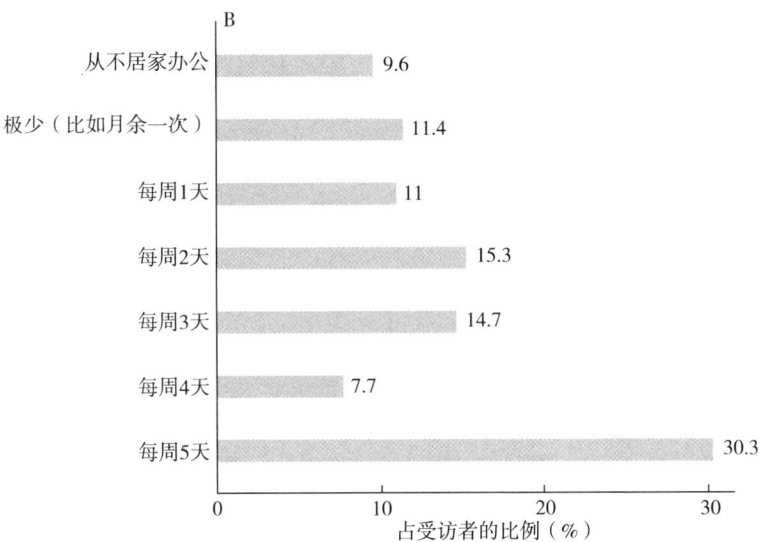

图 8.2 图 A 展示的是，新冠疫情之前、之中、之后居家办公的天数占比；
图 B 展示的是，受访者希望在疫情过后每周居家办公的天数

资料来源：Bloom, *Markus' Academy* (2020)。

美国和世界各主要城市的房地产价格在危机前非常高，因此，如果不再那么需要为职业原因而居住在大城市，许多人可能会被郊外或农村地区更廉价的住房吸引，尤其是当城里的社交生活依然受到限制时。[25]在居家办公突破地理位置的限制后，许多梦想住在意大利托斯卡纳地区的欧洲夫妇看到这一美梦有了成真的希望。[26]

美国加州的硅谷也可能出现巨大的震荡。很久以来，旧金山高层住房的售价和租金限制了湾区的企业雇用和留住员工。随着不再要求到办公室上班，员工们开始分散到房价更加实惠的各个地区。萨克拉门托、雷诺、博伊西等城市的租金迎来上涨，而旧金山和圣何塞的租房需求在下降。有人担心，地理相邻带来的频繁交往的经济溢出效应可能因此减弱。但硅谷可以依靠对湾区之外的员工的吸引力，从而保持惊人的增长业绩。

随着人们继续迁往郊区，位于市中心的零售商可能遭受负面影响。大多数居家办公的人过去在市中心上班。例如尼克·布鲁姆（Nick Bloom）对曼哈顿的估计显示，零售支出可能会下降10%（约100亿美元）。[27]线下购物向在线购物转型也可能改变城市的版图，例如德国许多中等城市的大型零售商纷纷关店，美国购物中心的吸引力也可能永久性降低。

新冠疫情触发了城市与公共交通的重新设计，例如纽约增加了新的自行车道，并对机动车辆关闭了某些街道。里斯本、巴塞罗那和巴黎各自增加了数十公里的自行车道。[28]我们还不清楚城市空间复兴与城市化被逆转这两种力量会产生怎样的结果。在2000年到来之际，互联网革命与"9·11"事件让许多观察家以为大城市将遭受打击。然而实际情况完全相反，这也让不少人思考，为什么新冠疫情带来的影响与之不同。

实体商店迎战在线购物

新冠疫情暴发前已经出现了在线购物的潮流，但也有某些相反方向的运动。作为在线商店起家的亚马逊公司着手挑选实体店的地址，并开始提供全新的自动结算的顾客体验。

内曼·马库斯百货（Neiman Marcus）和杰西潘尼（JC Penney）等传统美国零售连锁企业在疫情前已感受到竞争压力。与它们的核心商业模式相反的这一趋势如今急剧加速，迫使这些连锁店走向破产。于是我们再次看到了新冠经济衰退的 K 形走势。亚马逊公司于疫情期间在美国新招募了 10 万名员工，以应对需求的暴涨。向在线购物转型无疑增强了应对未来疫情冲击的韧性，但同时也增大了我们遭受大规模网络攻击的脆弱性，尤其是考虑到在线购物活动高度集中在少数几家大企业。

在线教育

与居家办公类似，许多人过去认为在线教育缺乏效率。有的教师担心学生在上课时分心，因为没有教室环境提供的适度约束，他们认为在线教育注定会失败或落入平庸。另一些人则看到在线教育是提供必要的终身学习机会的灵活手段，有助于提升韧性。

虽然有这些长期的顾虑，20 世纪第二个 10 年仍出现了若干趋势。一些大规模开放式在线课程（MOOCs）为全球提供了无障碍教育（参与机构包括 Coursera、EdX、Lynda 和 LinkedIn 等）。只要连接互联网，成千上万的人就能学到这些在线教育课程。在此背景下，新冠疫情再次让已有趋势得到加速。多年来，如何将教室体验数字化一直是教育界讨论的重要话题。新冠疫情危机迫使教育体系在几周之内全方位地转入在线方式，若非如此，以原来的趋势可能需要几十年。[29]

这场大规模教育实验的效果将给未来多年的研究提供丰富素材，其中一些主要问题涉及人际交往与同伴效应的重要性。学生有多少东西是从教室里的同学那里学到的？其中有多少会在虚拟场景下丢失？高等教育阶段的一个相关问题是社群网络的重要性，通过虚拟联系建立的职业社群网络，其质量能否与面对面形成的社群网络相比？

在线教育具有某些独特的优势。学生们的机会成本大大缩小，地理范围的限制被消除。人们可以在芝加哥工作的同时接受西海岸的 MBA 在职教育，无须令人生畏的往返奔波。另外，学生们如今可以听到某些著名人士的讲座，后者可能不会愿意为一次小型授课而长途旅行。

为平衡在线教育和人际交往需要，如今的 MBA 教育项目正试图采取某些混合式解决方案。多年以来，杜克大学的富库商学院环球 MBA 项目让世界各地的学生在自己认为适合的时间学习课程，同时偶尔安排面对面会议。麻省理工学院提供在线的金融学微硕士（micro-master）学位课程，其中表现最好的学生可以借此去攻读正式的金融学硕士学位。在线微硕士学位课程成了一种筛选工具，让学校能够从 5 万多名在线学生中找出佼佼者。

还有一种潜在趋势是某种类型的翻转课堂（flipped classroom）。授课往往比较容易在线上安排，例如通过预先录制等。相比之下，小群体交流（例如有助教参与的对话）在面对面开展时效果更好。有深度的在线授课与很多人参加的线下授课其实差不多，而小群体参加的面对面交流课程可以成为授课模式的补充。类似观念并非21世纪才有的创新，例如牛津大学和普林斯顿大学的教授们很久以来一直在采用少数学生参与的强化学习、小群体讨论的方式。

上文提到，在线教育的普及可以促进终身学习。随着传统职业发展路径（在一家公司工作40年之类）被灵活就业取代，劳动者需要在更换工作时学习各种新技能，技术变革也要求他们具有适应能力。在线培训课程可以作为现场培训的补充，通过终身教育和技能更新，让人们对结构性变化更具适应性和韧性。

数字货币与数据

迈向在线购物还使得携带现金的必要性下降，新冠危机同样加快了已有的数字支付的转型趋势。这并不意味着现金已经消失。疫情暴发最初的几周，当实体商店和银行被迫歇业时，有的人取出部分现金作为安全价值储备，这种现象在欧洲更为突出。[30]

传统金融模式是以开展存贷款业务的银行为中心的，支付行业发生的巨大变革并不太引人注目。支付宝和微信支付等中国的在线支付平台的业务则完全围绕支付展开，它们可以收集海量的数据。例如，支付宝上长期积累下来的数十亿笔交易的信息极具价值，借助机器学习算法可以尽可能精确地预测个人特征与违约概率的关系。把支付数据同广泛的其他个人特征相结合，可以大幅提升此类预测的质量，最后还可以把客户信息出售给银行或资产管理机构。

中国是数字支付领域的世界领先者，身份证、支付系统、手机和实体位置等信息都实行中心化管理。[31]受新冠疫情危机的影响，其他国家的这一转型也在加速。为促进数字交易，许多新兴市场与发展中经济体纷纷采用下调费用和降低监管要求等措施。[32]

如果和在线平台的其他数据结合起来，交易信息将非常有价值。一种应用是利用机器学习算法设计出更好的推送系统。另一种应用是信用评分，机器学习算法在这个领域的表现已可以媲美老牌的征信机构。[33]金融大数据的出现把信息优势从客户转向了服务提供商。[34]经济学家传统上认为，个人或企业比银行更了解自己发生违约的概率。但借助大数据和机器学习算法，银行如今可以更加准确地预测客户的违约概率。来自社交媒体的数据也可以揭示个人自己并不清楚的许多信息。

信息对保险业同样至关重要。传统上，保险客户对自身风险的了解比保险公司更为深刻。但随着客户的信息优势丧失，信息租金也正在向开展大数据分析的平台转移。

其他数字技术趋势

数字工具还能用来改进劳动力市场的匹配。例如在印度封锁期间，许多外来劳工返回了自己故乡的农村。如果没有工作，他们不太愿意回归大城市。一种新的数字名片服务应运而生，它类似于印度穷人版的领英网站（LinkedIn），目前已成功实现100多万个岗位的匹配。[35]这些变革能帮助劳动者针对新冠疫情做出调整，并提升抵御未来危机的韧性。

与之类似，领英等在线工具给人们寻找新工作提供了便利。高德纳（Gartner）咨询公司开展的研究显示，越来越多的劳动者花费时间访问在线招聘网站。[36]到疫情结束、空缺职位大增时，居家办公的努力没有得到企业充分认可的员工可能成为第一批离职者。

对社交活动的广泛封锁也加速了人们转向虚拟交流的步伐。除了传统的视频游戏、在线音乐会和流媒体影视，许多视频通话平台已成为休闲活动的中心，例如与朋友们一起玩纸牌游戏等。

德勤公司的研究显示，"大约三分之一的消费者首次注册视频游戏服务、使用云游戏服务，以及在线观看体育赛事或虚拟竞技赛事"。[37] 同样，Twitch 网站的体育直播达到了创纪录的观众人数。[38] 韩国在这个领域走在其他国家前面，许多人有过虚拟现实的体验。未来的人们会发现自己越来越难以专心于深度阅读或深入分析任务，尤其是在参与社交媒体活动时。沉迷于电子游戏或虚拟生活会成为另一种类型的陷阱，可能会妨碍人们在冲击之后重新加入劳动力队伍并复原。[39]

第 9 章　疤痕效应

新冠危机之前并不存在经济失衡的情况,这明显不同于21世纪初期的住房泡沫时期,或许意味着与十年前相比,本次疫情之后会迎来更快的复苏。然而新冠疫情导致经济衰退的严重程度可能给劳动者和企业留下长期的疤痕效应。经济和财务上的创伤会损伤韧性,深度的疤痕甚至可能造成经济陷阱,使经济活动出现长期而持续的下滑。本次疫情导致许多企业关门,还有很多无法充分发挥产能,进而使其他企业面临暂时的流动性不足,甚至面临在中期破产的风险。[1]这是相比2008年金融危机的又一关键区别,当时的主要任务是修复金融行业的资产负债表,而不是面向非金融行业。

严重的危机可能在三个维度上给经济留下疤痕效应。第一,打击乐观精神和风险承担意愿,给民众留下疤痕。第二,人力资本因为失业期延长而受损,给劳动力市场留下疤痕。第三,债务积压,特别是破产程序如果久拖不决，会给企业留下疤痕。所有这些都会打击经济活动，压低长期增长率。

乐观精神、偏好与风险态度的变化

像新冠疫情这样深重的危机极少发生，上次暴发的全球疫情是1918年的大流感（西班牙流感）。[2]本轮新冠疫情有力地提醒我们，全球疫情依然是严重的风险。理性学习理论认为，人们在疫情过后认为世界更加危险，因为他们会根据自己的经历重新调整信念。[3]于是，预防性储蓄也会增加。[4]由此观之，在经济走向复苏时，感知风险提高和风险规避态度可能会拖需求的后腿。[5]从历史上看，经历过大萧条的人在后来更少参与冒险行为，经历过20世纪70年代高通胀的人相比后来者有着持续更高的通胀预期。[6]

黑天鹅事件（不可预测的事件）的风险给理性思维带来了挑战。在涉及小概率事件时，人们的行为偏差比比皆是。行为经济学研究的两位先驱丹尼尔·卡尼曼与阿莫斯·特沃斯基开展的无数实验表明，小概率事件经常被完全忽视，或者被赋予过高权重。在新冠疫情暴发前，人们丝毫不关心大流行病的风险。本次疫情中，很多人低估疫情再度暴发的风险，使反弹的韧性受损。这些现象被称为"韧性幻觉"。还有一种情况是，在近期之内，人们或许会高估大流行病出现的概率。

随着时间流逝，以上两种认知偏差之间可能会出现周期：初期对于尾部风险估计不足，之后是过度趋势外推。对金融危机的风险感知也经常受到同样的扭曲。尽管金融危机时常在全球各地发生，但它们经常被列为罕见事件，这是近期偏差导致的结果。金融危机爆发后，经济活动参与者又会做过度的趋势外推，强调未来的金融危机迫在眉睫的概率很大。此后，如果出现一系列有利事件，风险将再度被人们忽略，需要下次重大冲击或一系列负面冲击，才能再度扭转信念。[7]这种偏差表明，疤痕效应会逐渐消失，韧性可能得到恢复。

图9.1描述了长期疤痕效应在另一个维度的潜在影响：风险厌恶。调查要求受访者填充如下的句子："在疫苗出现之后，我将在＿＿＿＿程度上恢复疫情前的生活状态。"[8]仅有27.5%的受访者报告说将会完全恢复疫情前的生活。因此在接下来的好些年里，人们可能仍然会减少坐地铁、乘出租车、挤电梯或外出用餐，日常行为模式与若干经济部门将因之被重塑。

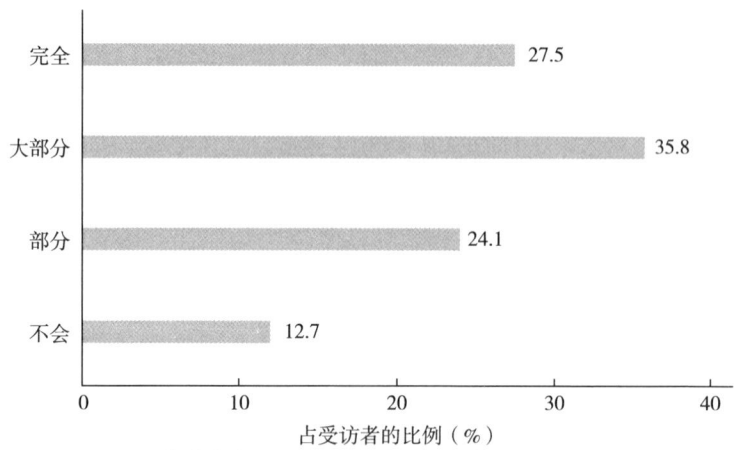

图9.1 在疫苗出现后，人们对回归疫情前生活状态的预期

资料来源：Bloom, *Markus' Academy* (2020)。

如果风险厌恶情绪充斥日常经济活动，更多人还可能会改变他们对未来罹患疾病的态度。2019年之前，当人们患上轻微感冒时，普遍做法是坚持正常工作，这不用承担多大的社会污名。但如今大家更加清楚新冠病毒带来的健康外部性，因此过去的做法在将来或许不太能被接受。为办公室同事的共同利益着想，患上感冒的人会更愿意待在家里。

对年长的员工们而言，在办公场所避免感染新冠病毒的愿望将尤其强烈。尽管在 2020 年经济遭遇严重衰退，但他们的股票市场投资组合仍普遍表现良好，许多人会觉得早点退休是个理想与可行的选项。这可能触发疫情之后的模式改变。更多人会选择"为生活而生活"的方式，而不再是为了工作而活着。

回溯历史能看到，黑死病在 14 世纪肆虐欧洲也深刻改变了幸存者们对待人生的态度。[9]有的历史学家认为，这一态度改变给文艺复兴铺平了道路。黑死病的幸存者们更加珍惜人生，愿意享受生活。在此期间，美第奇家族等群体成为艺术创作的第一批资助人。

劳动力的疤痕效应

劳动力匹配的疤痕

由于新冠疫情，美国的失业率一度飙升，又快速下跌。但这一景象具有某些误导性，不应该被理解为美国劳动力市场韧性十足的表现。许多劳动者是属于暂时下岗，待企业复工时即被召回。这种模式加剧了失业率在衰退之初的几个月里的剧烈波动。如果我们把视野放大一些，排除新冠疫情相关的因素后，本次衰退后的就业恢复状况同过去的复苏并没有太多差异。鲍勃·霍尔（Bob Hall）与玛丽安娜·库德里亚（Marianna Kudlyak）的研究进一步指出，自大萧条以来的每次衰退之后，美国的就业率恢复速度都几乎相同。[10]

图 9.2 展示的是美国与欧洲自 2008 年金融危机以来的失业率变化。美国在新冠疫情中出现了显著的失业率飙升，主要表现为解聘员工和提供慷慨的失业金。欧洲模式则以"短时工作"（Kurzarbeit）制度为核心，这个术语的含义是让员工们即使在不工作时也可保留职位，由政府承担很大部分工资支出，短时工作的工资替代率通常小于 100%。哪种政策更为成功将取决于经济活动在疫情之后的长期分布状况。一方面，短时工作制度能维持就业匹配，却不利于劳动力的重新配置，而后者对于疫情这种冲击之后的新岗位的产生是必需的。如果列入短时工作制度的许多岗位在疫情之后没有恢复，欧洲各国将出现众多的隐性失业。[11] 另一方面，美国选择的失业策略切断了工作联系，可能导致劳动力市场的严重疤痕效应。

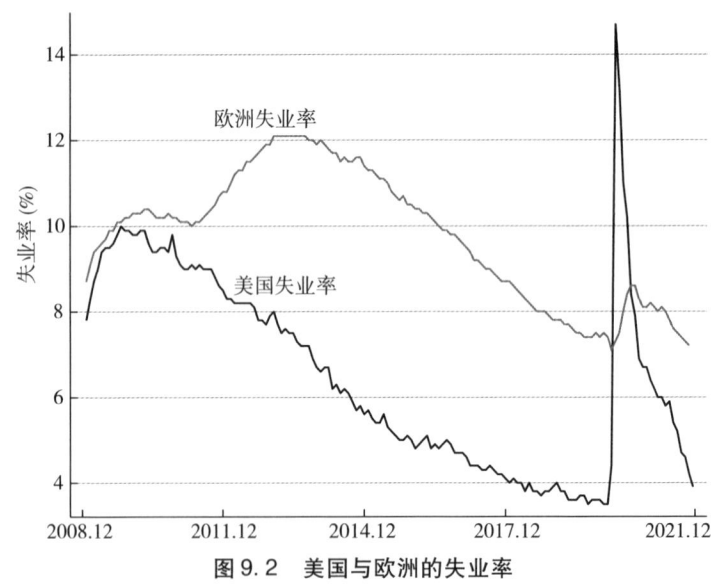

图 9.2　美国与欧洲的失业率

资料来源：FRED（2021）。

短时工作制度除维持劳动力与岗位的匹配外，还能够帮助劳动者防备宏观经济冲击。他们的大部分工资和其他福利得以保留，由此可以实现为劳动者提供保险和韧性的社会目标。[12]

从提升长期韧性看，评估哪种策略更好的关键因素是技术进步的性质。如果技术进步属于跨越式的传统键盘型跃迁，新产业大量涌现，原有产业衰落，则美国模式更有利于推动劳动力再配置。或者说，如果人们永久性地降低去餐厅消费的频率或者转向在线购物，短时工作制度可能会使员工们在没落产业里束缚过久。反过来，如果冲击只是短期性质，维持原来的工作联系可能更可取。

2020年6月之前，美国的大部分就业增加来自原先雇员的重新上岗，这凸显了维持雇主与雇员联系的重要性。[13] 然而由于疫情持续时间被大大延长，对员工和企业的支持可能需要转向促进不同产业之间的重新配置。如果疫情后的经济结构同疫情之前有显著不同，为保留就业匹配而提供的大量补贴反倒会妨碍劳动力向新产业和扩张产业转移的必要调整。

总体上，美国为保留工作联系付出的努力相对较少。[14] 旨在维持雇主与雇员联系的主要政策是薪资保护计划（paycheck protection program，PPP），给雇主提供可以宽限的贷款，条件是把这些资金指定用于支付薪资。该计划的针对性很差，许多贷款流向了大企业，而教育和研究机构、州政府和地方政府等没有受到重视。[15] 该计划对就业的影响较小，还可能是因为许多获得贷款的企业原本并没有裁员的打算。[16]

人力资本的疤痕效应

针对大学生的研究显示，毕业年份的经济状况对于当年毕业生群体在劳动力市场的表现有相当大影响，甚至持续到多年之后。[17]衰退时期从大学毕业会给劳动者留下长期疤痕效应，使他们在很多年里落后于更早进入劳动力市场的人。与之类似，失业会侵蚀人力资本。如果丧失技能或未能赶上新的趋势，失业者在丢掉工作后可能受持久的疤痕效应影响。[18]

迟滞：复苏的拖延

劳动经济学中的迟滞概念（hysteresis）来自经济学家奥利维尔·布兰查德（Olivier Blanchard）与劳伦斯·萨默斯（Lawrence Summers），意指劳动力市场在尚未完全恢复到过去的就业水平时又遭遇下一次危机的冲击，导致更高的失业率。[19]广义地说，在物理学和材料学里，迟滞代表延迟复原。

更晚近的研究表明劳动力市场或许存在迟滞效应，但证据并不充分。[20]经济衰退中的劳动力疤痕效应和技术革新都有可能导致劳动力市场的迟滞现象，其表现是衰退之后的复苏明显较为迟缓，这或许与长期失业率提高有关。

企业的疤痕效应

2008年金融危机爆发后，美国政府的大多数措施围绕向居民家庭提供支持展开，包括很多在住房泡沫破灭后抵押贷款余额超出房屋净值的人。许多国家当时经济复苏缓慢，特别是在初期冲击后又爆发了欧元危机的欧洲。简而言之，它们比较缺乏韧性，仅在某些新兴市场有强劲反弹。与2008年不同，2020年的初始冲击对企业部门的影响尤为严重，部分原因是美国的《关怀法案》给居民家庭提供了较为慷慨的支持。

债务积压

新冠疫情给企业造成了前所未有的现金流冲击，尤其是对接触密集型行业。随着现金流在 2020 年 3 月趋于枯竭，金融市场出现了"现金争夺大战"。企业开始提取现有的信贷额度，以建立流动性缓冲。[21]这些信贷额度允许企业以预先确定的条件和限额从银行借款，其中尚未提取的额度成为企业在急需现金时易于获取的备用资源。

在新冠疫情对企业财务决策造成初期冲击之后，对实务决策造成影响的第二轮危险开始浮现，特别是与实际投资有关的部分。企业在财务紧张、现金流缺乏时通常会削减投资，类似于它们在预测自身商业模式面临较大的未来不确定性时的反应。

杠杆率较高的企业在疫情过后将面临长期持续的增长阻力，给韧性造成损害。债务积压（即债务的过度累积）会促使企业优先将现金流用于降低杠杆率，而不是用于投资。而投资不振将延迟复苏的到来，增加疤痕效应长期化的风险。

总之，支持企业和居民家庭的措施都非常关键。这些干预政策的乘数可能远大于普通的凯恩斯乘数，因为纾困措施能保护中小企业的资本存量与居民的人力资本存量。[22]

小企业与大企业面临的不同疤痕效应

正如新冠疫情导致的 K 形经济衰退所示，疫情冲击对众多产业的影响各不相同，它对小企业和大企业的影响也有区别。

图 9.3 表明，大企业的信贷利差在 2020 年 3 月飙升，此后几

图 9.3　小企业与大企业的融资环境

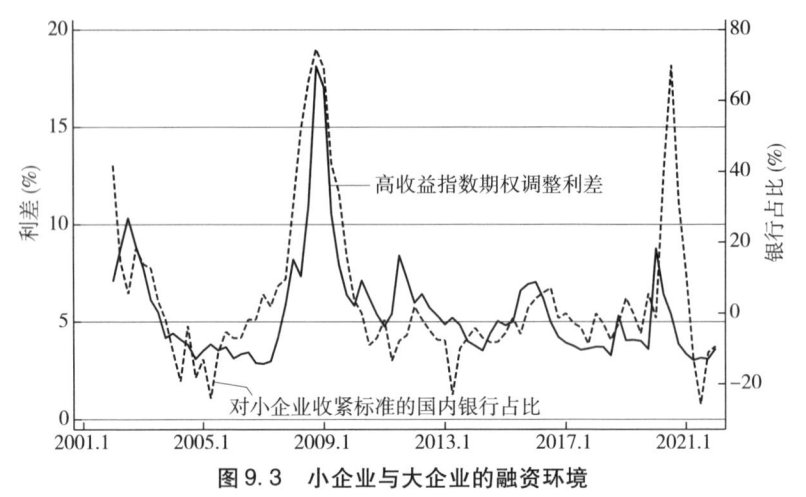

资料来源：FRED（2021）。

乎回到疫情之前的水平。然而银行的贷款标准在疫情危机的最初阶段大幅收紧，这对小企业的外部融资成本关系重大。美联储对公司债券市场的干预稳定了债券利差，银行利润回升也使贷款标准得到放宽。于是，各产业之间的 K 形分化衰退特征尤其突出地反映在小企业与大企业面临的融资条件中。小企业（其中许多属于受创产业）发现自己受到双重束缚，既无法开展业务，又面临银行的高资金成本。下一章我们将介绍，美国的大企业从美联储公司债券购买计划中的获益远超过小企业。

企业韧性与整体经济韧性：达尔文式生存选择

　　资本主义社会中的企业或许不能直接同达尔文式生存选择联系起来。然而，新进入企业与老牌企业争夺市场份额的永恒循环与适者生存的原则颇为相似，这正是资本主义的活力之源。例如，面对智能手机给商业模式带来的挑战，企业要么彻底改造产品线，要么被淘汰。柯达公司曾经是摄影市场的领先者，却先后错失了数码相机的潮流以及从相机到手机的转型。于是，该公司只能把商业模式重新定位于数码打印服务。这个故事凸显了熊彼特提出的创造性破坏发挥的关键作用：新企业挑战老企业并推动创新，创新成果又驱动经济增长。在位居技术前沿的经济体中，创新始终威胁着当前的领先者，迫使它们持续革新。

图9.4描述了每股收益（EPS）为负值的上市公司占比。鉴于许多初创企业在早年处于亏损状态，该图只包含成立5年以上的企业。可以看到，至少20%的美国成熟上市企业经常报告负收益，这部分是因为小企业的表现不佳，但每个季度也有约10%的大企业报告的每股收益为负值。另外，报告负收益的企业占比正在增加，特别是遭受会计损失的小企业。

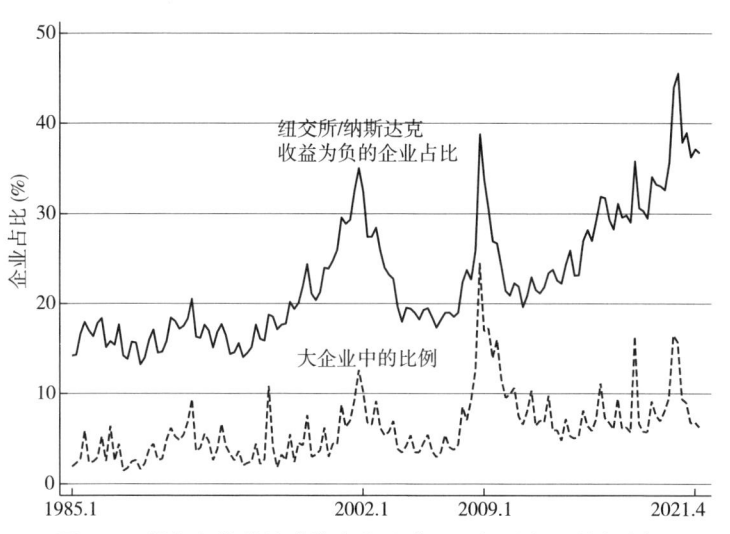

图9.4 报告负收益的成熟企业（成立5年以上）所占比例

注：图中实线为美国主要股票市场上报告负收益的成熟企业所占比例，虚线为大企业样本中计算的同一比例。

资料来源：WRDS，CRSP-Compustat（2021）。

承担风险对资本主义至关重要。如果一个经济体中没有任何企业出现亏损，这值得庆祝吗？未必值得，因为这很可能意味着缺乏冒险。此外，淘汰落后企业也很重要，前景黯淡的企业积压的资源最终需要释放，转移给生产效率更高的企业。如本书之前所述，通过创造性与颠覆性创新，经济能够更快反弹，但这也意味着某些企业无法盈利，将退出市场。在新冠疫情的最初阶段过去后，经历了疫情考验的某些美国产业出现了创纪录的新企业涌入，包括在线零售业。[23]

破产与企业重组：小企业和大企业的对比

有些令人吃惊的是，许多国家的企业破产数量在 2020 年没有大幅增加。在德国等地，由于暂停破产措施放宽了对企业拖欠债务时申请破产的要求，破产现象甚至还减少了。[24]这里要考虑的利弊权衡是，一方面破产浪潮可能威胁经济复苏，另一方面创造性破坏的弱化可能带来长期损害。熊彼特认为创造性破坏是长期增长的主要动力来源，因此让太多缺乏效率的僵尸企业续命，虽然对个体企业有好处，却会给整个经济制造发展陷阱。[25]换句话说，如果银行对现有贷款不断展期，以保护僵尸企业不受实际损失，那么资源就会埋没在这些低效率企业里。僵尸企业太多会持续拖累增长，损害经济的韧性。

这些道理与我们之前关于有限责任制度的讨论类似。一方面，有限责任给企业家们提供了托底的保险，可以鼓励他们承担风险。另一方面，对于僵尸企业来说，有限责任却可能导致低效率的延续，拖累整体经济的发展。

这一权衡同时取决于冲击的持久程度。如果冲击是暂时的，经济未来会恢复到过去的均衡状态，那么暂停破产就可以促进复苏，与短时工作制度保留就业匹配类似。但如果冲击长期持续，我们可能更需要不断的资源配置调整和企业重组。

图 9.5 描述的是美国企业在财务困境中的通常出路。[26] 受困企业面临两种基本的结果：要么重组债务和业务，企业得以继续经营；要么破产清算。两种结果在程序上都可以通过破产法院系统，也可以通过私人谈判实现。法院可以作为与债权人谈判的一个强有力的外部威胁。

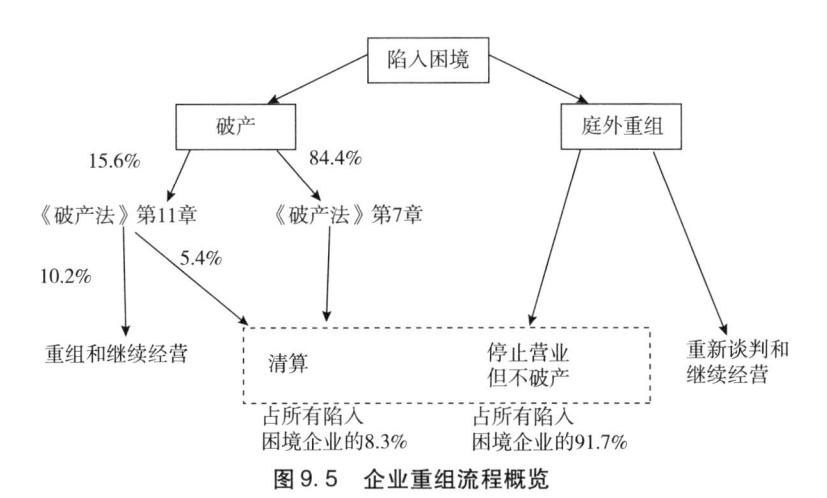

图 9.5　企业重组流程概览

资料来源：Greenwood、Iverson 和 Thesmar（2020）。

令人惊讶的是，91.7% 陷入困境的企业没有选择破产法院系统，失去偿付能力并不总是意味着正式破产。在那些选择申请破产的企业中，绝大多数（84.4%）申请采用美国《破产法》第 7 章的清算方式。而对于申请采用《破产法》第 11 章破产程序的其他企业，将由一位专业法官来判决：将企业列入清算，还是列入重组并继续经营的程序。《破产法》第 11 章的基本思想是，对陷入财务困境但有经济活力的企业做债务重组，而对没有经济前景的企业做清算。

美国企业呈明显的两极化，大企业有充足的现金缓冲，能够很好地应对冲击，远远优于流动性较低、资本金薄弱的其他企业，其中包含大量中小企业。[27]此外，大企业比较容易根据美国《破产法》第11章的要求开展重组，而小企业经常面临第7章的清算程序。

这给我们提供了一个救助中小企业、避免企业价值被侵蚀的理由。如果没有债务减免，企业可能要用稀缺的流动资金去首先偿还债务，而不是挽留自己的员工和资本，这将使冲击之后的经济活动恢复放缓。[28]许多企业最终将屈从于偿债压力并走向第7章的清算程序，由此可能导致大量低效率的破产，即在冲击后本来仍极具价值的企业最后因为流动性不足而被清算。即使某些企业成功避免了破产，巨额债务仍可能在复苏期给业务发展造成拖累。[29]这两种情形都会破坏经济的韧性。

相反，对能够申请《破产法》第11章破产程序的大企业施以救助则可能浪费资金，因为它们的股东对维持日常运营来说并不重要。现代企业归股东所有，但负责企业运营的是管理层。反过来，小企业往往由业主经营。给大企业提供补贴只会让企业的股东拖延第11章规定的破产申请，超出最符合社会价值的时间。这种情况不应该出现，特别是当破产重组成本较低的时候。[30]尽管存在低效率现象，破产体系依然非常重要，尤其是考虑到大多数经济衰退后会出现破产申请激增的情况。[31]

另一个复杂的问题是破产法院面临的案件数量可能过多。对此有两种解决办法，要么提升破产法院的处理能力，要么鼓励庭外重组。[32]例如，给选择庭外重组的企业提供税收激励，让放弃部分债权的债权人由此获得一笔税收抵免。这类建议强调风险共担,纳税人将负担部分成本,而债权人也需要承担一定的损失。

提升法院的审理能力有几种途径,包括招募新的破产专业法官或临时法官,或者把法官调配到破产案件更多的地区等。还有个选项是简化破产程序。

与美国不同,许多欧洲国家实施了暂停破产的措施,放松了让无力偿债的企业申请破产的要求。这使得破产现象在新冠疫情期间反常地减少了。然而,有人担心这可能成为暴风雨来临前的宁静,一旦暂停措施解除,可能有大量僵尸企业纷纷申请破产。[33]

第 10 章 金融市场的锯齿状波动：中央银行保护金融韧性

金融市场在本次新冠疫情中展示出了前所未见的韧性。市场指数在快速下跌后得以反弹，并且到 2020 年底创出新高。反弹还伴随着新股发行（IPO）在 2020 年夏季创下纪录。这一迅速的下跌和恢复呈现锯齿状的走势。

金融市场的复苏远快于实体经济，对此给出的解释包括：低利率的影响；大企业和新技术企业在股票市场指数中所占比重过大；受益于新冠疫情带来的变化，新技术企业的经营业绩出色；中央银行的干预消除了尾部风险；股票市场可能存在泡沫，部分源自免收佣金的交易软件的兴起等。本章将对上述所有潜在因素展开讨论。

在公司债券市场上，信用利差（较高风险企业与较安全企业支付的利率之差）在疫情初期的恐慌过后逐渐下跌。到 2020 年夏季，债券市场出现繁荣景象。在创纪录的低利率推动下，企业以史无前例的规模对债务重新融资。这一模式持续到 2021 年早期，股票市场与债券市场的公司融资规模都前所未有，股票市场的高估值与公司债券市场的低利率使企业融资的热情得以延续。[1]

比特币等数字货币表现出了类似的锯齿状走势。在 2020 年 3 月下跌后，比特币在当年上涨了近 100%，2021 年早期又创下新高。[2]

2020 年 3 月金融市场出现动荡后，中央银行迅速干预，推动了这些锯齿状走势的形成。稳定政策非常有力，推动金融市场快速反弹，表现出了惊人的韧性。

股票市场与大企业：K 形衰退特征

随着利率降到历史低点，企业债券市场的融资成本继续下降，并进一步让股权获益。贴现率下降意味着时间的机会成本减少，这使未来预期现金流价值增加，由此推高股票价格。

2020 年 3 月：大跌

图 10.1 展示了标准普尔 500 指数自 2019 年 9 月以来的走势，它可以作为代表美国股市的一个宽基指数。我们看到，股票价格在 2020 年 3 月下跌超过 30%，然后在 2020 年剩余时间里，直至 2021 年早期，都逐渐回升。银行业属于例外，韧性表现较差，直至 2021 年后期才反弹。自 2020 年下半年以来，股票价格维持在高位，美国经济则持续陷入深度衰退，2020 年多数时期存在大量非自愿失业。股票价格具有前瞻性，因此更多展示的是未来而非当前的经济表现。通常债券价格才是经济活动在短期的最佳预测指标。借助经济学家萨缪尔森的一句老话：股票市场是反映企业横截面状况的良好

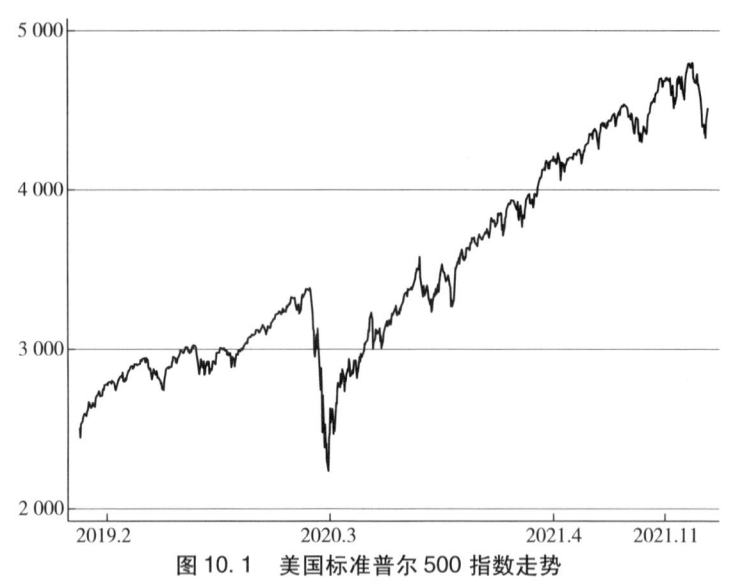

图 10.1　美国标准普尔 500 指数走势

资料来源：WRDS，CRSP-Compustat（2021）。

预测指标，但从长期来看，股票市场"预测到了过去 5 次衰退中的 9 次"。[3]

2020 年夏季：反弹

2020 年夏天，金融市场脱节的现象出现了，尽管失业率处于大萧条之后未见的高点，股票市场仍快速回升。[4]大致来说，股票市场的表现远胜实体经济有几方面的原因。有人认为，经济基本面比通常认为的更强劲，另有人指出股市中存在泡沫成分。[5]消费在疫情的多数时间里被压抑，导致私人储蓄大量增加，其中部分被投资于资产市场。

第一，股票市场与整体经济之间存在结构性偏离。接触密集型企业在股票交易所中的占比偏低，尤其是大多数未上市的中小企业并没有在资本市场上交易。另外股票市场主要受大企业股票的影响，它们在指数中所占权重偏高，而且高科技大企业的业绩相当出色。最典型的例子是，亚马逊的商业模式成为本次疫情中的大赢家。

第二，各国中央银行通过购入类型广泛的资产，系统性地消除了尾部风险。日本银行甚至购入股票，在日本 ETF（交易型开放式指数基金）市场上持有 90% 的资产份额。[6]瑞士央行为促使瑞士法郎贬值而购入美国股票。2018 年，该机构拥有的脸书公司股票份额超过其创始人马克·扎克伯格。[7]

第三，中央银行的干预可能促使贴现率在新冠疫情期间走低。即使现金流水平不变，这也将推高股票价值。在简化的戈登增长模型（Gordon growth model）中，推动股票价格的因素是贴现率 r 与股息增长率 g 之间的差额。请注意，计算公式为 $P_0 = D_1/(r-g)$，其中的 D_1 代表股息。即使 g 略有下降，但如果实际贴现率 r 下降幅度更大，就足以压过其影响。此外，人们可能相信本次衰退会有快速的 V 形反弹，不会留下长期疤痕效应，这又使得对基本面（由 D_1 代表）的中期预期保持了稳定。[8]

第四，非理性亢奋也是对股票市场快速恢复的一种解释，"担心错过复苏"的心理可能起到了重要作用。[9] 2008 年，股票市场也是在崩盘之后强劲反弹。许多在低谷中卖掉股票的投资者错过了 2008 年后的强势回升，这一次可不想重蹈覆辙。

股票交易增加还与罗宾汉（Robinhood）等交易应用软件的普及有关，这些软件让普通投资者能够每天买卖股票，甚至更加频繁。随着疫情蔓延导致许多赌场关门歇业，使用交易软件的人数在 2020 年 3 月出现了激增。[10]

利用罗宾汉之类的软件做交易的人卷入了一种罕见现象。根据该机构的在线论坛（WallStreetBets）的建议，散户投资者于2021年1月26日把视频游戏零售商游戏驿站（GameStop）的股价推高了100%以上，由此导致做空该股票的对冲基金出现巨额损失。[11]尽管游戏驿站公司的商业模式高度依赖零售，受到了实体店关门的严重冲击，但在2021年的头29天中，其股价仍飙升了1 700%。这一疯狂随后蔓延至其他股票，包括同样被大举做空的连锁影院AMC。然而，这些股票的上涨收益大部分很快消失。详细记述了此类事件的拉塞·佩德森（Lasse Pedersen）将之归因于模因投资（meme-investing）与掠夺性交易机制。掠夺性交易会挤压其他投资者，迫使他们在不利价格上平仓。[12]

IPO 繁荣

本次疫情期间，面临破产的企业筹集到了资金，初创企业竞相奔向股票市场。传统的IPO需要有投资银行来指导企业完成在股票市场上公开挂牌的流程。虽然2020年经济前景不佳，传统IPO仍出现了史无前例的繁荣。事实上以名义金额计算，2020年的发行繁荣超过了2000年互联网泡沫的巅峰值（图10.2）。最活跃的产业领域包括医疗、金融与电子。2020年上市的某些企业在首个交易日创造了互联网泡沫之后的最大股价涨幅（例如爱彼迎、DoorDash等公司），这或许不是个好兆头。[13]

IPO过程通常较昂贵，因为投资银行获得的佣金约占发行额的7%。而2020年美国还出现了一种进入公开股票市场的新方式。借助一家特殊目的收购公司（SPAC）直接到股市挂牌，绕过传统IPO程序。这种特殊目的收购公司是壳公司，负责筹措资金，以并购试图上市的另一家企业。此类借助后门上市的程序变得日益普遍，2020年以此方式上市发行的股票总额达到700亿美元。[14]借助特殊目的收购公司上市，有时未必是出于降低成本的考虑。虽然其成本确实略低于传统的IPO，但也可能涉及其他费用，包括为满足各类监管要求支付的费用。[15,16]

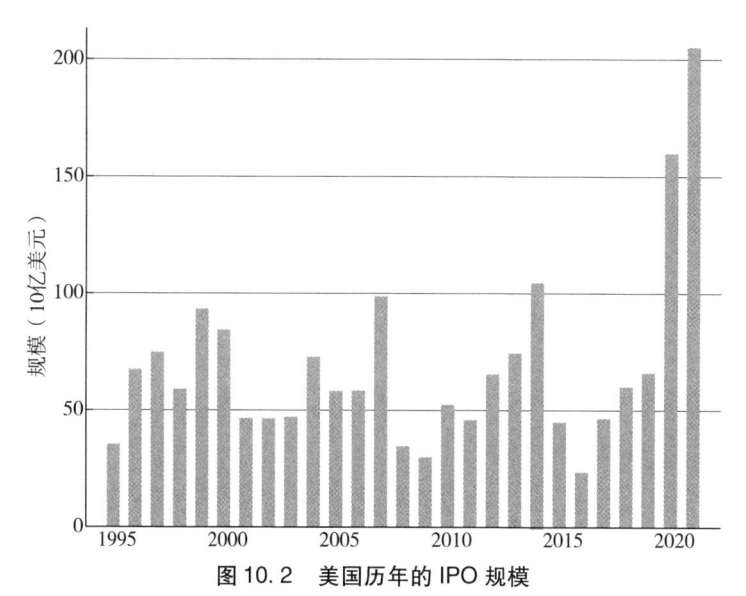

图10.2　美国历年的IPO规模

资料来源：WRDS, CRSP-Compustat（2021），SDC。

债券市场

在新冠疫情期间，股票市场表现出了极强的韧性，债券市场同样如此。

购买股票可以获得上市公司的部分所有权，投资于债券则让持有者能够获得一定回报，却没有对公司决策的直接发言权。不过在企业陷入财务困境时，债权人可以优先得到赔付，早于股票所有者。因此，债券的风险通常更小。遇到财务困难的企业通常能够偿还债务，至少能部分偿还，留给股票所有者的或许就不多了。尽管如此，如果某人把谷歌公司价值100美元的未到期债券出售给另一个人，其价值仍会在次级市场上波动。债券价格发生波动，经常是由于人们对企业全额偿付债务的能力存在某些疑虑。

根据企业经营业绩，股票持有人的收益可能大幅波动。业绩出色时，股东将获得很大部分上行收益，而在业绩不佳时则可能一无所获。债券持有人则不会从业绩上行中获益，而当企业无力按债券面值偿还时（例如破产），他们会遭受一定的下行损失。后一种风险被称为违约风险。

我们首先来看看政府债券的情况，再讨论企业发行的公司债券。

国债市场与最后做市商

公共债务是由联邦政府或地方政府发行的。在美国，政府债券被称为国债（US Treasuries）。德国的主要政府债券名为联邦债（Bund），在日本则称为日本政府债券（JGBs）。

教科书介绍市场时通常假设买卖各方会同时出现，用资金来交换产品、服务或资产。但在现实中，某个交易方打算出售某一债券（如美国国债）的时点，与另一个投资人打算购入同一债券的时点或许存在差异。为解决这两个时点的间隔问题，就需要第三个交易方——做市商——来暂时"存放"这些债券。

历史上，大银行在美国国债市场上扮演着这一角色。它们在自己的资产负债表上保留大量美国国债，充当买卖双方的中介。可是，2008年金融危机后的监管法规要求，银行必须有充足的资本才能担任做市商，这些监管削弱了大银行承担这一职责的激励，它们更愿意从事监管较松、利润更高的其他业务。图10.3展示了美国大银行的资产负债表，表明自2008年金融危机以来，它们的做市能力保持了稳定，但国债供给持续增加。于是在过去十年中，对冲基金进入了做市商的业务领域。

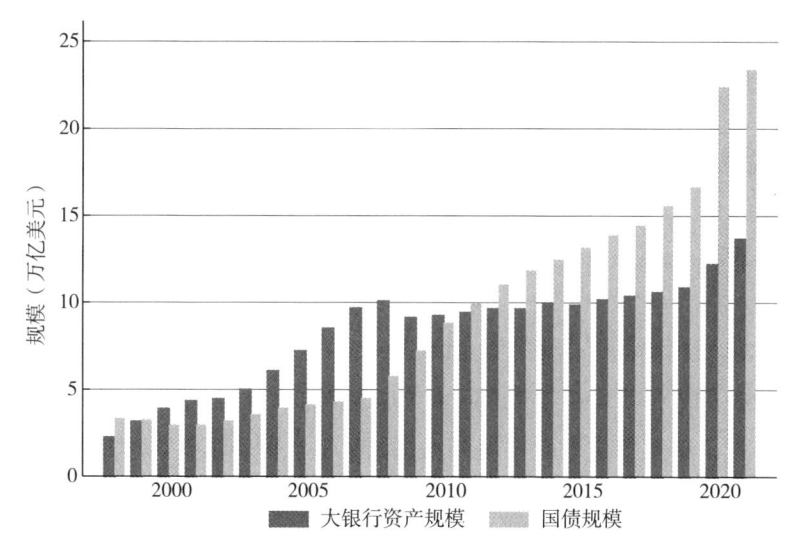

图10.3　可交易美国国债的增长速度超出了大银行资产规模的增长速度
资料来源：Darrell Duffie, *Markus' Academy*（2020）。

2020年3月，全球规模最大、通常也最具有流动性的金融市场——美国国债市场——因为对流动性的需求而面临"窒息"。这迫使美联储作为"最后做市商"进行干预，以恢复市场韧性。当时没有投资人愿意充当做市商，因为管道效应（pipeline effect）压倒了交易商，即使它们履行做市商的职责，扩大中介交易，订单的巨大规模也无法在它们的资产负债表中得到足够快的中介摄合处理。[17]

最终，美联储购入了接近 2 万亿美元的国债，这一规模超出了做市的需要，美联储把大量债券长期持有，作为量化宽松计划的手段。随着形势趋于稳定，政府债券价格回升。但在新冠疫情的最初几周，美国政府债券的价格是走低的。[18]

我们预计这一市场失灵未来仍会出现，或许还更为频繁。随着美国的债务与 GDP 比率持续提高，更多的国债交易将需要市场的中介撮合。[19]

达雷尔·达菲（Darrell Duffie）建议采用一种以广泛的中央清算机制为基础的国债市场结构。他指出，通过各家交易商的资产负债表来运转整个国债市场是缺乏效率的[20]，而中央清算机制可以冲销每位市场参与者的买入和卖出，从而改善市场清算的安全性。对于给定交易金额，还可以缩减所需的交易商的资产负债表规模。[21]这种冲销可以由中央对手方清算所（CCP）来实施。

美联储在这一拟议的新市场架构中可以扮演三个角色。第一，美联储总是能够在需要的时候恢复流动性。第二，或许更具争议的是，美联储可以给中央对手方清算所提供以国债为抵押的备用当日流动性，也就是说，后者能轻松地以国债作为抵押从美联储借到资金。第三，美联储或美国证券交易监督委员会将负责新设立的中央对手方清算所的监管。[22]

公司债券市场与充当尾部风险保险人的中央银行

公司债券是企业发行的长期固定收益证券。例如，一家企业可以承诺在 5 年后向债券持有人支付 100 美元，而在发行日只收取 90 美元，这一债券在发行时的年收益率约为 2%。[23]可见，公司债券有着和政府债券类似的运行机制。只是公司债券的违约风险更高，作为抵押品的价值更低。公司债券的流动性也更小，意味着更难以转让给他人。美国的公司债券市场非常大，但在欧洲和亚洲，银行融资的规模依然远远超过公司债券融资。

债券评级对公司债券市场关系重大。评级机构对发行人做审查，给每种债券确定一个评级。高评级债券被称为投资级债券，其余风险更高的债券被称为垃圾债券。

2020年3月，金融市场面临崩溃危机。风险价格飙升（图10.4），国际资本流向安全资产，尤其是短期美国国债。3月份的波动加剧，融资条件收紧，公司债券收益率飞涨，包括安全度最高的公司。[24]此外还有溢出风险。日本和欧洲投资者的资产组合中包含许多处于投资评级边缘（BBB级）的企业，它们的投资授权经常只允许其购买投资级别的债券。如果这些企业的评级纷纷下跌，将可能带来国际影响。[25]这与2008年金融危机中的情形颇为相似。

不过图10.4表明，政策干预成功地稳定了市场，速度远远快于2008年。违约风险依然较高，但风险价格已下降。图10.4还显示，高收益、高风险的公司债券与相对安全的投资级别债券的利差在2020年3月显著扩大，但很快从当时的峰值下跌。从直觉上看，两条曲线都是对风险价格的测算。或者说，它们反映着投资者对持有风险更高的公司债券（而非美国国债）要求多大的额外补偿。

货币政策不只着眼于调控短期无风险利率，还可以在危机环境下降低风险价格，确保金融稳定，正如2020年3月的情形。许多债券市场上存在双重均衡可能。第一种是"好"的均衡，投资者认

第10章 金融市场的锯齿状波动：中央银行保护金融韧性

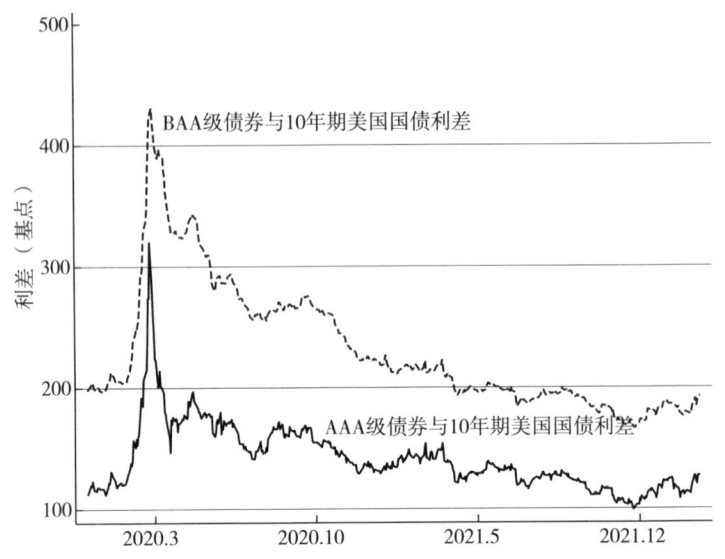

图 10.4 债券利差的定义是，AAA（BAA）级别的债券利率减去 10 年期美国国债利率

资料来源：FRED（2021）。

为债券较为安全，愿意接受较低的利率。第二种是"坏"的均衡，投资者对于同样的债券感到不安全，因而要求更高的风险溢价。

当利率水平较高时，企业偿付债务的负担会更重，使它们更容易违约。也就是说，高利率高风险具有自我实现的性质。

中央银行可以消除这种自行产生的内生风险，防范出现坏的均衡。新的大流行病等外生风险不受中央银行控制，但中央银行仍有能力通过承担金融风险来降低风险的价格。

由此还可以防止经济中风险错配带来的负面冲击被放大。市场能有效应对小规模的经济冲击，但在大规模冲击到来时，市场，尤其是金融市场难以维持自身的稳定。中央银行的定向干预可以提供市场所需的韧性，为经济复苏铺平道路，并且通过提供支撑来消除尾部风险，让经济活动参与者能从危机中反弹。

美联储在2020年着力提供信贷支持，最终目标是减少经济损失，帮助实现快速复苏。[26]由于这次基本面冲击具有前所未见的特性，美联储尤其关注为企业提供保险，以避免危机后的疤痕效应。[27,28]

具体来说，美联储在疫情危机中实施的措施包括购买商业房地产抵押贷款支持证券、公司债券以及给中小企业的贷款。[29]此外，以限制分红或股票回购作为附加条件，通过公司信贷工具给企业提供中期融资。[30]因为美联储不能直接给企业提供资金，所以专门成立了一家特殊目的机构（SPV），由美国财政部提供部分资本金并充当第一损失承担方。[31]

在情况恶化时，中央银行随时准备介入，承担风险，利用这些工具来购入有危险的资产。到目前为止，公司债券的购入量还很少，尤其是美联储的购入，但美联储在必要时实施干预的承诺已足以稳定市场。[32]中央银行干预在当前的最终结果是降低了风险价格。[33]到2021年4月，美联储已经停止了某些旨在维持流动性的紧急措施，例如不再允许银行把国债与超额存款排除在补充准备金率之外，这会限制银行的杠杆率以及把借入资金用于业务活动。[34]

与美国企业高度依赖公司债券相比，亚洲与欧洲的企业更多借助银行融资。如果采用公司债券，企业可以直接利用外来资金，无须银行作为中介。可是，债券利率深受评级的影响。相对而言，银行融资是由金融中介提供的，它们有更强的激励监督各家企业的经营。

2020年3月，欧洲市场上最大的债券和股票出售方是机构投资者[35]，另有一小部分来自保险公司。[36]各国中央银行则是债券的净购入方。[37]当时，欧盟还出现了典型的抛售外国资产的情况。但是到当年4月，回调效应在不算脆弱与较为脆弱的国家都消失了，各国的居民看到局势渐趋稳定。[38]

欧洲中央银行实施的紧急抗疫购债计划（PEPP）以稳定债券市场为主要目标，与该机构的量化宽松资产购买计划有所不同，后者是为对抗通货紧缩。这点值得关注，因为欧洲中央银行的正式使命中并不包含维护金融稳定。[39]也就是说，欧洲中央银行采取这些行动的理由可以解释为确保货币传导机制的正常运转。

有大量证据显示，紧急抗疫购债计划帮助稳定了市场。按照若干指标，欧元区出现了明显的稳定趋势。[40]例如，主权债务收益率对欧洲中央银行而言是一个关键指数，因为它们还密切反映在银行融资成本中，并传递到家庭部门的信贷成本上。[41]

中央银行的这些有效支持并非没有成本。各国中央银行系统性地消除尾部风险，这会鼓励风险承担，从而让人担忧未来发生道德风险。[42]为缓解此类顾虑，可以进一步强化对金融市场中系统重要性参与者的监管，并提高对高杠杆机构的流动性保障要求。[43]

2020 年夏季：债券繁荣

一旦新冠疫情的经济冲击稳定下来，形势就得以逆转。以下讨论主要围绕美国的经历，但世界其他国家也有类似的趋势。2020 年夏季，我们看到了前所未有的债券繁荣。受创纪录的低利率推动，公司债券发行大增。企业现金储备变得相当充裕，某些甚至用于回购股份。后一行动从金融稳定的角度看很令人不安，因为随着杠杆率增加，企业面对利率提高会变得更加脆弱，这将损害它们的韧性。

图 10.5 展示了公司债券发行在 2020 年的剧增[44]，远远超出过去的所有峰值。债券繁荣部分源于以历史性低利率对原有债务进行再融资的愿望。用新发行的债券来替代利率较高的旧债券，能让企业在可预见的将来锁定低利率的资金成本。

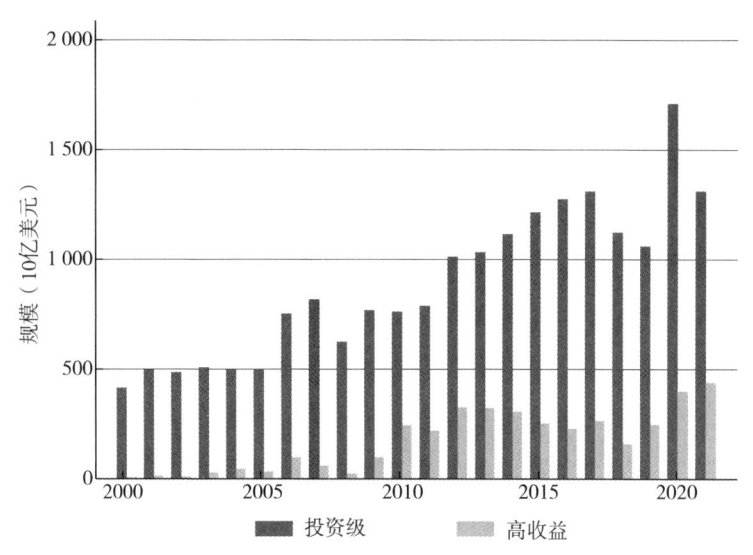

图 10.5　美国的公司债券发行额在 2020 年创下新高

资料来源：Mergent FISD（WRDS）。

虽然疫情初期的市场崩溃状况堪比 2008 年危机，但各国中央银行在 2020 年的反应要快得多。这一效应在公司债券繁荣中清晰可见。快速干预在数周内稳定了市场，由此给企业提供了支持，让它们能继续在公司债券市场融资。市场也得以快速反弹。从韧性角度看，我们可以认为 2020 年的经验说明了 2008 年的危机本应该如此处理。

银行贷款

对公司债券市场的干预并未直接影响到所有企业。许多中小企业主要依靠银行贷款来融资，特别是在欧洲与亚洲，美国同样如此。2020 年 3 月，随着企业开始提取原先承诺的信贷额度，我们看到对现金的疯狂争夺。银行给企业提供了大量现金，但接下来可能出现信贷紧缩。因为有太多的资金通过原先承诺的信贷额度被提走，银行将缺乏足够的资源来发放新的贷款，这可能妨碍新增实体投资项目的融资。

与传统银行不同,影子银行(即对冲基金)、货币市场共同基金以及结构性投资工具等受到的监管历来较为宽松,自2008年金融危机以来也没有加强。银行在满足现有信贷额度方面表现较为可靠,而影子银行在新冠疫情期间的稳定性更差,对金融市场的韧性贡献较小。

银行业受新冠疫情冲击尤其严重。银行股票价格跌幅超过股票市场平均水平。图10.6表明,银行业直到2020年后期至2021年初才恢复到危机前的水平,比整体股票市场的反弹要晚得多。

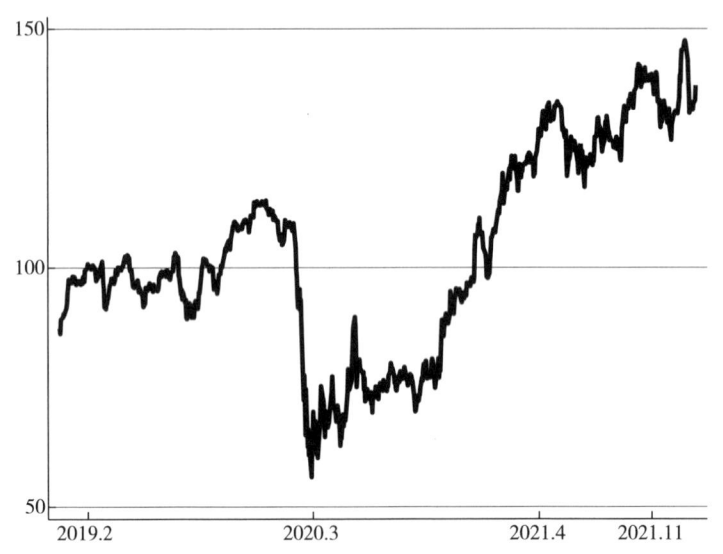

图10.6 银行股票价格指数KBW在2020年缓慢回升

资料来源:KBW Nasdaq bank index。

最后贷款人

我们如此关注银行业的主要原因在于,它是资本流动的中介,最理想的情况是将资金供应给资金不足但有效率的企业。我们应该如何鼓励银行为实体投资提供贷款？中央银行的策略之一是允许银行把贷款用作抵押品，对债务进行再融资。

各国中央银行可以充当最后贷款人，以此来稳定金融市场和银行。19 世纪的白芝浩（Walter Bagehot）就曾建议给有偿付能力但暂时缺乏流动性的银行提供贷款，只要后者能够提供安全的抵押品。在这次疫情危机中，中央银行充当最后贷款人，通过大规模干预来扶持银行业，使其韧性表现远远超过 2008 年。例如，银行业成功地应对了前文提到的企业对现金的疯狂追逐。

我们在新冠疫情危机中看到的对企业提供紧急贷款的一条基本原则，正是对白芝浩规则的修订：依靠优质抵押品，采用惩罚性利率，给有偿付能力的企业尽量提供贷款。通过这一方式，中央银行不仅是银行的最后贷款人，还成为企业的最后贷款人。[45]

最后风险投资人

在讨论中央银行如何开展对企业提供直接援助的原则之前，我们先分析下银行为什么有时不愿意给企业提供更多资金支持。有人认为，银行可以为增加贷款发放而筹集更多资本，以满足资本金监管要求。然而在现实中，银行不会在经济衰退时期发行股份，部分原因是股票价格已被压低。事实上，银行在 2020 年是股市上受创最严重的部门之一，这打击了它们增资扩股的意愿。股东同样会反对发行新股份，因为担心自己的股权会被稀释。因此，我们可能需要对企业融资提供其他形式的直接支持。

目前已有人建议，中央银行给企业提供直接支持，而不是通过银行业来间接操作。但考虑到长期债务积压的风险，如何给企业扶持而又不致放大债务问题是一个挑战。扩大对企业的贷款与此有冲突，因为会加重企业的债务负担。所以如杰里米·斯坦（Jeremy Stein）所述，干预措施必须考虑注入股权。债权与股权的关键区别在于，如果企业经营业绩不佳，股权投资会损失价值，而债权投资可以不受影响。

从微观经济层面看，扶持企业的关键理由是应该保护那些具有长期活力但遇到暂时流动资金缺口的企业，并且这样做不会导致过度债务积压。从宏观经济层面看，有观点认为，需要限制金融加速器、资产抛售或总需求变化的外部性影响被放大。[46]

杰里米·斯坦认为，可以采用"最后风险投资人原则"作为政策指引，意思是融资应该分阶段提供，根据企业业绩表现来决定。中央银行可借此帮助受损企业修复资产负债表。由于显著的不确定性，资金应该广泛提供，并在破产清算中要求较低的优先级，以避免企业被沉重的债务压垮。[47]这意味着中央银行需要在企业中持有风险较高的次级债务，甚至是股权。

冒险进入这一新的业务领域时，各国中央银行需要清晰的指引规则。最后风险投资人要决定哪些企业值得用继续融资来挽救，哪些不值得。这又关系到至少两个问题：风险投资的阶段划分该如何设计？在怎样的转折点上应该撤回资金？政治经济关系议题也需要予以考虑，因为在后期阶段切断资金会引发争议。此类政策远远超出了中央银行的传统政策范围，并涉及较大风险，但通过持有企业的或有股权来避免债务积压可以提供更大韧性。类似计划也可以由财政部来实施，它比中央银行更适合担任此类角色。

本章的主要结论是，中央银行在确保金融市场的韧性方面可以强有力地发挥多种作用。即使在遭遇新冠疫情危机这样严重的冲击之后，中央银行作为做市商、贷款人、风险投资人和资产购买人（都带有"最后"的性质）仍可以为金融市场反弹起到关键助力。当然中央银行在此类操作中也要承担显著风险，包括政治上的风险，因为这些措施都可能超出了它们原有的职责范围。

第 11 章　高政府债务与低利率

以财政刺激来提升韧性

2008 年，一次相对小规模的基本面冲击，即美国次级抵押贷款违约，触发了灾难性的全球金融危机。而在 2020 年出现更大的基本面冲击，即新冠疫情冲击后，某些观察家担心，美国第二季度 GDP 高达 30% 的下滑会带来深不可测的衰退。

不过就在当年，大胆的扩张性财政政策与货币政策避免了这一危险。美国的失业率在疫情暴发之初一度飙升，但很快得以平复。许多欧洲国家的失业率并没有达到欧元危机时的高点，GDP 也在 2020 年第三季度反弹。本书写作时的经济前景仍存在不确定性，但我们似乎已避免了大萧条那样的场景。

到目前为止，本次疫情冲击后的复苏凸显了政府为经济注入韧性的力量，也提出了 2008 年危机本可以如何应对的新问题。在那场金融危机中，中国的财政政策比美国积极得多，超大规模的刺激计划使中国经济韧性十足，也给全球经济带来了助力。

如果发达经济体在 2008 年采取更为激进的政策，结果会如何？它们能否避免衰退，带来更大韧性？还是说，2008 年衰退与 2020 年危机存在本质区别？例如 2008 年冲击是来自金融危机，2020 年冲击是来自疫情暴发。

我们还可以推测，政策制定者从 2008 年衰退中吸取了教训。金融市场于 2020 年 3 月出现震荡时，各国中央银行可以参考 2008 年的经验来制订应急计划。这使得政策干预速度非常迅捷，而快速的政府行动显然提升了韧性。中央银行压缩了经济下滑的幅度与延续时间，减少了产生长期疤痕效应的风险，使经济活动主体反弹恢复的处境得到改善。

新冠疫情危机与 2011—2012 年的欧元危机也存在差异。新冠疫情危机不是源于某些国家的政策失误。2020 年疫情暴发之初，所有欧元区国家都"基本遵守"了共同财政框架的要求。银行业自 2014 年起开始实施单一监管机制，使该部门的监管得到加强。[1]

总的来说，我们能看到政策在防止长期疤痕效应上起到了关键作用。提供事后援助能够缓和冲击，为快速复苏开辟道路。另外对新冠疫情危机而言，并不存在普遍的强化保险可能鼓励过度冒险的道德风险问题，因为疫情不是任何人的过错。

到目前为止，应对新冠疫情冲击的大多数政策采取了"不惜一切代价"的原则，导致政府债务大幅增加。但这不免让人疑问，接下来会不会再次出现事后追悔莫及的情形？韧性意味着在萧条时期增加支出的能力，同时也要求在景气时期积累更多盈余。也就是说，在好年景中做到节俭是保持韧性的关键组成部分。

公共债务高企

如今的公共债务高企是否会在未来制造麻烦，降低经济增长率？今天的债务增加是否会压缩应对将来危机的财政空间？假如以上问题的答案都为是，这将损害宏观经济韧性。或者说，目前的低利率是否减轻了公共债务的利息负担，是否与过往的情况有所不同？

过去 20 年来，美国的政府债务从约占 GDP 的 60% 提升至 100% 以上，并可能在今后数年达到历史高点（图 11.1）。美国从没有在和平时期出现过如此巨量的公共债务。日本的财政状况则更为惊人，政府面临的债务存量与 GDP 之比超过 200%，过去 60 年里有 50 年发生财政赤字。[2] 日本的政府债务中约有一半由该国的中央银行（即日本银行）持有。[3] 下文将会谈及，为购买这些债务而发行的准备金必须计入政府的总负债中。

许多欧洲国家的政府债务同样显著增加，首先是在 2008 年衰退期间，还有随后的欧元危机期间。如今的新冠疫情危机给欧洲国家制造了更多债务。法国的政府债务与 GDP 之比已超过 100%，意大利则即将跨越 150% 大关。

利率为何如此之低？

虽然如今的公共债务沉重，而且在疫情之前已居高不下，创纪录的低利率却使得公共债务可以持续，并创造了财政空间。各国财政部长遇到的这种天赐好事其实反映了更广泛的宏观经济趋势。

图 11.1 描述的是，美国政府债务与 GDP 之比（阴影部分）以

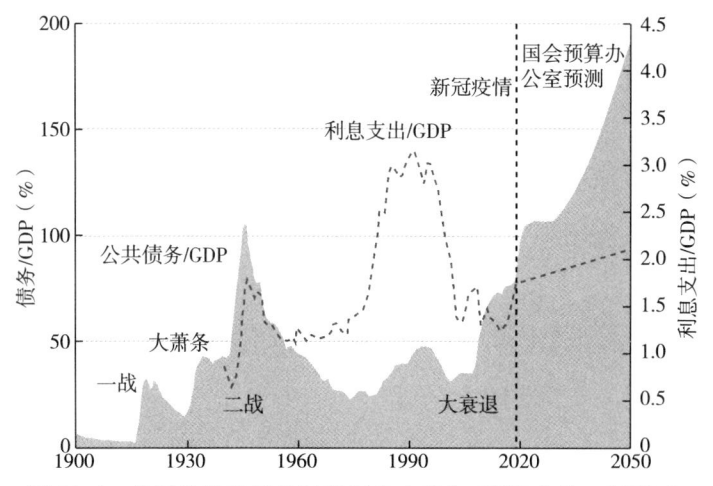

图 11.1 美国的政府债务以及利息支出与 GDP 之比，2020 年后为国会预算办公室（CBO）的预测

资料来源：FRED（2021）和 CBO。

及利息支出与 GDP 之比（虚线）的时间变化。能看到自 1990 年以来，政府债务与 GDP 之比几乎翻番，而利息支出与 GDP 之比却有显著下降。

要了解政府债务的全貌，首先我们需要弄清楚利率走低的原因。我们已看到有清晰的证据表明预防性储蓄大增，这给安全资产（特别是政府债券）的利率施加了下行压力。市场承担风险的意愿持续低迷，使得安全资产的价格不断上涨、收益下跌，而风险资产的风险溢价则在上涨。人口结构变化（尤其是预期寿命延长）也给利率造成了下行压力。年长的居民通常更不愿意接受风险资产，并且因为寿命延长，老年人通常要为更长的退休时光积累更多储蓄。结果将造成对安全资产的需求增加，进一步压低政府债券的利率水平。

另外，增长乏力，即长期停滞假说可能给利率造成更多下行压力。[4]未来的增长率低迷通常会压低当前利率,因为利率最终取决于经济的生产率,而后者与经济增长密切相关。

当然如果从超长期的视角看,利率的持续下跌或许并不太出人意料。利率在过去800年来一直处于下降中。[5]图11.2描述了美国的实际利率(名义利率减去通胀率)的时间变化趋势。19世纪之初的实际利率在5%左右徘徊,如今已接近于零。应该承认,早期的证券投资风险更高、更缺乏流动性,因此利率下跌部分反映了风险的降低与流动性的提高。

最后,社会不平等也可能影响利率。富裕人群的储蓄通常比其他人更多,随着富人的财富份额提升,整个经济的储蓄供给也会增加,从而压低利率。当然部分储蓄会流向风险较高的资产,所以对政府债券利率的影响不那么明显。另外有理由认为,相比家庭部门

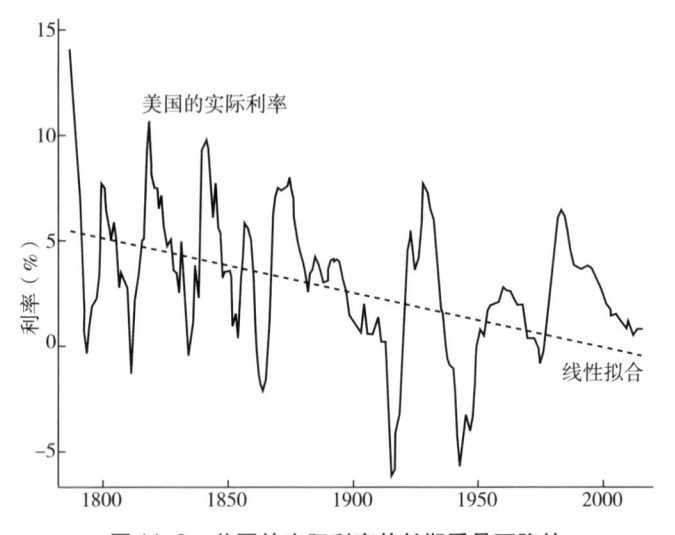

图11.2 美国的实际利率从长期看是下降的

资料来源:Paul Schmelzing (2020), Bank of England Staff Working Paper。

的储蓄，企业的现金和储蓄增加给压低实际利率带来的效应更大。

这些因素一方面导致了对债券的额外需求，推高了债券价格，同时压低了利率。当然另一方面，公共债务增加也增加了债券的供给。

随着充裕的储蓄资金导致利率走低，一种负面的作用可能出现：杠杆率过度提高以及土地和房地产市场上发生资产泡沫的危险。[6]

政府债券的安全资产地位

公共债务规模在过去几十年里持续扩大，给债务可持续性提出了一系列问题。当然高债务本身未必是问题，只要人们愿意以较低的利率持有各种债券。

政府债券受欢迎的部分原因是它的安全资产属性。居民和企业重视政府债券，是因为这种资产非常安全，即使收益率较低。在危机期间，能获取资金以支持消费和投资变得尤为重要，而安全资产此时容易售出，并且无须多少折扣。金融经济学家把这些不太容易跟随整体股票市场波动的资产称为"低贝塔资产"（low-beta assets）。

如果政府债券失去了安全资产的地位，将会发生什么情况？如果投资者开始担忧政府债务直接违约或者因为通胀而隐性违约，结果会如何？部分因为全球新冠疫情，公共债务攀升到创纪录的水平，所以这些疑问成为我们所处时代的重大经济课题。[7]

安全资产具有两个关键特征，可以借用"好朋友"的比喻与安全资产的同义反复来说明。安全资产的第一特征是它就像一位"好朋友"，在人们遇到经济萧条或遭受个人打击、需要帮助的时候，它能及时施以援手。而在人们遇到意外情况时,安全资产可以很方便地出售,无须多少折价。

人们在考虑应对个人冲击时,经常愿意购买安全资产。这是因为它们的交易费用较低,并在未来的冲击中容易处置。从直觉上看,我们会认为安全资产始终在经济中连续交易。遭受负面冲击的居民售出安全资产,以抵御风暴。担心未来冲击的其他人则愿意购入安全资产,等到他们自己遭遇冲击时,又将其卖出……如此循环往复。

安全资产的第二个特征是所谓的同义反复:它们之所以安全,是因为人们认为它们安全。这可以解释为什么可能存在多重均衡。在第一个均衡中,人们认为安全资产确实安全,因此以较高价格交易。而当这些资产失去安全地位后,又会出现第二个均衡。

在需要时能够出售安全资产,这给人们提供了自助保险,从而降低风险。也可以认为,除了现金流,安全资产也是一种对付风险的保险工具。类似这样的好处被称为"服务流"(service flow)。还有一种服务流是指,政府债券能够充当优质抵押品,便于做抵押借款。认识到这点后,我们需要修改传统的资产定价理论。传统的资产定价公式只强调了适度贴现的现金流,如今应该考虑加上服务流的贴现价值。[8]

此外在危机时期,由于风险偏高,服务流将尤其具有价值。服务流在经济下行时期的价值增加会提升安全资产的价值并增强其"好朋友"属性。安全资产的价值在危机时期不降反升,这个事实使它尤其可贵。换句话说,正是因为安全资产还能够提供其他服务,人们才更愿意以低利率持有。[9]

高负债与面对利率飙升的脆弱性

只要能维持安全资产的地位,政府就能以较低的利率继续发行债务。民众希望获得上述服务流,所以愿意接受低利率回报。当不确定性较高致使预防性储蓄也增加时,利率水平会进一步走低。关键在于,只要利率低于经济增长率,政府甚至可以玩庞氏游戏,也就是说,用新发行的债务来偿还到期债务,并发行更多债务用于财政支出。这样政府债务实际上就成为一种泡沫。但只要 GDP 增长速度快于为利息支出而需要发行的新债,债务与 GDP 之比就会下降。

政府甚至可以"采掘泡沫":以更快的速度发行债券,好比对债券持有人征收通胀税。当然这也会侵蚀债券的发行价格,从而减少债券价值的"税基"。税收收入等于税率乘以税基。如果税率超出某个水平,例如债券发行太多太快,税基的减少就会使泡沫采掘产生的总收益下降。这点不同于现代货币理论(MMT)的倡导者们的说法。即使在实际利率水平低于经济增长率的有利条件下,新发行的债务数量也有上限。[10]

此类泡沫化庞氏游戏的债务策略风险极高,因为政府债券的利率或许不会永远低于经济增长率。例如当不确定性消失,预防性储蓄的激励随之下降后,利率水平就会走高。[11]

对公共债务高水平的另一个主要担心是存在多重均衡的危险。泡沫具有可能破灭的内在风险,在好的均衡中,经济行为人认为债务较安全,要求的利率较低。但对于相同规模的公共债务,同时存在一个坏的均衡:人们认为债务不安全,因而要求更高的风险溢价。对我们所处的历史时期来说,这意味着在全球最初的极度扩张性财政政策之后，我们可能会进入一个追悔莫及的阶段，市场将转向坏的均衡，之前的财政扩张会开始困扰政府预算。

因此从维持韧性的角度看，各国必须对政府债务的安全资产地位保持警惕。一旦转向坏的均衡，政府债券的安全资产属性被剥夺，就几乎不可能恢复。这可能导致一个财政政策陷阱。利率将会飙升，政府将面临沉重的利息负担。

各国中央银行将在此时扮演重要角色。货币（包括现金与中央银行准备金）是特殊类型的政府债务。货币提供另一种服务流，充当交易活动的媒介。然而，货币最终是一种特殊性质的政府负债。货币的到期日是无限的，这意味着永远不需要偿还。现金甚至不用支付利息。货币不同于政府债券，后者通常定期支付息票，并在预先确定的到期日偿还本金。中央银行准备金则是以浮动形式支付利息，随着政策利率发生改变。因此它的久期（持续期）很短，利率敏感度低，但偿还期却是无限的。于是当中央银行实施量化宽松时，它们可以用无偿还期限的货币来交换有偿还期限的政府债券。我们将在下一章再来分析此类及其他货币工具。

其他隐性政府债务

显性和隐性的政府债务

有必要补充一点的是，政府的全部债务包含显性债务（大部分为政府债券存量）与隐性债务（如养老金给付责任）。隐性债务不能自由交易，因此不应该视为安全资产。这一事实涉及复杂的政治经济议题，例如政府必须在偿付公共债务与支付养老金之间做选择时。市场可能认为政府会削减福利（如社会保障），把显性债务列为优先偿付的类别。但这方面的政治经济考虑会得出何种结果，其实并不清楚。养老金领取者是强有力的选民群体，特别是在老龄化社会。[12]

低利率环境下的财政政策与货币政策空间

在低利率环境下，财政政策有更多干预空间，可以促进快速复苏，而货币政策的操作空间较小。具体来说，当实际利率较低时，政府的利息负担较小，由此开辟了更多财政空间。政府完全可以在危机时期扩大支出，加速经济反弹。但相对而言，低利率环境下的名义利率也较低（假设通胀率不变），如果名义利率已处于低位，则中央银行继续下调利率以刺激经济的空间会很小，尤其是考虑到利率不可能过度为负值。简而言之，在低利率环境下，货币政策在冲击后刺激经济反弹的力量被削弱了。下一章我们还将重点关注货币政策的议题。

第 12 章　通胀锯齿

韧性是指冲击后的反弹。货币政策可以为此发挥重要的助力，在此过程中，避免陷阱是关键。前文讨论的高债务问题表明有两类陷阱：通缩陷阱与通胀陷阱。中央银行必须在一个狭窄的空间内操作，如果超出这一空间，就将面临通胀率持续过低的风险，妨碍经济增长，或者导致过高的通胀率，甚至打破通胀锚点（即临界点）。中央银行不能只关注其中一类陷阱，而是需要对两种风险都保持警惕。因此在韧性管理中，需要结合如何避免陷阱的分析。

前文曾用骑自行车来类比社会契约的韧性，这对通胀同样适用。自行车可能受通缩压力而向右倾倒，也可能因通胀压力而向左倾倒，所以韧性政策要求有一定的灵活度，能在通缩与通胀这两个陷阱之间通行。

通胀锯齿：动态视角的分析

图 12.1 描述了"通胀锯齿"：在短时期的低通胀（甚至通缩）之后，通胀率在更长的时期里急剧提高，超过初始的水平。这一通胀情景有可能发生在当前的危机中，通胀陷阱或许会在今后不远处现身。

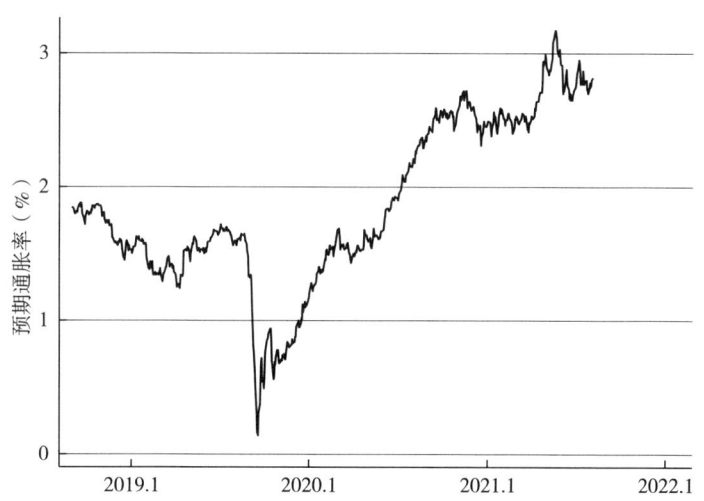

图 12.1 图中曲线描述了美国的 5 年预期通胀率，该数值来自美国通胀保值债券（TIPS）与普通美国政府债券之间的利率盈亏平衡点

资料来源：FRED（2021）。

在防疫封锁时期，总体通胀率会下跌（这里存在测算上的争议），原因稍后再做解释。当时人们担忧出现长期的通缩陷阱，使通胀率过低，经济增长率受到长时间压抑。这种现象被称为"经济日本化"（Japanification），因日本自 20 世纪 90 年代以来的宏观经济表现而得名。某些观察家将其概括为"低增长、低利率、低通

胀"的特征。

我们如今的处境甚至可能导致更糟糕的结果，可能接连面临两类陷阱，呈现锯齿状的通胀走势。这是因为短期因素会导致通缩，而从长期看则存在通胀压力。蹚过这些激流需要非常好地把握平衡。也就是说，除了第 10 章讨论过的金融稳定的锯齿状走势之外，可能还会遇到第二种锯齿。

通胀预期

我们在新冠疫情冲击之后将遇到哪种陷阱，目前还有很大不确定性。我们的通胀预期和预测可能在个人层面表现出方差增大。同样，由于人们对于即将面临通胀陷阱还是通缩陷阱的看法趋于分化，这些预测也会包含个人之间的差异增加。

图 12.2 表明，在专业的通胀预测师看来，通胀预期的不确定性显著增加。他们之间的分歧在 2019 年第四季度到 2020 年第二季度也曾扩大，表现为图 12.2A 的浅色柱状体的分布更为广泛。从图 12.2A 到图 12.2B，我们还看到一种通胀的锯齿状走势。通胀预期在 2020 年的第二季度到第四季度再次走高。

图 12.3 描述的是美国居民家庭的通胀预期，其中有几个特征值得关注。第一是居民们的通胀预期始终过高，在过去 30 年里，普通居民的通胀预期达到 3%，而实际通胀率为 2% 左右。第二，居民们对通胀感到缺乏把握，图中的虚线描绘了居民们的预期置信区间，显示不确定性在 2020 年初大幅提升，之后继续扩大，上下两条虚线渐行渐远。第三，居民之间的分歧也在扩大，表现为阴影部分的区域变宽。一些居民预期将出现通胀，而另一些更担心通缩。

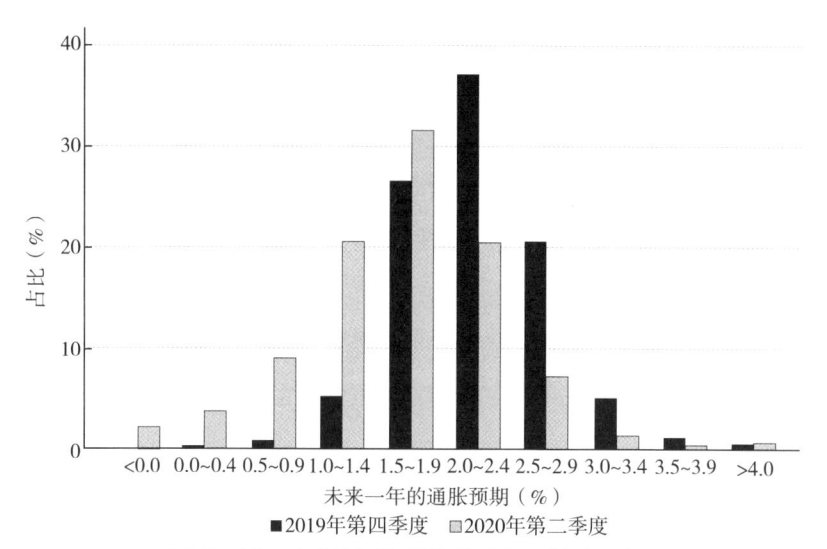

图 12.2A 专业预测师的通胀预期（提前一年）

注：该图显示，在新冠疫情危机暴发之初，通胀预期走低，专业预测师之间的分歧增大。

资料来源：Federal Reserve Bank of Philadelphia (2020), Survey of Professional Forecasters。

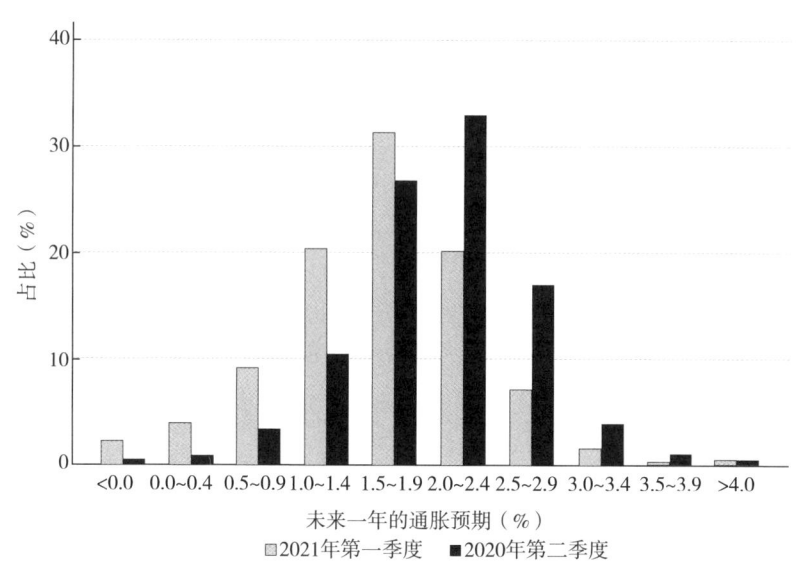

图 12.2B 2020 年下半年到 2021 年初，通胀预期转为走高

资料来源：Federal Reserve Bank of Philadelphia (2020), Survey of Professional Forecasters。

预期分歧扩大或许源于人们对未来出现锯齿状通胀走势的担忧。这些分歧还说明某些居民更担心通缩陷阱,而其他人更担心通胀陷阱。

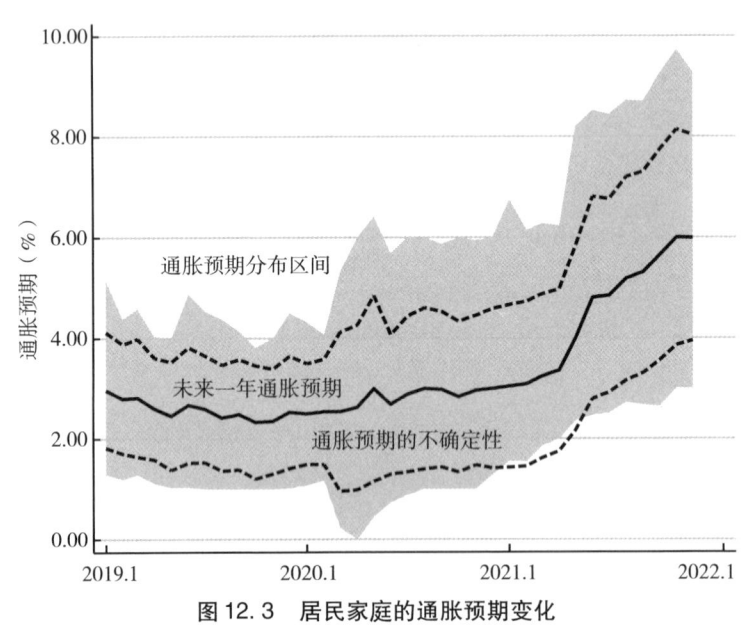

图12.3 居民家庭的通胀预期变化

注:2020年春,居民的通胀预期上升,对未来通胀预期的不确定性增大,居民之间对未来通胀的分歧也在增大(阴影部分)。

资料来源:Federal Reserve Bank of New York(2020),Household Survey。[1]

通胀的测算

通胀的测算是富有挑战性的任务,需要考虑经济中成百上千种产品和服务。为应对这些挑战,统计学家通常会定义一个普通消费者的消费篮子,再追踪篮子中的产品的价格变化,以推断消费者价格指数(CPI),即最常用的通胀测算指标之一。

标准的通胀测算针对普通国民的普通消费篮子,测算其中物品的加权价格变化情况。在理论上深入探讨新冠疫情对通胀的影响之前，我们需要知道在封锁实施后的数周之内，消费篮子的构成发生了很大的变化。

疫情期间，消费篮子中许多项目的支出大幅减少，例如影剧院看演出、外出用餐、度假和其他一些大额项目。[2]因此，以标准消费篮子测算通胀可能得出误导性的结果。[3]例如一方面，到2020年8月，自行车、医疗服务、有线电视服务等项目的年度价格涨幅达到5%左右，它们在疫情之前确定的权重在疫情期间可能偏低。另一方面，交通、旅馆、商务着装、机票等项目的价格在疫情期间出现了两位数的跌幅。[4]这些价格下跌的项目被赋予的权重则可能过大，因为新的"疫情期间消费篮子"偏离了它们。图12.4展示了消费篮子中不同产品类别发生的巨大变化。与疫情之前相比，2020年11月用于艺术、娱乐和休闲的信用卡支出减少了大约50%。反过来，杂货与食品的支出始终高于疫情之前的水平。

住房租金在美国CPI消费篮子中的权重约为40%，它的变化也对通胀测算具有强烈影响。在纽约曼哈顿，租金中位数在2020年从3 500美元跌至2 700美元。[5]这一效应或许只是暂时的。如果人们在2021年纷纷回归"大苹果之都"纽约，租金可能回涨，并使生活成本以及基于消费价格的通胀测算指标大幅提高。

对某种"产品"的确切定义同样会深刻影响通胀测算结果。我们有必要弄清楚，新冠疫情导致的经济危机到底是一次需求侧冲击，还是供给侧冲击。初看起来，人们或许会认为新冠疫情给人们对餐厅消费的需求带来了负面影响。但如果把"产品"定义为在健康的餐厅环境中享用美食，则可能意味着这样的"产品"无法提供，尤其是在室内。对此类产品的需求以及潜在价格可能依然很高[6]，却没

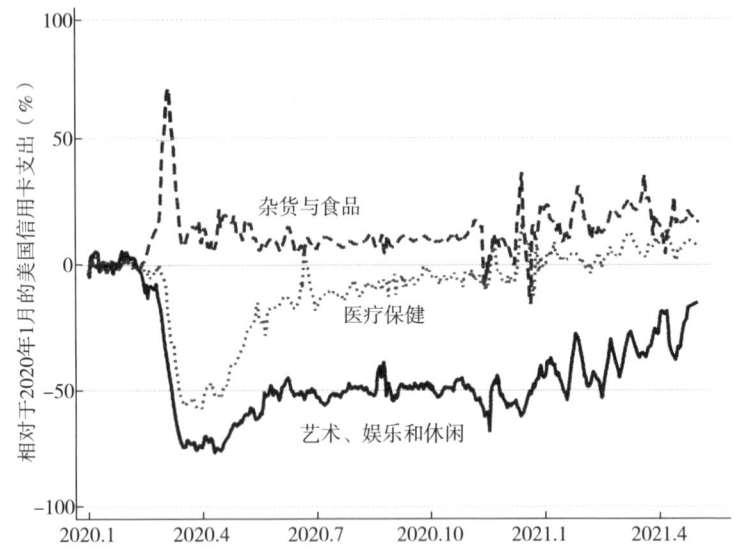

图12.4 消费篮子的变化，相对于2020年1月的美国信用卡支出
资料来源：Opportunity Insights（2021）。

有餐厅能够供应。或者说，新冠疫情冲击其实是一种供给侧冲击。这意味着官方的统计数据或许低估了通胀率。

短期效应

在分析疫情过后的通胀作用因素之前，我们可以先看一下疫情期间各种短期的通胀与通缩因素。

各种因素

短期通胀因素的作用在2020年底之前较为沉寂，这里有若干原因。[7]首先源于一定程度的强制储蓄，因为许多行业被迫歇业或无法正常运营。强制储蓄对较高收入家庭的影响更大，因为他们在接触密集型行业的支出通常更多。[8]这容易造成通缩压力，类似于风险上升导致支出减少、储蓄增加。

第二个因素是各行业之间的资本错配，这会降低供给，加剧通胀。如果资本不能从接触密集型行业转移到需要扩张的低接触型行业，价格可能被推高。

预防性储蓄与避险逃离

在新冠疫情冲击之下，不确定性在封锁措施开始施行时大增，由此刺激了对安全资产的需求。2020年3月，我们看到了教科书式的避险逃离景象，投资人纷纷调整自己的资产组合，增加安全资产，减少风险资产。居民手里的流动资产同样显著增多。到2020年4月，美国的居民储蓄比上年同期增加了20%，支票账户余额增加了30%。[9]对安全资产和货币的需求上升带来了短期通缩压力，同时对消费品的需求相应下跌。

图12.5展示了居民储蓄的急剧增长，尤其是在2020年春季。上文图12.4中的艺术、娱乐和休闲支出大幅下跌，可以为此提供解释。由于博物馆、电影院、歌剧院等机构持续关闭，喜欢艺术生活的人不得不把这些活动的支出储蓄起来。2020年后期到2021年年初的居民储蓄继续大幅增加，则是因为美国政府给居民发放了经济刺激支票。

还有一部分现金持有来自企业。疫情期间，企业（尤其是大企业）大量提取现有信贷额度，借助在需要时能够快速变现的短期资产来保持流动性。由于企业疯狂追求现金，对货币的需求激增，从而减轻了通胀压力。

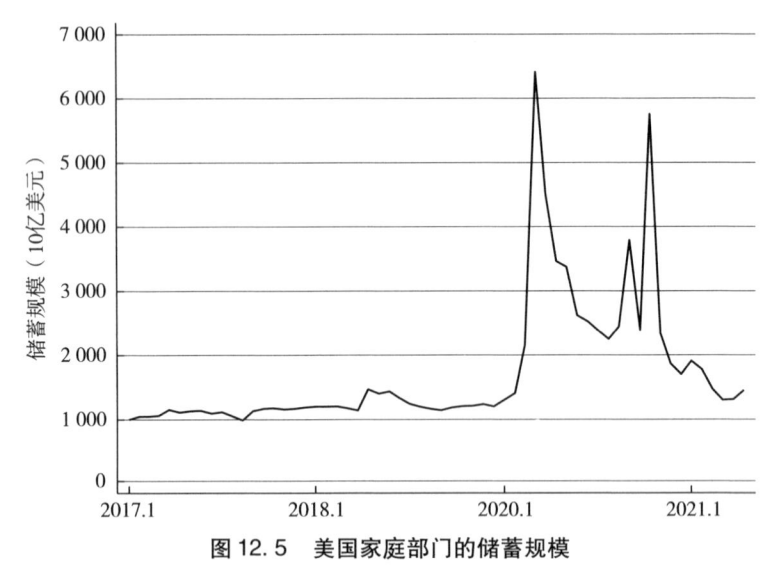

图 12.5　美国家庭部门的储蓄规模

资料来源：FRED（2021）。

全球供应链中断与富余产能

全球供应链中断也是疫情期间影响通胀和通缩的因素之一。这使全球化带来的生产率收益被部分削减，某些贸易品的价格随之上涨。[10]同时，富余产能和高失业率给产品价格造成了更大的下行压力。[11]不过到2021年夏季，木材和计算机芯片在全球出现短缺，又给这些产品施加了显著的价格上涨压力。

中央银行与非常规货币政策

政策的副作用

凯恩斯主义经济学认为，通胀与失业之间存在此消彼长的关系。这类理论强调至少在短期内，以通胀为代价可以降低失业率。二者之间的负相关关系被称为菲利普斯曲线。如果扩张性货币政策利用低利率来刺激总需求，就会有更多劳动力被雇用，从而导致工资上涨（除非劳动力市场的失业率极高）。而只要中央银行不提高利率，失业率就会下降，通胀将会提高。因此，政策制定者必须做出选择：是低通胀率，还是低失业率？

然而在21世纪初，菲利普斯曲线变得非常扁平（在日本则更早出现）。失业率降低并未伴随着通胀率走高，这有利于对劳动力市场采取刺激措施，但增大了影响通胀率的难度。

许多发达经济体现在要求中央银行达到预设的通胀目标。美联储设定的对称通胀率为2%左右，当通胀率达到2%时，名义利率会变得更高，因为债权人要求获得通胀补偿。由此使得在名义利率下降到零之前，会有较为宽裕的利率下调空间。2020年8月，美联储宣布2%为新的弹性平均通胀目标（Flexible Average Inflation Target）。如果通胀率在一段时期内过低，则通胀目标可以提高到2%以上，以实现2%的平均通胀率。直到最近，欧洲中央银行仍以2%为通胀目标。但2021年夏，该机构也转向了2%左右的对称通胀目标制。

当然，自2008年金融危机以来，发达经济体的中央银行在实现2%乃至更高的通胀目标时遇到了麻烦。由于长期未能达到这一设定目标，各家中央银行加大了非常规货币政策的力度。然而，过去十年的持续刺激仍未给通胀率带来显著影响。

哈佛大学经济学家杰里米·斯坦指出，通胀率在大规模扩张性货币政策之下仍长期低迷，好比医生在第一剂药未能对病人起到作用时，继续增加这种药品的剂量。医生可以开出第二剂乃至第三剂药，但继续增加用药可能会产生副作用。货币政策的副作用包括对金融稳定的危害，因为可能催生资产价格泡沫。

以影响通胀率为目标的量化宽松政策

传统上，中央银行负责调节短期利率。但是到 21 世纪初，2008 年全球金融危机期间，利率下调已没有空间，各家中央银行开始采用非常规货币政策。例如，它们利用名为量化宽松（QE）的重要政策工具来实施干预，包括大规模购买偿还期较长的资产，以影响收益率曲线上各种期限的利率。而降低政府债券等安全资产的长期利率，是为鼓励风险承担。从理论上讲，如果投资者在安全资产上获得的收益率太低，他们可能愿意转向风险更高的资产，如公司债券。这样一来就可以降低企业的融资成本。

具体来说，量化宽松相当于中央银行用自己的准备金来交换较长期的债券。中央银行准备金的期限是无限的，理论上类似于永续债券，即定期支付利息但永远不用偿还本金。在今天，准备金支付的利率随政策利率发生变化。也就是说，准备金没有偿还期限，所以对利率敏感度较低（因为久期很短）。

中央银行的资产负债表

量化宽松会影响中央银行的资产负债表。中央银行购买的证券记在资产端，而负债端（图 12.6 和图 12.7 的零线下方）的准备金余额则激增。

图 12.6 展示了美联储在 21 世纪至今的资产负债表变动情况。图 12.7 展示的是欧洲中央银行的资产负债表变动情况。在两个图中，资产都是由零线以上的部分代表，主要成分为证券，也包括黄

金储备以及货币政策操作中购入的债权。负债由零线以下的部分代表，主要成分为流通中的现金和准备金。其余的负债还包括回购协议以及美国的财政部一般账户（美国财政部在美联储开设的账户）。资产与负债的差额为中央银行的权益。由于资产负债表按定义来说必须平衡，资产与负债加权益必然呈对称变化。

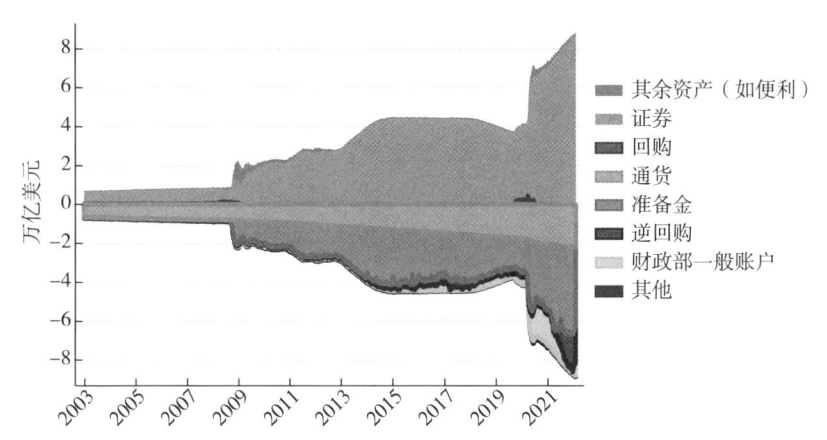

图 12.6　美联储的资产负债表：零线以上部分为资产，以下部分为负债
资料来源：FRED（2021）。

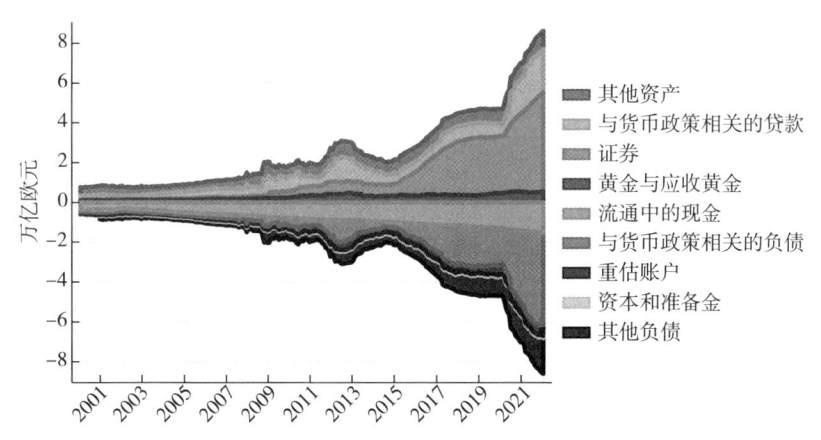

图 12.7　欧洲中央银行的资产负债表：零线以上部分为资产，以下部分为负债
资料来源：European Central Bank（2021）。

2008年衰退、欧元危机以及新冠疫情冲击的一个首要后果是，这两家中央银行的资产负债表自2008年以来大幅扩张。图12.6显示美国有三波量化宽松行动，中央银行每一次都发行巨额准备金来购买政府债券。2020年3月的新增购买量超出了2008年金融危机中三波量化宽松操作的规模。值得一提的是，美国财政部一般账户也大幅扩张，这是源于大规模的财政干预措施。

欧洲中央银行同样采用了量化宽松与回购协议，后者是一种短期的抵押贷款。持续购入资产（大多为政府债券，也包含部分公司债券）导致资产负债表的规模大增，特别是在2015年之后。另外在金融危机期间，贷款操作也加速了资产负债表扩张。如图12.7所示，2020年的紧急抗疫购债计划使得欧洲中央银行持有的证券金额再度大幅增加。

中央银行资产负债表面临的风险

由于债券购入计划使资产负债表膨胀，中央银行承担了显著的风险。风险之一是利率可能上涨，导致债券价格下跌。[12]另外还可能有信用违约风险。在欧洲，某些国家的信用风险高于其他国家。由于所有欧元区国家都是以相同货币借款的，在任何情况下，它们都不能为了偿还债务而单方面实施货币贬值。这一限制在欧元危机中表现得非常突出。

与之相关的是，中央银行必须考虑到政府债券失去安全资产地位的危险。如果落入这种陷阱，宏观经济政策会变得非常复杂。财政部门会难以支撑债务的再融资成本，特别是在财政操作空间有限且无力增加税收收入的国家。

最后，我们应该从更全面的视角认识到，中央银行只是政府的组成部门之一。这自然意味着政府与中央银行之间不存在制度性的摩擦，同时也表明，量化宽松只是用一种负债（中央银行准备金）来取代另一种负债（政府的长期债券）。

弹性平均通胀目标制

2020年，美联储从固定通胀目标制（约2%）转向弹性平均通胀目标制。在新的制度中，美联储不再需要在任何时候都达到通胀目标，而是当通胀率在一段时间内低于2%之后，可以让通胀率超出目标值，使得总平均通胀率仍维持在2%左右。[13]

初看上去，这一方法似乎有些违背直觉。如果美联储不能实现原来2%的通胀率目标，那么达成新的弹性目标应该更加困难。不过美联储的期望是，让人们认识到利率飙升会推迟到未来。利率提升的推迟符合美联储的政策表述：在必要时会让通胀率在一段时期内提高到2%以上。这将推高社会的通胀预期。

直升机撒钱

2020年4月，许多美国居民收到了财政部派送的每人1 200美元的支票，当年12月又有600美元。2021年春季，拜登政府再度给许多美国纳税人发放了1 400美元。从概念上说，此类行动类似于米尔顿·弗里德曼的"直升机撒钱"建议，由中央银行给人们撒钱，以刺激通胀。长期以来，这都被视为推动通胀的最直接的干预措施。

在本书写作时，疫情期间这些干预措施对通胀的影响尚未充分显现。派发款项中有很大部分一开始被储蓄起来没有花掉。在一定程度上，居民把增收的钱存到了银行，银行获得了更多准备金，美联储则通过增持政府债券来支持派发刺激支票。然而，一旦居民开始花掉刺激款项，通胀就可能接踵而至。劳伦斯·萨默斯与奥利维尔·布兰查德提出，拜登的刺激措施会使美国经济过热，在未来引发通胀。这个话题我们稍后再讨论。

新兴市场的情况

量化宽松政策在许多国家以不同方式得以采用。例如，巴西实施了所谓"热带量化宽松"（tropical QE）：缩短债务期限。短期债务的利率通常低于长期债务的年化利率，因此，巴西财政部可以通过把长期债务转为短期，以减轻利息偿付负担。这一策略本质上是打算利用收益曲线上的陡峭斜率。政府发行的短期债务其实不同于量化宽松，后者是由中央银行用央行准备金来置换长期债券。

可是热带量化宽松最终仍需要中央银行参与。如果市场不愿意为短期政府债务再融资，巴西中央银行就必须参与进来，用新发行的银行准备金来偿付债券持有人。这可能带来通胀压力，并削弱汇率走势。尽管巴西有庞大的外汇储备，但如果市场对它丧失信心，它仍可能面临危险境地。[14] 缩短债务期限会带来短期收益，潜在的代价则是，债券到期的时候可能无法再展期。

长期效应

从短期看，现在面临的前景似乎是通缩，但其他长期因素可能导致未来出现锯齿状走势。再分配、政府承诺、需求压抑、大企业利润等因素都可能推高通胀。此外，根据疫情的延续情况，世界各国政府设立的各种贷款支持计划也可能推高通胀，或者至少减弱未来的通缩。[15]

再分配与政府承诺可以帮助居民保持购买力，从而维持消费和企业运营。这两类措施都可能导致价格上涨，我们将稍后再详细讨论需求压抑的问题。

经济复苏与消费热潮

随着经济复苏与风险消退，之前的避险行为可能被逆转。居民会重新调整投资组合，转向风险更高的资产，减少货币与安全资产。消费高涨会导致需求扩大，给整体价格水平带来上行压力，这是另一种长期的通胀因素。

需求压抑与供需相互作用

可能导致消费扩大的最主要因素是疫情封锁造成的需求压抑。例如许多游客取消了2020年的度假计划，一旦疫情基本结束，他们可能会带来旅游热潮。电影、剧院、餐厅等其他一些行业也可能出现类似的消费需求激增。

封锁是典型的供给侧冲击，但也可能转化为需求侧冲击。[16]假设左脚鞋的生产出了故障，右脚鞋仍能照常生产，那么显然对绝大多数消费者而言，单独售卖的右脚鞋毫无价值。因此，关闭左脚鞋的生产会给右脚鞋带来溢出效应。消费者会停止购买鞋子。如果他们把这些钱存起来，以后再用来买鞋，那么在生产重启后，鞋子的需求可能会飞涨。这种情况属于左脚鞋遇到供给侧冲击，却给右脚鞋带来了需求侧冲击。在整个疫情期间，我们看到类似场景在许多高度互补性的产品中出现：高级葡萄酒与餐厅消费、婚礼与婚庆摄影、爆米花与观影活动等。

用经济学术语来说,"跨期替代弹性"是指消费者在多大程度上愿意为了给定的储蓄利息收益而推迟当前消费。"跨部门替代弹性"则是指消费者在给定时点上,愿意用一个部门的多少产品替换另一个部门的产品。这两种因素都可能在疫情封锁的情况下产生影响。[17]

如果跨部门替代弹性很低,消费者在封锁期间将不愿意用其他部门的产品来替代某种缺失产品。此时,封锁可能导致支出大幅减少。在封锁解除后,这一大幅减少的支出有可能使被压抑的需求集中释放,因为居民经历这段强制储蓄后会有更多的财富可以支配。于是,短期被压抑的需求可能导致未来出现更高的需求以及通胀,这很好地说明了通胀的锯齿状机制。通胀率可能表现出低迷的假象,然后强势反弹。

拜登政府的刺激措施与经济过热的争议

美国在特朗普政府时期开始了积极财政扩张,首先是削减公司税,继而在新冠疫情中采取大规模财政措施,包括 2020 年 7 月颁布的《关怀法案》。这一政策之后是拜登政府的 1.9 万亿美元经济刺激计划。到 2021 年 7 月底,有更多的支出出现,例如大规模基础设施投资计划。

2020 年 12 月和 2021 年 3 月的经济刺激法案合计增加了 2.8 万亿美元支出,而产出缺口估计不超过 9 000 亿美元。[18] 产出缺口是指一个经济体在充分就业时的理想 GDP 与实际 GDP 的差额。判断刺激措施是否会超过产出缺口,关键在于财政乘数。如果居民把全部刺激支票补贴都用于储蓄,则乘数为零,而如果他们把这些钱都花掉，乘数就可能超过1。[19]乘数的具体数值存在很大的不确定性，但大多数估算认为远高于0.3。如果大致采用这个乘数值，则2.8万亿美元的刺激支出将足以填平9 000亿美元的产出缺口。

2021年，劳伦斯·萨默斯与其他一些知名经济学家提出，虽然某些刺激措施是必要的，但整个新冠疫情救助计划的规模和节奏或许会超出限度，导致经济过热并推高通胀。沃伦·巴菲特也注意到，伯克希尔-哈撒韦公司持有的几种原材料的价格在2021年春季飙升，经济运行达到了火热的程度。[20]

同样，保罗·克鲁格曼在2021年提出，为避免经济过热，拜登政府提供给美国居民的1 400美元疫情补贴支票"不能再产生刺激"，意思是这些钱要被储蓄起来，而非消费掉。[21]如果民众把钱都存入银行，那么由更多国债发行来支持的刺激支票就不会产生刺激，而只会导致美联储的超额准备金增加，相当于它借助量化宽松持有了更多的美国国债。也就是说，美国发行更多国债，再由居民以新增储蓄的形式间接持有。前文讲过，这套自我融资机制可以解释为什么"直升机撒钱"方式在新冠疫情高峰期并没有发挥刺激作用。反过来，如果民众花掉刺激支票，这些钱就会产生刺激效果，可能导致经济过热。话虽如此，克鲁格曼出于政治上的考虑依然支持拜登政府的大规模刺激计划，目的是修补国家的分裂。

打破通胀之锚

民众愿意把消费推迟多长时间和预期通胀率有关。如果他们预期未来会出现通胀，就会选择较早消费。因此，预期是关键所在。只要预期被锚定，消费的波动就不会太大。但是，通胀预期是可以改变的。当长期通胀之锚被打破后，现实的危险就会出现。通胀之锚源于人们对通胀的信念，也取决于他们对其他人的通胀信念的判断。

经济过热可能迫使美联储采取迅速行动来控制通胀，要么下调利率，要么放缓甚至暂停公开市场上的资产收购，例如在2013年"缩减恐慌"时的做法。事实上在2021年2月，尽管美联储采取了非常温和的行动，长期债券的利率仍出现了暂时上扬。美国刺激计划的巨大规模和突如其来的特征伴随着若干风险，把刺激措施分散到更长时期并采取更细化的步骤，或许会更为安全。

反过来，当经济受通缩困扰时，通胀之锚也可能在下行方向上被打破。如果所有人都预期明年的价格会小幅下跌，则许多人可能暂时克制大宗购买，等待降价来临。通缩预期具有自我实现的性质。随着人们推迟消费，特别是对大件耐用品的消费，需求乏力将促使价格进一步下跌。居民越是期待通缩，就越会延迟购买，从而加剧紧缩，导致持续的通缩陷阱。

货币主导、财政主导与金融主导

通胀与政府财政

通胀与政府财政之间有什么关系？货币学派的米尔顿·弗里德曼有一个著名的论断：通胀无论在何时何地都是一种货币现象。而托马斯·萨金特（Thomas Sargent）认为通胀无论在何时何地都是一种财政现象，或者说，通胀是由当前和未来的政府税收与债务共同决定的。克里斯托弗·西姆斯（Christopher Sims）及其他学者提出的价格水平财政决定理论（FTPL）则强调，政府债券和货币等债务余额的实际价值必须有当前和未来的政府基本预算盈余来支持。如果政府持续出现预算赤字，无力用未来的税收来偿还名义债务，通胀率必然提高。西姆斯认为，那将是政府偿还"真实"债务、避免违约的唯一方法。政府只能通过制造或容忍更高的通胀率，稀释自己的名义债务。因此，价格的稳定取决于长期的政府预算平衡。但货币学派的观点与之相反，他们把通胀只归因于货币政策，而非一般政府债务，并且把货币供给定义为现金、银行存款与准备金。

价格水平财政决定论有个直观的启示，如果某个国家的财政状况持续恶化而名义债务不变，则调整方式只能是提高价格水平，即更高的通胀率。

价格水平财政决定论进一步指出，政府用本国货币发行的债务永远不会违约，因为它们总是可以通过印钞来偿付债务。然而，用外国货币借款的国家会面临不同的挑战，对于外币计价的债务，不能直接通过印钞来偿还。例如在欧元区，如果意大利发行新的政府债务，它不能单方面决定印刷更多欧元来偿还。

对此，现代货币理论进一步提出，只要失业率未超过自然失业率，就完全无须担心政府支出。对该理论的拥趸来说，滞胀现象是不可能出现的。

在历史上，大规模财政支出通常会导致更高的通胀。图12.8展示的是南北战争以来的美国预算赤字（实线）和通胀率（深色虚线）变化。高通胀与高赤字之间有着惊人的关联度。此外，浅色虚线代表名义利率，其数值等于3月期商业票据（即非金融企业的短期债务）的加权平均利率水平。

每次重大战争，如南北战争、第一次世界大战、第二次世界大战、越南战争期间，预算赤字均大增，价格水平也显著提高。随着预算赤字减少，通胀也得到控制。类似情况在20世纪70年代和80年代同样出现。唯一的例外发生在过去10年，巨额的预算赤字伴随着极低的通胀率。

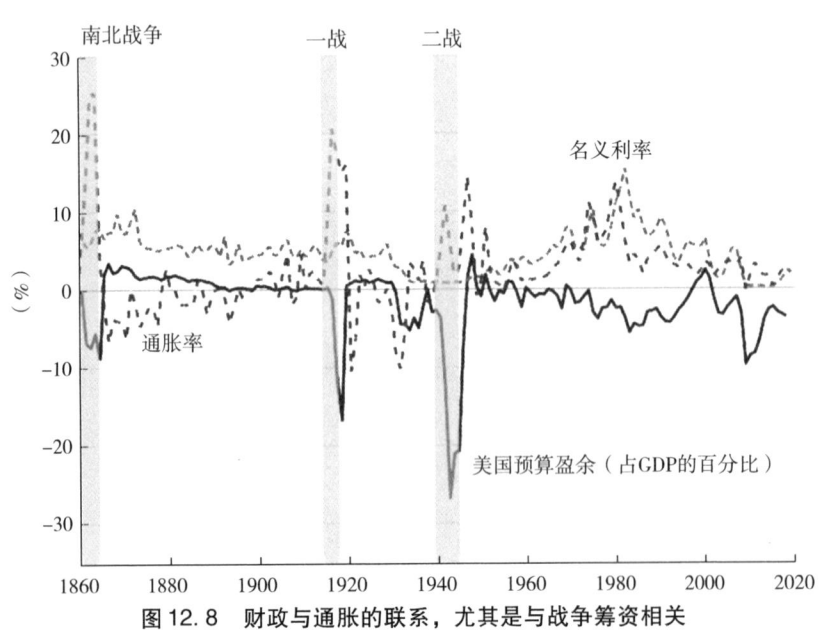

图12.8　财政与通胀的联系，尤其是与战争筹资相关

注：该图显示了美国的战争、预算盈余、短期名义利率及通胀率的变化。财政盈余和名义利率的数据来自 FRED（2020）。名义利率是期限在3个月以下的非金融企业债券的复合收益率。通胀率与 GDP 的数据分别来自 Officer 和 Williamson（2021）以及 Johnston 和 Williamson（2021）。

如今政府债务的高水平是和平时期罕见的，美国的政府债务已超过 GDP 的100%。然而政府的庞大赤字也曾经出现过，并得到了解决。货币当局与财政当局在过去的互动关系可以为我们提供某些启示。

其他国家应对战后局势的方法也可以为这一问题提供参考。一战期间，所有参战国都积累下巨额预算赤字，因为大部分战争开支来自政府债务。所以，战后所有参战国都在短期内受到通胀的困扰。[22] 不过从中期看，德国的情况与美英形成了鲜明对比。美国和英国通过高税收来应对通胀压力，改善政府预算，英国甚至回归了金本位制。相反，德国的财政改善计划失败了，导致1923年的恶性通胀。[23] 这表明未来的税收政策，尤其与之有关的预期非常重要。有人甚至认为，通胀无论在何时何地都是一种政治现象，因为通胀的结果取决于社会及其制度是否足够强大，是否可以顺利推行反通胀措施。

我们还要看到，战争与疫情有所不同，例如战争会带来巨大的需求刺激，而疫情不会。[24]

制度安排

政府决定着预算状况和名义利率。在过去，有些国家把货币职能与财政职能都设置在财政部，但这种安排存在政治经济上的隐患。例如在选举前，政客愿意通过降低利率来刺激经济，即便此类行动可能导致通胀率在选举后飙升。这样的政治性商业周期可能对经济造成破坏，尤其是在通胀率已经较高，本来应该提高利率的时候。

即便政府事前承诺降低通胀率，政客也可能因为选举需要而食言。为解决这种时间不一致性的问题，许多国家的中央银行作为独立的货币管理机构而设立。[25] 尽管如此，中央银行与财政部之间仍存在重要的相互作用。

在控制通胀方面，货币政策与财政政策的互动非常关键。为解释这一动态问题，我们首先要分析货币当局与财政当局的相互配合，例如当中央银行提高利率时，政府是否会减少支出？

另外，还有关键的第三方需要考虑：金融部门。本章余下部分将讨论金融部门占据主导地位的可能性，这种情形要求财政政策和货币政策都做出相应调整。

懦夫博弈

为控制通胀，中央银行需要考虑踩刹车，提高利率。提高利率会增加政府偿付利息的负担。为使利率提升发挥效应，政府可能要削减支出或者增加税收，所以美国和其他国家的财政部都普遍不喜欢加息。这会带来货币当局与财政当局之间的冲突，以及哪方会占据优势的问题。

在财政当局占据主导时，政府会直接无视中央银行的利率政策。我们不妨假设中央银行把利率提高至5%，政府此时将继续发行更多债券，以覆盖加息带来的更大负担。随着总需求受到更大刺激，通胀率将继续提高。中央银行于是可能考虑再次提高利率来控制通胀，政府则以发行更多债券来应对。若政府非常强势，中央银行将失去独立行使货币政策的权力。

在货币当局占据主导时，中央银行将居于司机的位置，政府担任乘客。政府会相应削减支出或增加税收收入，由此使通胀率稳定下来。

在现实中，我们并不确定是货币当局还是财政当局占据主导地位。这一冲突可能类似于懦夫博弈（game of chicken）的情形：两辆赛车高速冲向对方，谁会首先退缩，驶离赛道？坚持到底的一方会赢得胜利，除非双方都同样固执，那样的话将会迎头相撞。

在通缩阶段，短期内需要强有力的货币政策来加速经济增长，之后也同样需要有力的货币政策来踩刹车。只有刹车性能良好的中央银行才能大胆作为。这种关系类似于赛车手如果知道自己的汽车制动性能良好，就可以选择更为冒险的策略。[26]这里的刹车就是中央银行的独立性以及我们稍后要谈的宏观审慎措施。

金融主导地位与懦夫博弈2.0

前文提到，货币当局与财政当局的懦夫博弈中还有第三个参与方：金融部门。如果这个部门韧性十足，政府就可以把部分损失转移过去。例如，西班牙在新冠疫情期间实施了抵押贷款延期偿付措施，禁止银行没收不能按期偿还贷款的债务人的抵押品。这样一来，抵押贷款获得全额偿还的概率会降低，潜在的损失被转移给了银行业。

如果政府把损失转移给有韧性的金融部门，这个部门会有激励用现金来支付股息或回购股份，而非增加缓冲资本，由此将削弱该部门的韧性。如果金融部门本就较为虚弱，政府通常不会向它们转移损失，反而可能提供救助。

救助的资金由谁负担？这里将出现第二个懦夫博弈。政府可以通过透明的资源转移来救助金融部门，也可以利用货币政策，通过改变资产价格来调整银行业的资本结构。例如降低利率能提升银行资产的价值，降低其负债的价值。

在金融部门占据主导的体制下，宏观审慎政策处于关键位置，以避免发生救助行动，确保金融部门有良好的资本结构。宏观审慎政策旨在防止金融部门的问题造成全局性的后果。出色的宏观审慎政策会密切关注财务杠杆累积伴随的风险，此外，通过压力测试，监管机构可以禁止银行在缺乏足够资本缓冲时分红或回购股份。

中央银行可以巧妙地设计其他政策工具，以增加缓冲储备。例如，它们可以只购买实施严格金融风险管理的企业的债券，例如在本次疫情间扩大了资本缓冲或没有增加分红的企业。美国没有逆周期缓冲管理制度，但通过修订债券购买计划可以鼓励加强资本和流动性缓冲，并迫使银行减少股份回购行动。[27]

超长期的通胀因素

查尔斯·古德哈特（Charles Goodhart）与马诺吉·普拉丹（Manoj Pradhan）*强调，如今的高公共债务加上人口老龄化带来了更大的长期通胀压力。[28]随着人口老龄化，各国政府需要增加对老年人的社会保障支出和医疗支出，预算赤字可能扩大。

通常来说，削减巨大的预算赤字有三种方式。第一，经济增长有利于促进税收收入，在无须削减支出的情况下减少赤字。然而，过去20年里的生产率增速乏善可陈。另外，人口老龄化意味着老年人与年轻人之间的抚养比提高，劳动力的增速缓慢。第二，在缺乏强劲而持续的经济增长时，政府可以调节税收。第三，削减政府支出。不过，后两种方式在政治上不受欢迎，于是还有一种最不会引起民怨的解决方案可选：提高通胀。假设如此，中央银行的独立性将受到更大威胁。传统的货币政策框架要求有独立的中央银行，能在通胀恶化时收紧货币。可是债务负担沉重的政府并不情愿接受货币当局主导的体制，因为那可能加剧政府的利息负担。

超越泰勒规则的货币政策

20世纪90年代，设立通胀目标成为发达经济体实行货币政策

---

*参见中信出版集团2021年版《人口大逆转》。——编者注

的标准做法。中央银行可以针对通胀率与产出缺口的变化，通过调节利率来实现通胀目标。如果通胀率超出目标值，或者产出超过经济体的全部潜在产能（出现正产出缺口），既定的"药方"是提高利率。反过来，在低通胀时期或者出现衰退时（负产出缺口），中央银行可以降低利率。这一机制被称为泰勒规则（Taylor rule），在实际操作中会略微复杂一些。在2008年金融危机爆发前，它给各国中央银行提供了简单的行动指引。

但在2008年后，各国政府使用了大量非常规货币政策工具。由于这些工具目前已经司空见惯，我们不能再只关注利率水平。中央银行越来越多利用大规模资产购买来影响风险定价和期限利差，因此需要我们监督中央银行的资产负债表及其规模扩张。

为管理好所有这些政策工具，中央银行需要具有更全局性的经济视角。除过度的通胀与产出缺口外，中央银行还应该关注财政风险与金融风险，并留意政府的利息负担可能突然提高的风险。我们知道，货币政策会影响政府债务的再融资成本。此外，中央银行还要考虑货币政策的非线性反馈循环，及其对政府债务融资成本的影响。所以，简单的泰勒规则需要扩充，加入基本的经济输入变量和输出变量。扩充后的泰勒规则不仅包含利率，还应该结合各种货币量化操作和其他非常规政策工具。

具有再分配性质的货币政策

最后，我们需要强调，货币政策包含再分配的性质。[29]这对传统的货币政策来说同样成立，因为利率的任何变动都会影响债券价格。借款者会从利率下调中获益，而储蓄者会受损。

除利率或利差调整带来的直接影响外,中央银行针对通胀率的任何行动也都具有再分配性质。(意外的)通胀会降低经济中名义债权的价值,例如储蓄。与之类似,如果设定利率时没有考虑到通胀的因素,意外的通胀也会给贷款人造成损失。反过来,意外的通胀会让借款人获益,因为其债务的实际价值将下跌。另外,实际债权,例如通胀保值债券(TIPS)的持有者则会获益。

所以,具有再分配性质的货币政策可以用来稳定资产负债表受损的部门。例如在 2008 年衰退中,居民和银行部门的资产负债表遭受损失。货币政策间接补充了银行部门的资本金,使风险价格下降。而在新冠疫情冲击中,发放刺激支票等财政措施改善了居民部门的资产负债表,但许多发达国家的企业部门遭到重创。货币政策的这些再分配影响将把我们带入下一章的主题:不平等及其与韧性的联系。

第 13 章　不平等

美国社会的不平等在过去几十年来持续扩大。新冠疫情之前，顶层的 1% 家庭在总财富中所占的份额不断上升，占有了技术进步带来的很大部分收益。新技术越来越走向赢家通吃的趋势，只有最大的企业取得成功，获得最大的利益。然而美国的工资中位数却在过去 50 年里保持相对静止，由此让许多美国人产生不安全感。近些年来，美国普通白人男性的预期寿命下降。[1]在医疗技术快速进步的背景下，这是大多数国家极少出现的令人沮丧的现象。

虽然许多国家内部的不平等都在扩大，全球财富分配却使得国家之间的不平等有所降低。新技术的出现，以及把生产外包到中国、东亚和东欧国家，让千百万新员工加入劳动力大军。这些国家兴起的中产阶级使国家之间的不平等趋于缩小。但同时，发达经济体内部的劳动者的谈判权却在下降，因为他们必须同规模更为庞大的全球劳动力队伍以及很多新技术展开竞争。

本章将重点分析韧性及其对多个经济维度的不平等的影响。我将首先分析个人韧性与异质性，然后介绍不平等的若干测算指标及各自需要留意之处，再以此为基础，围绕社会不平等展开讨论。

个人韧性的不平等

富人和穷人在韧性上的不平等具有深远的社会影响。当冲击来临时，富裕家庭有充分的缓冲，使他们能平安度过，并更有可能在未来保持富裕。贫困家庭则更加脆弱，实现反弹也更为艰难。他们面临贫困陷阱的风险，使自己长期被甩在后面，导致贫富之间的差距越拉越大。

还有一种效应会在更长时期导致不平等恶化。富人知道自己更容易从负面冲击中恢复，因此愿意承担更多风险。例如，他们更愿意投资高风险的资产，从长期获得更多预期回报。而韧性不足的穷人无力承受波动，于是会避开风险高但收益也高的投资机会。森迪尔·穆莱纳桑（Sendil Mullainathan）与艾达尔·莎菲尔（Eldar Shafir）就强调，穷人要把太多精力耗费在维持日常生计上，这使他们无力承担风险。[2] 从长远看，承担风险的能力会放大初始的不平等水平，因为富裕居民获得的投资回报通常高于贫困居民。[3]

不平等的不同形式

为更好地分析个人韧性对不平等的影响，我们需要区分不同形式的不平等。记者们经常发出不平等恶化的报道，但实际上有多个不平等的概念。例如人们经常忽略韧性方面的不平等。韧性更强的人可以尝试风险较高、回报也较高的机会，使他们能够创造更多收入。这样做的长期结果就是财富不平等扩大。

收入不平等

收入是指一个特定时间间隔（如一年）中的财富流量。收入不平等测算的是个人之间的收入分布情况。最富裕的美国人可能每年收入数百万美元，而许多家庭在同一年份的收入却不足 3 万美元。新冠疫情冲击对收入分配最顶端的群体或许没有什么影响，却可能对该群体以下的部分产生某些拉平效应。例如，许多小企业主经常出现在收入分配的上半部分，而在疫情期间，其中很多人遭受了巨大的收入损失，即便获得政府补贴也难以弥补。相比之下，收入水平低于他们的某些国民至少维持了正常的工薪收入。

财富不平等

收入不平等的测算不会考虑家庭住房的价值、金融资产或其他存量。而财富不平等的测算则是对某个时点的不平等拍下快照，例如某一年年底。当然如果人们把更多收入储蓄起来，或者资产价值出现上涨或下滑，他们的财富指标也会随之发生变化。资产价值受到利率变动的巨大影响，例如某人持有每年付息 100 美元的债券，利率下跌不会改变该债券带来的收入，但会使债券的贴现价值上涨。这代表一种净资本收益，债券持有人的收入虽然不变，但账面上的财富会增加。

财富不平等的测算并不简单。某些可行途径包括利用税收返还数据，或者从房产税来推算财富。在确定采用哪个数据来源后，还需要解决如何评估资产价值的细致问题。其中一个尤其复杂的挑战是，如何评估人们在未来获得的社会保障福利。[4]未来数十年的收入需要采用恰当的贴现率，对未来的税收和福利水平的预期也要纳入考虑。采用较高的利率来贴现未来的社会保障收入将使其现值降低，如果期限达到40年，关于利率假设的微小变动就会导致巨大影响，这同样是指数式增长的威力的表现。

另一个挑战是评估私人企业的价值。在收入分配顶层1%群体内，许多人属于企业家。其中不仅有硅谷的企业家，还有开展私人业务很成功的医生、律师等。与市场价值能够从股票中估算的上市企业不同，私人企业的价值估算要难得多。

虽然有这些测算方面的挑战，大多数研究者仍发现美国的财富不平等自1980年以来扩大了，当然扩大的幅度目前尚有很激烈的争议。[5]在美国之外，财富不平等恶化的情况更加不明晰。例如在法国、英国和丹麦（均属于数据资料最为丰富的国家），图景要复杂得多。它们的不平等程度即使有所扩大，其幅度也肯定小于美国。

许多新兴经济体同样显示出高度不平等的特征，例如中国的不平等程度在过去30年显著扩大，如今已成为非常引人关注的议题。[6]

韧性不平等

韧性不平等是个新概念。它传递的意思是，人们在遭受负面冲击后，恢复的能力是不同的。对富人而言，新冠疫情危机或许只是暂时冲击。但缺乏储蓄的贫困劳动者，如无力负担1 000美元意外支出的大多数美国人，则可能遭受长期影响。如果给劳动力市场留下疤痕效应，新冠疫情这样的暂时意外冲击可能变成永久性的打击。可以认为，穷人通常来说比富人更缺乏韧性。如前文所述，韧性不平等会放大收入不平等，并因为其持续影响而使长期的财富不平等恶化。

社会流动性

个人韧性还关系到社会流动性。如果一个时期的高收入者在下个时期成为低收入者，反之亦然，则社会流动性会提高。如果这样的变化在每个时期都上演，则社会将韧性十足，因为低收入者有可能逃离贫困陷阱，摆脱现有的状态。

健康不平等与韧性

在发达经济体中，面对新冠疫情带来的健康危机，美国的准备特别不充分。相比加拿大和欧洲实行的全民医疗保险，大约有10%的美国人未被保险覆盖。[7]因此美国人对病毒蔓延的抵抗韧性颇为薄弱。在新冠疫情早期阶段，许多美国人拒绝接受检测和治疗，因为他们担心大额的自费支出。另外，美国人的健康状况在过去和如今都相对更差，使他们容易遭受新冠疫情的沉重打击。美国人糟糕的整体健康状况反映在近年来预期寿命的停滞不前上，而在其他发达经济体，预期寿命一直在稳定延长。

位居收入分配下半部分的许多美国劳动者不能享受带薪病假。[8]近年来，极少为劳动者提供保护的零工经济式就业岗位的增长使这种情况更趋严重。[9]在本次疫情中，对患病员工的保护不足可能带来了严重的健康负外部性。为维持收入，生病的员工被迫继续工作，于是给同事带来感染风险。此类健康风险关系重大，因为新冠肺炎对有基础病者的危害最为严重。[10]扩大医疗保险覆盖面和改善医疗服务提供能帮助人们康复，提升社会的整体韧性。

就业保障发挥着双重作用，尤其是在美国。就业一方面能够为体面的生活提供收入，另一方面也是医疗保险的主要获取途径。劳动者在失去工作时也会失去医疗保险。比尔·克林顿在 1993 年总统任期开始时设计的医疗保险计划，就是希望帮助人们在更换工作期间维持医疗保险的覆盖。

可见，不平等对延缓新冠疫情扩散的努力有强烈影响。在美国，较为富裕的各县普遍来说通过保持社交距离获得的收益最大，或许是因为那里有更多劳动者能调整为居家办公，最大程度地减小了在工作场所被感染的风险。[11]

而对穷人来说，居家办公在很多时候不是可行的选项，发展中国家的情形更是如此。例如在印度的棚户区，保持社交距离更像是一种远离现实的理想。居住环境的密集、出勤的必要性，都让人们无法保持社交距离。[12]此外，尽管社会援助的扩大会使人们获得部分补偿，贫困家庭在面临封锁时仍往往会遭受更大收入损失，至少拉丁美洲国家属于这种情况。[13]

地区不平等

健康不平等经常还包含地区差异，例如富裕社区经常拥有更好的医院和更多的人均病床数。美国各个城市和郊区被划分为界限分明的富人区和穷人区，健康不平等对各个当地社群具有极大的影响。与之相似，巴西的穷人区获得的医疗服务也明显不如富人区。[14]社区缺乏合格的卫生条件也是一种挑战，这些都使巴西的穷人区受新冠疫情的冲击尤其剧烈。[15]

新冠疫情危机中的韧性不平等及其对收入与财富不平等的影响，同样具有地区的差异。例如在纽约市的曼哈顿，富人区（比如上东区）的消费支出降幅最大，2020年3月，涉及面对面服务的支出几乎都消失了。

图13.1展示的是加利福尼亚州低收入人群与高收入人群的支出变化。低收入人群的支出在封锁结束3个月后即恢复到疫情之前的水平，大规模财政刺激措施对此提供了部分帮助。反过来，高收入人群的支出直至2020年12月依然比之前减少了大约10%。

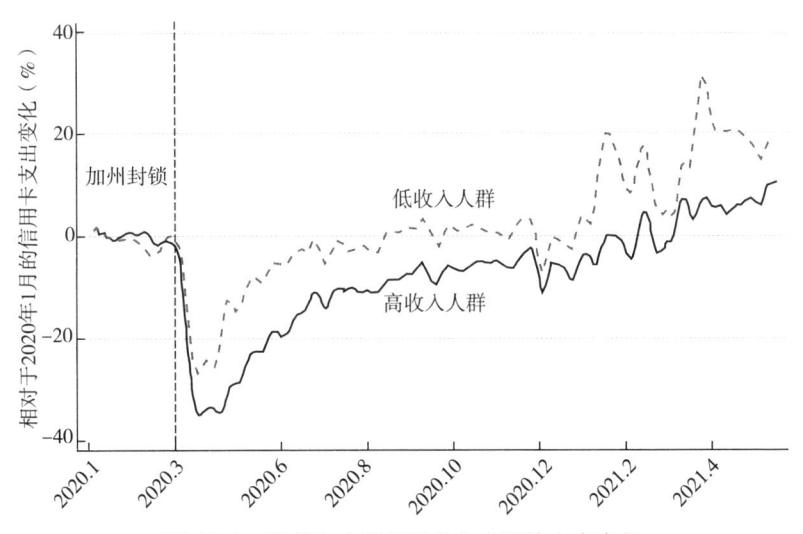

图13.1　高收入人群与低收入人群的支出变化

资料来源：Opportunity Insights（2021）。

支出和就业还表现出某些关键的地理特征。富裕社区的低收入就业岗位出现了更大降幅，因此在新冠疫情中，为富人服务的穷人受打击最大。[16]在美国，之前不平等程度较高的各县的不平等状况继续恶化，因为富裕家庭较好地经受住了疫情冲击，部分源自他们能适应居家办公方式。非必需服务业的员工则受损最严重。新冠疫情危机加上韧性不平等，或许会进一步拉大富裕家庭和贫困家庭的差

第13章　不平等

距。这使我们必须面对一个关键问题：如何能让贫困家庭从危机中恢复。

自动吸尘器效应与疤痕效应

上述差异可能会因为"自动吸尘器效应"（robot vacuum effect）而被放大。至少在疫苗普及之前，对于接触密集型服务的担忧可能加快资本对劳动的替代。人们担心清洁工人会带来病毒，于是纷纷购买自动吸尘器。在未来，这些居民家庭可能会减少使用清洁工人，即使在新冠危机过去很久之后，对清洁服务的需求也未必会反弹。更普遍的情况是，服务业劳动者可能会受到永久性打击，从而削弱这些人的韧性。

学习的不平等：机会不平等导致的疤痕效应

新冠疫情危机没有缓和不平等，反而可能将它放大，制造永久性陷阱。在线学习参与状况的差异就反映了这种可能性。相比高收入家庭的学生，低收入家庭的学生在常见应用程序上做的数学练习要少得多[17]，甚至利用谷歌搜索在线学习资源也是高收入地区的学生更频繁。[18]这一趋势值得警惕，因为教育是培养韧性的关键投入，可以提高劳动者的灵活性与适应性。

在荷兰，封锁时期参加期末考试的学生相比在封锁实施前参加考试的学生，成绩下滑了3个百分点，这一损失对父母受教育程度较低的学生更大。[19]此类教育损失对这些学生接受未来冲击的韧性具有负面影响。公立教育体系与私立教育体系之间也存在显著区别。相比公立学校的学生，英国私立学校的学生每日在线上课的频率是前者的两倍。[20]同时，低收入家庭的学生还更容易出现逃学现象。

某些学生还可能永久性地落入陷阱。人力资本积累的障碍还会削弱疫情期间学习受影响的孩子的韧性。此外，许多美国孩子是在学校领取午餐。因此家里食品缺乏保障的孩子在转向在线学习的时候，可能面临双重损失。

发展中国家面临的此类挑战甚至更加严峻。学校本可以成为推动平等的力量，但封锁迫使孩子们留在家里以后，他们有相当大的风险再也不能回去上学。人力资本培养将受到深远创伤，留下另一个长期疤痕。玛西亚·利马（Marcia Lima）发现，在巴西的中学生中，手机拥有率和互联网接入的分布极不平衡，尤其是在该国的北部和东北部地区，只有很少学生拥有在家里上课所需的设备。[21]

不平等与社会契约的韧性

如果社会契约被大多数成员广泛接受，社会将具有更强的韧性。公平、机会平等、性别平等和族裔平等的缺失则会损害社会契约的韧性。因此，在政治上不能对社会中的特定群体采取不合理的优待或歧视。平等地促进全体成员的韧性有利于提升整个社会的韧性。在本章剩余部分，我们将更细致地考察新冠疫情危机中出现的性别差异、族裔差异和政策差异。

性别差异

性别差异本身缺乏公平，还会妨碍女性承担更多风险，削弱她们在冲击后的恢复能力，可能给她们的职业发展和收入水平留下长期疤痕。

一些宝贵的数据资料表明（见图13.2），女性在2020年3月的

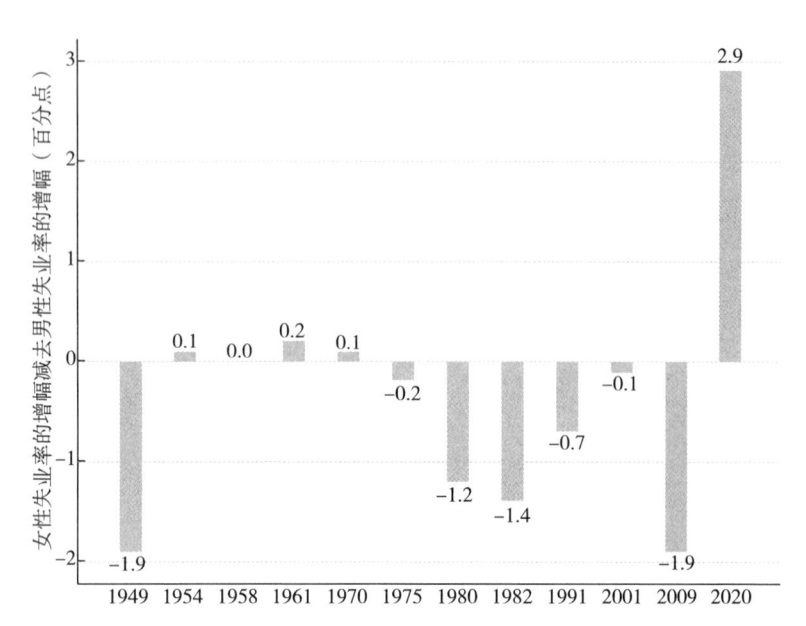

图 13.2　美国历次经济衰退中，从第一个月到最后一个月，女性失业率增幅减去男性失业率增幅之差额，来自 NBER 的商业周期数据，对基本数据做了季节调整

资料来源：Alon et al.（2020）。

新冠疫情冲击中受到了严重得多的伤害。经济衰退对男性的影响通常大于女性，但新冠疫情导致的经济衰退与二战之后的历次衰退都完全不同，它对服务业的打击远甚于制造业。男性就业更多偏向制造业等耐用品行业，女性就业则更多集中在服务业。新冠疫情危机造成的不同性别失业的增加幅度非常特殊。女性除了面临大规模失业，还要承担因为学校关闭带来的大部分额外家务和子女看护责任，包括子女在家上学等。[22]

族裔差异与韧性

在美国，族裔之间的不平等与矛盾在 2020 年新冠疫情危机后加剧。非洲裔和拉丁裔美国人更多从事高风险职业，更多居住在人口稠密的建筑中，更不容易获得医疗服务，更多罹患各种疾病。[23]如果分析小企业主在本次危机中的境遇，也能发现类似的情况。少数族裔、移民和女性企业家受危机打击最严重。活跃的非洲裔美国企业主的人数在2020年4月一度下跌了41%，之后才缓慢回升。[24]数十年来的住房贷款歧视与居住区隔离意味着，美国的地理不平等其实是族裔界限的反映。

疫情对健康的影响在各个族裔之间并不平等。在巴西，非洲裔巴西人的死亡率更高，并因为职业风险而更多感染病毒。[25]在美国，非洲裔美国人受到疫情的影响也更大。与非拉丁裔白人群体相比，美国黑人在感染新冠病毒后需要住院治疗的概率是前者的2.8倍，死亡的概率是前者的1.9倍。[26]这一现象凸显了美国今天持续存在的族裔不平等。非洲裔美国人尤其受到许多与健康、收入、教育、成就、暴力和工作环境有关的不平等的困扰。

2020年5月乔治·弗洛伊德（George Floyd）被杀害后，美国的族裔冲突演变为一场政治危机。丽莎·库克（Lisa Cook）认为需要在肤浅的空想之外推行真正的深刻改革，以推动持久的结构性变化。[27]她在关于反种族主义的政策和实践的建议中提出，需要解决少数族裔在理工类学科（STEM）中人数偏少的问题，并强调了改组警察队伍的重要性。[28]她还指出，美国国会需要解决不容忽视的族裔财富差距问题（见图13.3）。[29]自20世纪60年代美国民权运动时代以来，缩小族裔之间的财富与收入差距的进展非常缓慢，两者的缺口都与50年前差不多。白人男性与黑人男性的财富比在4~6之间波动，表明普通白人男性拥有的财富约为黑人男性的4~6倍。白人男性的收入则是黑人男性的2倍左右。到目前为止，公民权利的平等化并没有缩小经济不平等。

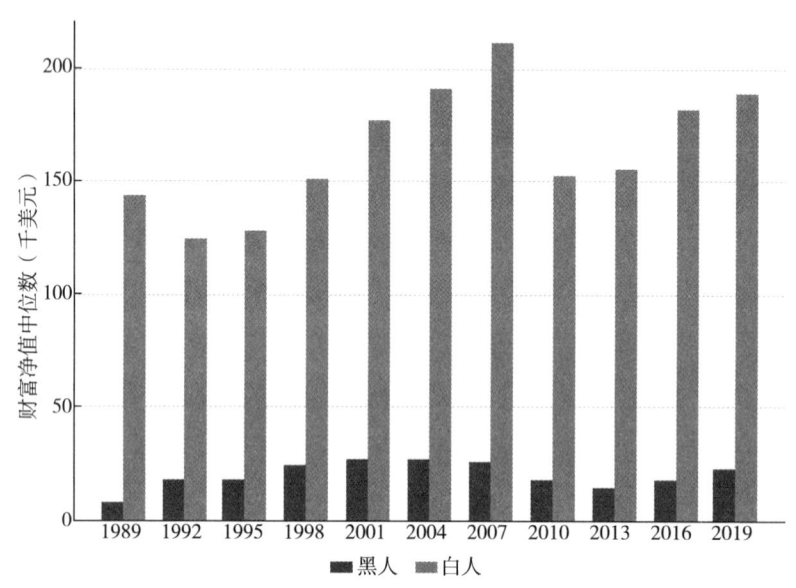

图 13.3 美国非拉丁裔黑人与非拉丁裔白人的净财富中位数

资料来源：Aliprantis, Carroll and Young (2020); Federal Reserve Board of Governor (2020), Survey of Consumer Finances。

族裔财富差距会对创业不平等造成外溢效应。美国超过三分之一的小企业在一定程度上依赖亲朋好友的资金支持，由于巨大的族裔财富差距，非洲裔美国企业家获得类似支持的概率要小得多。位居加州旧金山的天桥社会金融公司（Runway Social Finance）志在解决此类问题，他们给小企业提供资金，包括非洲裔美国企业主，唯一条件是需要过硬的商业计划。[30]非洲裔美国人普遍缺乏商业投资支持的现实表明，韧性不平等会加剧经济不平等。如果非洲裔美国企业家因为缓冲资金不足而缺乏韧性，一次暂时的衰退就有可能给少数族裔社区造成永久性的疤痕效应。缺乏韧性可能会打击他们承担风险的积极性，从而削弱创新。

少数族裔社区在新冠疫情期间面临更大的困难，但截至目前的证据显示，来自美国财政纾困措施的资金没有专门考虑给他们提供扶持。例如最主要的薪资保护计划（PPP）是以企业为目标，通过银行来实施。可是，少数族裔企业家更多采用科技金融工具（fin-tech）来管理和获取资金，因此许多人被排斥在薪资保护计划之外。黑人企业主占比最高的各县没有从该计划中获得平等的资金份额。[31]更糟糕的是，在新冠疫情危机暴发前，非洲裔美国人的企业的资产负债表就更脆弱，杠杆率更高。[32]

上述不平等的一个共同原因是系统性种族主义的影响。[33]丽莎·库克发现，非洲裔美国人较少参与创新进程给美国每年造成的损失约为GDP的4.4%，超过女性受歧视造成的年度损失（GDP的2.7%）。[34]除经济损失外，长期的族裔发展成就差距还提出了一个尖锐的问题：如果没有机会平等，我们的社会能否实现真正的自由？

未来展望与历史教训

展望未来，新冠疫情或许会被视为带来深远影响的极少数悲剧性事件之一。然而疫情对不平等的长期效应目前还难以确定。许多科技企业及其股东获得了巨大收益，大量穷人则生活艰难。历史上的瘟疫也造成了不平等的变化，例如14世纪的黑死病。

事实上，沃尔特·沙伊德尔（Walter Scheidel）曾发现，收入与财富不平等在过去只有通过重大危机才会被缩小，尤其是大规模动员的战争、颠覆性革命、政权垮台和大流行病。[35]他把这些事件称为"公平四骑士"，认为必须出现其中一类事件，在当时产生近乎世界末日般的影响,才能造成拉平差距的效应。

20世纪的两次世界大战就摧毁了大量资本,对于占据主要资本份额的富人影响最大。而工作年龄段的男子大量死亡又压缩了劳动力供给,推高实际工资。沙伊德尔还指出,世界大战"还成为公平化政策变革的一种效力绝佳的催化剂,为选举权普及、城市化和福利国家扩张提供了强大推力。世界大战的冲击带来了我们熟知的'大压缩'(Great Compression)现象,各发达国家的收入与财富不平等得到极大缓解。"[36]这一过程主要集中在1914—1945年,之后又用了几十年才得以充分实现"。[37]历史上的俄国十月革命与今天的索马里政府瓦解也是类似案例,革命与政府垮台产生了深远的效应。

最后,黑死病导致了向劳动力倾斜的巨大再分配效应,这或许是源于欧洲有数百万人死亡,人力资本存量严重缩水。由于劳动力相对于资本变得稀缺,其相对价格上涨。这个结论看似不可思议,但人类遭受的浩劫确实促进了韧性的平等。

那么,新冠疫情是否会导致收入分配乃至财富分配出现类似反转?本次疫情不同于世界大战、14世纪的黑死病或政府垮台,可能导致拉平效应的两种核心经济机制均与之无缘。实物资本并没有被疫情摧毁,人力资本存量就目前来看也基本完好。此外,最近数十年来的显著调整趋势是用机器取代人工,可能给容易采用自动化的产业带来更多工资下行压力。

新冠疫情对我们而言是一场重大冲击,但与历史上的其他冲击或许还不能相提并论,以沃尔特·沙伊德尔的"公平四骑士"的标准来看,它可能过于短暂。拉平差距需要足够规模的冲击,足以抑制任何均值回归趋势。但无论如何,更能提升社会韧性的都将是平等,而非不平等。

第四篇

全球韧性

第 14 章　新兴经济体面临的韧性挑战

在历史上，全球总人口用了约一万年时间，在 20 世纪 70 年代中期增长至 40 亿。而在过去 45 年，全球又增加了近 40 亿人口。20 世纪 70 年代的一个核心讨论话题是"增长的极限"，罗马俱乐部对此贡献巨大。当时展望的前景似乎令人生畏：如何养活快速增长的人口？如何确保人类的繁荣昌盛？

尽管有这样的悲观看法，人类却取得了巨大成功。过去 40 年来有数亿人逃离贫困，跻身世界中产阶级。全球化进程在这一成功故事中扮演了核心角色。20 世纪 90 年代早期，全球有 19 亿人（占总人口的 36%）生活在极度贫困中，而今天这个数字已降至约 6.5 亿，并且是在总人口大幅增加的背景下。世界经济的巨大飞跃让数亿人跳出了贫困陷阱。[1]

20 世纪下半叶，全球不平等程度显著缩小。印度、中国和东亚新兴经济体的崛起使数亿民众进入世界中产阶级行列。这些国家的增长速度快于发达经济体，使全球不平等被大幅压缩。当然，这一进程仍面临受阻的风险。

贫困陷阱与中等收入陷阱会如何削弱韧性

人们习惯于把所有新兴市场与发展中经济体不加区别地等同视之，但它们在制度环境、经济发展阶段和发展战略上其实各不相同，也都必须迎接制约韧性的许多挑战。

贫困陷阱

贫困陷阱通常是指收入低于某个固定水平，即根据维持基本生存所需的最少资源而测算的所谓绝对"贫困线"。更具动态性质的定义则涉及韧性概念：贫困是指人们在遭遇负面冲击时（例如农作物收成减少），无力再送孩子去上学，从而使整个家庭更难以在冲击后恢复元气。如果能赋予人们在冲击后恢复的能力，即使他们的收入水平不会立刻增加，也能对他们产生巨大的帮助。

在某些最不发达国家，个人贫困陷阱的问题更为复杂。事实上，这些国家有很大部分人口生活在贫困陷阱边缘，或者已经跨越临界点。但是当整个国家仍处于贫困陷阱之中时，就没有足够的总体韧性，无法使整个国民经济逃离困境。

中等收入陷阱

在经济发展的早期阶段，许多国家逃离了贫困陷阱并取得显著技术进步。依靠廉价但往往缺乏教育的劳动力、克制消费与扩大投资，许多国家能够实现不错的经济增长率。这可以使它们摆脱为基本生存发愁的低收入处境，向着中等收入水平迈进。然而这些新兴市场接下来会遇到新的挑战，在逃离贫困陷阱，培育出大量中产阶级，并拥有一定财政空间可以抵御疫情等冲击的经济影响之后，它们仍可能落入（尚有争议的）中等收入陷阱。

驾驭一个处于追赶阶段的经济体不同于管理处于技术前沿的经济体。追赶往往可以依靠投资驱动型发展模式，压低消费，把 GDP 的很大部分用于投资，就能快速增加资本存量并带来增长。例如在过去 10 年，美国的人均 GDP 中有 67.5% 用于消费[2]，而中国的这个数字只有 50%~55%。[3]

在投资驱动阶段，各国需要巨大的固定成本来建设新的产业，并给幼稚产业提供保护。这些保护措施包括给竞争设立某些限制，以刺激新兴产业和初创企业的发展。

但随着经济体更加靠近技术前沿，发展战略也必须转向创新驱动类型。追赶阶段的国家需要大量资本投入，而技术前沿的经济体要依靠创新来实现增长，所以中等收入国家随着经济走向成熟要转向另一套增长模式。在创新驱动阶段，最大的剩余收益来自经济活动中管理者的有效配置。[4]为支持技术发展，需要让最熟练的管理者去负责最重要的创新活动。但如果在这一阶段缺乏竞争，可能导致熟练管理者无法被最优化地配置在关键创新活动上。如果某些国家不能纠正管理人才的错配，没有培育出人力资本，就可能落入中等收入陷阱，增长率将显著低于从低收入到中等收入时期的起步阶段，追赶发达经济体的目标将因此被推迟甚至永远无法实现。为防止此类结果，它们需要更激烈的竞争和更多的人力资本投资，并且更努力地发展前沿创新产业。

扩大和深化教育部门可以促进人力资本发展，提升劳动力的技能，同时也能改进韧性，在面临冲击时更为顺利地把劳动者转移到其他工作岗位。反之，忽略支持前沿发展的这些关键方面会使经济更加脆弱，在遭遇冲击后失去韧性，甚至跌入陷阱。

出口驱动型发展与进口替代型发展

各国追求不同的增长模式。表现最出色的发展模式是大多数亚洲经济体采用的出口驱动型增长模式，其效果极为卓越，让中国、韩国、印度、新加坡的数亿人摆脱了贫困。经济与金融的全球化拓展使这些收益进一步放大。然而，出口驱动型增长模式正面临威胁。如果发达国家转向国内，那么依赖外贸和外国直接投资的发展中经济体将付出最大的代价。[5]而新兴市场的发展受阻可能留下全球性的经济疤痕。到目前为止，新冠疫情还没有使发达国家把生产迁回本国。截至2021年春，全球关注的重点还是如何在不同国家的众多供应商之间实现供应链的多元化。

相比之下，巴西采用了进口替代的工业化发展模式，试图利用关税来保护本国企业免受外国竞争，然后以本地生产来替代进口。巴西从20世纪50年代起采用这一政府主导的模式，但是自20世纪80年代以来已陷入停滞。

过去数十年里，巴西的封闭经济未能赶上发达经济体的步伐，结果带来了政府广泛干预的经济政策和高度的社会不平等。[6]随着债务螺旋式累积、增长乏力、社会矛盾激化和民主制度动摇，风险越来越高。[7]巴西在新冠疫情之前不甚理想的发展模式与巨额财政赤字限制了国家的财政空间，损害了经济从疫情中反弹的能力。另外，当新冠疫情来临之时，与其他西方经济体不同，巴西才刚刚走出上一轮衰退。[8]

医疗健康韧性

与发达经济体一样,新兴市场与发展中经济体也需要健康韧性,它们更难以从疫情这样的健康危机中恢复。这些国家一方面面临不同的医疗政策权衡,封锁效果更差,人口密度更高。但另一方面,它们的人口结构更为年轻,这在前几波疫情中是个有利因素,因为年轻人通常不容易出现新冠重症病例。

显性健康与隐性健康

面对疫情这样的冲击,一方面,最初采取的措施可能会损害国民的整体健康状况,例如新兴市场经济体中存在显性死亡与隐性死亡之间的取舍。由于各国把资源和精力集中到应对新冠疫情的公共卫生措施上,其他健康领域可能出现副作用。对其他疾病的免疫接种经常被拖延,例如在封锁期间,100多万名印度儿童错过了关键的免疫接种,风险较高的在家分娩现象也有所增加。印度的医疗专家特别担心结核病的问题,新冠疫情期间对结核病治疗不力可能导致该国增加600万以上的病例,到2035年可能会造成140万人死亡。[9]因此在抗击新冠与防止其他传染性疾病之间存在取舍。较低的新冠死亡人数可能掩盖了因为免疫接种和其他治疗进程被拖延导致的许多隐性死亡。

另一方面,过分轻视新冠疫情也会有糟糕的后果,例如印度在2021年春季的第二波疫情中的情况。2021年3月初,该国的每日确诊病例数超过40万,创下令人痛心的世界纪录。真实病例数据估计还要高出5~30倍。[10]宗教节日和政治集会上出现的大规模人群给这一灾难推波助澜。当反对党执政的马哈拉施特拉邦的病例数开始激增时,中央政府显然没有提供多少帮助。医疗系统的响应不力助长了危机的势头,疫情很快失控。氧气机不足,医院过分拥挤,迫使许多人在等待收治的过程中死在大街上。某些医生遭到未能得到救治的病人的家属攻击。[11]还有人甚至考虑离开被疫情重创的首都新德里,迁往南方。而在这场悲剧中,当地的民间救助网络采取了行动,这些社会网络增强了韧性,表明强有力的社群可以为人民抗击严重危机助一臂之力。

几乎所有新兴市场与发展中经济体都遭到了新冠疫情冲击,从阿根廷、卢旺达到尼日利亚,以及巴西和南非都遭到传染性极强的病毒变种袭击。[12]印度发现的德尔塔毒株和双重变异毒株蔓延到其他国家,在世界各地肆虐。更多的病毒变异和疫情再度暴发的威胁在今天依然挥之不去。

新兴市场与发展中经济体的政策措施效果欠佳

各种类型的冲击都可能严重影响新兴市场与发展中经济体,可是由于政策空间有限,各国政府的应对往往虚弱无力。例如,这些国家实施疫情封锁成本更高、难度更大,因为大量员工的收入仅能勉强糊口。如果不解决随时会变得紧急的基本生存问题,死亡人数将超过新冠疫情所致的死亡人数。[13]在此背景下,广泛的保持社交距离和营业限制对保证生计和生存来说不是良好的选择。[14]

虽然面临上述独特挑战,新兴市场经济体仍采取了严格封锁措施。封锁可以成为向民众警示健康危机严重性的有力工具。但除了这一关键作用外,新兴市场与发展中经济体的封锁措施并不能长期坚持,因为能够居家完成的工作很少。[15]许多新兴市场经济体不得不在病毒得到控制之前重新开放经济活动,导致了严重的经济损失与令人遗憾的健康危害。[16]糟糕的居住条件也会削弱保持社交距离的效果。来自巴西的手机数据就表明，贫民区、低收入非正规定居点的居民没有像其他地区的居民那样保持充分社交距离。拥挤的社区和密集的住房同样会给公共卫生措施的实施带来挑战。[17]

财政政策空间带来的韧性

良好的政策可以加速冲击之后的恢复，但这些政策要付出代价，其实施与否取决于一个国家的财政能力。首先，分担损失和为国民提供保障要求国家有强大的征税能力，这在新兴市场与发展中经济体更为薄弱。其次，在危机之前的景气时光积累缓冲资金有助于提升韧性。再次，借款的能力取决于坚实可靠的税收计划、国际税收竞争以及丧失安全资产地位的风险。

新冠疫情危机的一个惊人特征是，新兴经济体拥有的财政空间明显大于之前的危机时期，这是因为美国的低利率促使资本持续流入新兴市场。当然，新兴市场与发展中经济体的财政空间仍然远远落后于发达国家，并且更容易受资本流动逆转的伤害。

再分配能力和改进新兴市场与发展中经济体的税收能力

财政政策高度依赖于政府的税收能力，它与国家的发展模式、非正规经济及制度框架密切相关。税收能力强大的国家能通过再分配给社会中受冲击最严重的群体提供补偿，以确保他们从冲击中恢复，这是实现社会韧性的前提条件。

各国政府对新冠疫情的应对力度各不相同。[18]发达经济体在2020年用于直接财政支持和政府担保的资金平均达到GDP的20%

（两者的规模大致相当）。而对巴西、保加利亚和印度等新兴经济体而言，全部财政支持措施和担保合计仅占 GDP 的 6% 左右。相比之下，全球最贫困的一些低收入发展中国家的财政支持资金只有 GDP 的 2%，如缅甸、埃塞俄比亚和塞内加尔等国。[19] 因此，处于全球发展阶梯最底部的国家面临留下巨大疫情疤痕的风险，这可能会制约它们未来的发展追赶能力。更小的事前财政空间意味着对于新冠疫情这样的重大冲击缺乏韧性。

新冠疫情期间，财政措施的实施即使在同一类国家之间也存在极大差异。例如土耳其几乎完全采用借款和担保的方式，很少利用直接财政支出，两种方式分别占 GDP 的 13% 和 1%。智利则主要借助直接财政支出的措施，两者分别占 GDP 的 8% 和 2%。[20] 提供担保对政府来说代价更小，因为不需要直接的财政支出，但可能加剧企业的债务积压问题。

为这些支出项目筹款时，各国该如何决定对何人征税呢？针对劳动、资本征税，还是两者兼有？传统的拉姆齐法则（Ramsey rule）主张对流动性更小的要素征税，因为这样做的扭曲更大。劳动者通常不太容易移民，但资本具有国际流动性。对资本征税可能效率较低，因为资本可以直接转移到其他国家。这在如今的知识经济中显得尤其突出，大型科技企业很容易把业务转移到提供优惠税率的国家。该观点认为应该对劳动实施较高税率，对资本实施较低税率。另一种观点则主张加强对流动性较高的资本征税，采取全球所得税的方式，类似于目前对美国公民实施的税收制度。从原则上讲，美国公民无论居住在地球上的哪个地方，其资本收入与劳动收入都要被美国政府征税。这个制度也可以延伸到企业纳税中。[21]

为实现该目标，主要国家之间需要就如何对富人征税、如何对资本征税以及如何分享税收达成协议。2021年春季，拜登政府表态支持一项对公司利润全球征税的动议。这使位于巴黎的经合组织长期主张的类似观点重新受到关注。

除了把利润转移到国外，企业还可以把利润转移到非正规经济部门来避税，这在新兴市场与发展中经济体尤其严重。例如在巴西，据保守估计，经济中的非正规成分约占40%。[22]许多新兴市场与发展中经济体的非正规部门庞大，给逃税提供了巨大空间，使征税行动变得更加复杂。归根结底，对正规部门征收更高的税有可能促使它们把经济活动转移到非正规部门。新的数字技术则可以改善税收的征缴，例如电子支付更容易被监督，税收征缴自动化可以带来高效的解决方案，不需要太多人力去执行税收法律等。

大宗商品价格的变化同样会影响新兴市场与发展中经济体的财政空间。新冠疫情冲击后，大宗商品价格快速波动，石油价格大跌。对于印度这样高度依赖石油进口的国家，油价下跌是件好事。而出口石油和其他大宗商品的国家则遭到打击。

对许多新兴市场与发展中经济体来说，海外劳工的汇款是一种收入来源与缓冲。哈萨克斯坦、尼泊尔和洪都拉斯等国获得的汇款经常能达到其GDP的20%，甚至更多。[23]这些资金流在新冠疫情期间骤减，对当地经济会有巨大影响。

逆周期政策、缓冲资金与借款能力

新冠疫情提醒我们，韧性需要可靠的财政缓冲资源的支持。逆周期财政政策能有力地提升韧性。在繁荣时期，由于税收收入充裕，政府可以削减赤字甚至实现盈余。此时厉行节俭可以留下富余的资金，以支持冲击后的复苏，让政府能在举债限度内大规模借款，由此提供财政韧性。某些新兴经济体在新冠疫情之前未能积累充分的缓冲资金，这使它们更难以提供救助。例如，巴西自2014年起一直面临相当大的预算赤字（见图14.1），就制约了该国在疫情期间的韧性反弹。[24]

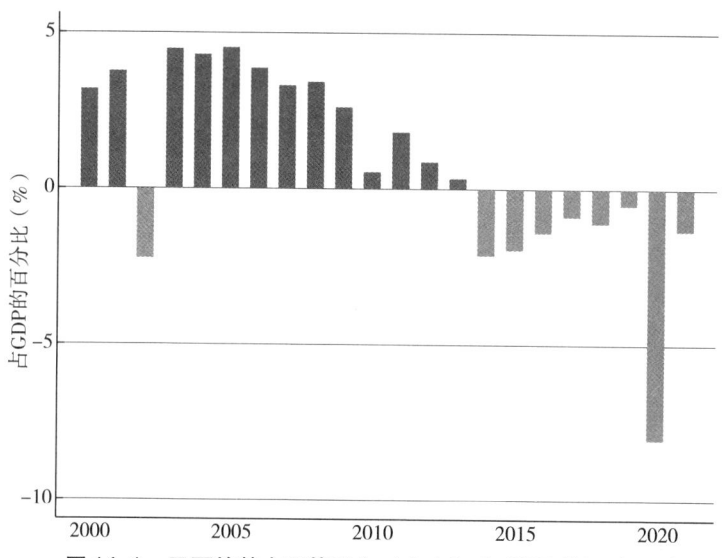

图14.1 巴西的基本预算盈余（赤字）占GDP的百分比

资料来源：International Monetary Fund。

许多新兴市场之前已存在的问题是它们缺乏政府救助计划的部分原因。[25]公共债务和私人债务的长期积压扼杀了韧性。债务负担沉重、财政能力不足的国家无力提供经济复苏所需的财政支持。私人企业的债务迫使它们减少投资，进一步留下经济疤痕，延迟复苏。由此还可能使经济增长下滑期被大大延长。此外，由于企业需要借新债来维持运营，私人部门的债务会越积越多。而随着私人债务在危机中被转化为公共债务，相关的债务风险将急剧提高。

通常来说，新兴经济体的制度更为薄弱，不纳税的非正规影子经济规模更大，借款能力因此更加受限。在此背景下，尤其需要稳定财政预期，以保持透明度和可信度。这将取决于两个条件：第一，需要广泛的政治支持，以确保政府更迭时财政计划不会大幅摇摆；第二，需要清晰可信的执行计划，使私人部门了解政府打算如何在未来平衡预算。

但令人震惊的是，许多新兴市场国家完全背道而驰，执行的是顺周期而非逆周期的财政政策。[26]巴西的例子很能说明问题，财力在经济繁荣期因为庞大的支出项目而消耗殆尽，几乎没有余地来应对经济衰退，于是落入了陷阱。也就是说，如果政策在经济下行时期没有足够的扩张性，则下行时期拉长、留下永久性疤痕的风险将会增加。此外，与顺周期政策不同，逆周期政策可以促使借款利率在危机中大幅提升，由此通过金融市场给国内财政政策施加压力，推动紧缩措施出台，而这些措施是维持适度利率下的借款能力所必需的行动。

政策空间与国际货币基金组织特别提款权

还有一个关键问题是，国际组织能否给本国财力有限的新兴市场与发展中经济体提供支持。如果国际支持有可行性，则全球韧性有望得到提升。

对此的一种可行措施是，利用国际货币基金组织的特别提款权（SDR）的普遍分配来提供紧急援助。[27]这个主意由美国财政部长珍妮特·耶伦（Janet Yellen）于2021年2月底提出[28]，它让特别提款权的持有方可以从实力更强的成员国那里提取外汇储备。例如，可以动用新的特别提款权分配来充实新兴市场与发展中经济体的外汇储备，将其兑换为美元或其他硬通货，以支持进口。

每份特别提款权的价值是一篮子国际货币的反映，其权重由国际货币基金组织确定。目前的货币篮子包含美元、欧元、人民币、日元和英镑。特别提款权可以实现货币的如下三种基本功能，当然仍存在若干缺陷。

首先，特别提款权是由一篮子主要货币决定的可靠且稳定的记账单位。其次，特别提款权是一种稳定的价值贮藏工具，特别对中央银行来说是一种宝贵的储备资产。作为一篮子货币的反映，它具有分散化的优势，比其中任何一种货币都更加稳定。再次，特别提款权可以作为交易媒介，尽管它是一种受限的支付工具。它是个封闭的系统，与其他任何货币和金融体系没有相互联系，只能在系统内部的参与方之间交易，包括各国政府与中央银行，以及国际机构。特别提款权只能用于这些官方机构之间的支付，也就是说，私人机构无法接触特别提款权，不能将其用于私人交易。还有，特别提款权系统内部的参与方之间的结算也设定了条件，以特别提款权来支付的任何参与方都必须同意，在超出某些限度时，接受以特别提款权作为付款。

在新的特别提款权份额分配完成后，国际货币基金组织的成员国可以请求基金组织将其兑换为硬通货，以扩大自己的财政空间。这些硬通货来自一组国家，它们有强大的储备，愿意接受提出要求的其他成员国的特别提款权。这些国家将从自己的外汇储备中取出所要求的硬通货（大多为美元或欧元），或者作为硬通货的发行方"印刷"货币。接下来，获得硬通货的国家能无条件地使用这些资金。因此特别提款权可以给有需要的国家迅速提供额外的外汇储备，这些储备可以出售用于扩大财政空间，或者用于对其他国家中央银行的付款。[29] 负债的国际货币基金组织成员国还可以将其用于偿还到期债务,例如偿还对中国的债务。

特别提款权这一财政手段还有一个优势:它不会影响举债国的政治经济关系。国际货币基金组织的许多项目附有限制条件,例如要求开展某些改革,而特别提款权没有此类限制。它可以让所有国家受益,包括没有尝试改革的国家。[30]

最后,特别提款权是一种混合的财政与货币政策。这一交易属于货币性质,却有明确的财政成分,代表着未来提供官方援助的协议。

相比开发银行提供的直接援助,特别提款权有何优势?其中一个主要方面是国际合作,特别提款权采用的货币篮子让许多国家登上了同一条船。第二个优势则涉及政治上的考虑,特别提款权让发达国家提供援助,却没有将其纳入它们的国家预算,从而绕开了政治冲突与冗长的议会谈判,另外还能减少国内媒体负面报道的风险,比如指责领导人将本国资源用于国际援助。

但同时,也有人反对扩大使用特别提款权。他们指出,设计特别提款权的本意是提供国际流动性,而非财政援助。[31] 特别提款权应该用于应对短期紧急情况。此外,相比新兴市场与发展中经济体实际需要的援助金额,特别提款权能提供的潜在资金规模太小。

债务重组

在危机时期大规模减记债务可以给各国提供喘息空间和反弹机会。债务重组可能成为韧性的关键要素之一。当然,债务重组需要高效而迅速地完成。而目前的重组时间可能长达 6 年，这样的低效率导致整个过程显得不切实际。漫长的程序让债务国为重组期间的过桥融资而苦恼。新冠疫情危机中的巨额财政赤字使得政府预算更加紧张，因此公共债务负担在危机之后又大幅增加。

不可持续的债务

新冠疫情危机造成税收收入减少，同时增加了政府支出，预算自然遭受压力。这可能导致评级机构下调某些国家债务的等级，哥伦比亚在 2021 年 5 月就遇到此类情况。[32]2020 年 11 月，赞比亚的债务出现了部分违约。[33]加纳和安哥拉等国把政府预算的 50% 用于支付利息，同样不堪重负。[34]对上述各国而言，疫情期间遭遇的财政困境都有可能抬高它们发行新债务的成本，使债务难以为继。

某些经济学家试图把债务问题区分为好的、坏的、丑陋的等多种类型。[35]如果是公共资金支持的大型增长促进型投资项目导致的债务积压，则属于好的债务。因为用于投资的债务会增加一个国家的资本存量，提高潜在 GDP 水平。坏的债务则是指浪费的支出，可能造成长期疤痕效应。而丑陋的债务是用于腐败，经常被转移到海外税收天堂的私人账户。

债务如果不是采用本国货币计价，其负担可能更为沉重。20 世纪八九十年代的货币危机的一个主要原因是主权国家的外币借款，这被称为"原罪"。如果本国货币贬值，以美元计价的债务价值便会突然飞涨。幸运的是，新兴市场与发展中经济体在最近几十年里基本上克服了这一"原罪"。[36]然而许多私人债务仍常用外国货币计价，仍会面临汇率风险。

主动策略与拖延策略

债务问题浮现时，各国面临两种选择：主动采取行动，或者拖延不决。[37]恰当的政策、妥善的债务管理、国际货币基金组织的合作计划与自愿的债务重组都有助于确保财政负担可控，减轻高负债的风险。

但在缓解公共债务负担方面，拖延不决的现象比采取主动政策要常见得多。各国拖延重组过程的普遍倾向让问题愈演愈烈。[38]拖延至少与如下两个原因有关。首先，债务重组可能会损害一个国家在主权债务市场上的借款能力。国际货币基金组织的过渡资金则可以鼓励这些国家更早启动重组谈判的进程，并把债权人纳入债务重组进程。其次，必要的财政调整可能在国内选民那里很不受欢迎。宣布大幅削减政府预算从来都不令人愉快，因此可能出现政治机会主义，拖延解决财政危机所需的解决方案。

不让步问题、集体行动条款与巴黎俱乐部

还有一个挑战是不让步问题（hold-out problem）。解决重大财政危机要求许多债权人之间的合作，但没有谁希望第一个站出来接受妥协。这样做会让其他债权人间接受益，原因很简单，如果某些债权人放弃部分权利，即所谓"剃个头"（接受债务减免），其他债权人获得全额赔付的机会就将增加。

20世纪80年代，主权债务通常是由美国和欧洲的少数大银行持有，由主要债权国官员代表组成的巴黎俱乐部（Paris Club）可以推动债务谈判。后来，对冲基金和其他各类机构投资者也进入了主权债务市场，因此很难组织起让所有债权人都参与其中的谈判。例如当阿根廷在2002年违约时，持有份额合计占7%的对冲基金艾利奥特管理公司（Elliott Management）及其他债权人拒绝接受70%的削减计划。此后，艾利奥特公司用了十多年时间通过法院向阿根廷追讨损失，最终结果是达成和解，阿根廷方面同意偿还债务。过程中还充满了曲折反转，包括一艘阿根廷船只在加纳被扣押。[39]

目前来看，还没有处理国家破产的一致办法。为使整个过程规范化，摆脱个案处理的方式，国际货币基金组织的安妮·克鲁格（Anne Krueger）于2002年提出主权债务重组机制（SDRM）建议。[40]其基本想法是创立一部以国家为对象的准破产法，类似于为公司破产流程提供统一指导的企业破产法。不过，这些建议还没有形成具体的国际协议。还有一种办法则是采用集体行动条款（Collective Action Clauses，CACs），意指防止少数债券持有人阻碍大多数持有人达成协议的一种合同约定。这样一来，如果债务重组安排得到大多数债权人同意，则将对所有债权人具有约束力。不过，老的债务合同没有包含此类条款。一些新的债务工具也经常未采用集体行动条款，例如由自然资源作抵押的石油支持贷款等。

债务重组面临的另一种挑战是，私人债权人与公共债权人的界限模糊不清。例如中国国家开发银行就希望维持私人贷款人的地位，从而不受公共部门债务让步和债务削减安排的影响。

解决不让步问题还可能遇到更复杂的情况，因为通常来说，债务总额与债权人的身份都不属于公开信息。以各种渠道提供给政府的贷款往往没有被完整统计，这使债权人无从知道政府对其他债权人的确切承诺。例如，近期由彼得森国际经济研究所开展的研究就发现，有明文条款禁止从中国借款的许多债务人披露其债务消息，还有债务人同意把来自中国的债务排除在集体债务重组之外。在某些情况下，这让中国能够对它们的对内对外政策产生间接影响力。[41]作为新兴市场与发展中经济体的主要债权人之一，中国在债务重组进程中将扮演核心角色。

债务重置

债务重组有一种特殊形式叫作"重置"（reprofiling），它不是直接做债务减记，而是延长债务的期限。如果债务属于可持续的水平，则重置是有用的，但债务国将面临一段时期的展期风险。

债务展期风险可能导致债务挤兑。当债务到期时，政府往往需要对其做部分或全部的再融资。用专业术语来讲，叫作债务展期。假如投资者 A 在某个国家的债务将在本周到期，而他预计投资者 B 在下周不会对该国的债务展期，则他也不太会同意把自己的债务展期。因为如果他对自己的债务展期，而 B 后来没有同意展期，则他将面临得不到足额偿还的风险。我们不难设想，这可能导致一连串的展期失败，造成债务挤兑，以至于政府破产。反过来，如果投资者 A 预期后面的投资者都会同意债务展期，他通常也就能接受对自己的债务展期，于是会形成第二种均衡。

为缓解此类单纯的流动性问题，可以采用强制展期的解决方案，有时也被称为债务重置。在这种情况下，债务不是被免除，而只是被推迟偿还。没有投资者遭受损失，而债务国能立刻因为期限更长的债务偿还结构而获益。

暂停偿债倡议与新共同框架

债务重置的一个现实案例是 G20 组织于 2020 年 4 月提出的、针对低收入国家主权债务的暂停偿债倡议（DSSI）。根据该计划，接受倡议的发展中国家在 2021 年 6 月 30 日之前不必偿还政府之间的债务。[42] 该计划即时缓解了债务国的财政压力，至少是缓解了欠其他国家政府及政策性银行的债务。[43] 该计划的一个关键政治优势在于，它让中国作为 G20 组织的成员之一加入与其他国家合作的债务重组进程中。

暂停偿债倡议相当于对归属公共债权人的债务进行重置，但不包含私人债务。因此根据该计划，私人债权人将得到及时偿付，而公共债权人被排到队伍后方。世界银行与国际货币基金组织设计的新共同框架试图更广泛地推广暂停偿债倡议的架构。该框架将采用合作的方法，对符合暂停偿债倡议要求的 73 个低收入国家进行债务重组。除了主要来自北美和欧洲的巴黎俱乐部的传统成员国，这一新共同框架还将包含印度、中国、沙特阿拉伯以及土耳其。如果某个有资格的债务国启动新共同框架，债务重组负担将在参与框架的全体债权国之间平均分摊。新共同框架的另一个关键内容是对等待遇（comparable treatment），私人债权人不会得到比公共债权人更优惠的待遇，因而有助于把私人持有的债务也纳入债务重组进程。[44] 最后，新的债务重组进程要取得成功，机制上必须包含对债权人的"胡萝卜加大棒"策略，以确保其他债权人都参与进来。

新发生的债务

许多人担心，债务重组会减轻原来的债务负担，然后导致更多坏的债务和丑陋的债务。债务一旦得到重组，政府就能恢复部分财力，并可能更多地花钱。如果缺乏恰当的激励，新的债务可能会配置不当。在此情形下，债务重组只是短期的解决方案，而无法增加未来的韧性。新出现的丑陋债务甚至会使国家陷入比之前更糟糕的境地。

第 15 章　全球新秩序

新冠疫情泛滥，全球在面对一个共同的敌人。[1]针对如何抗击这一疫情，虽然出现了诸多建议，却并未产生坚实的全球行动方案，例如通过对旅行限制和有效检测开展全球合作，我们本可以获得更强的韧性。但实际情况是，疫情暴露了国际上原有的矛盾关系。

特朗普任期内的美国在疫情响应方面尤其缺乏国际领导力。美国一开始执行"美国优先"策略，没有把自己生产的任何疫苗输往国外。欧盟则把产量的 40% 用于出口。[2]印度同样出口了大量疫苗，但在 2021 年春季的第二波疫情中暂停输往海外。[3]中国也把疫苗出口到若干新兴市场经济体。

这些战略竞争反映了中国崛起以及全球化带来的更大变化。随着世界在过去 40 年里变得日益相互依赖，贸易带来的好处被最大化。各国专注于自己拥有比较优势的工商产业，全球贸易总量增速惊人。随着中国在20世纪70年代末的改革开放以及东欧的冷战铁幕在1989年终结，这一趋势愈加明显。

可是，经济一体化也可能削弱韧性。某些企业依赖世界其他地区的供应商，供应链往往没有任何多元化安排。当新冠疫情于2020年春季出现时，许多国家开始后悔之前对口罩与个人防护设备进口的过分依赖，这种依赖使它们在确保此类物品的充足供应时表现得措手不及。

本章将从多个维度探讨全球化。我们首先将分析地缘政治以及新冠疫情对全球秩序的重塑，在此基础上，我们将聚焦于全球金融和贸易及其与确保韧性的关系。

地缘政治学与全球秩序

地缘政治学传统上探讨自然屏障等地理因素如何影响国际政治。现代地缘政治学则经常涉及各国之间的零和博弈：一国的所得必是另一国的所失。可是这样的零和博弈场景显然不符合让参与各方都受益的国际政策合作的情形。新冠疫苗就是典型案例，生产疫苗的国家或者有过多疫苗产能的国家有望获得强大的国际影响力，通过疫苗的海外分配，它们有可能获取现实的政治利益，也可以为将来积累政治声誉。

地缘政治内嵌于全球秩序中，这可以从两个维度理解。第一个维度是，国际组织的多边安排还是国与国之间的双边安排。第二个维度是，以制度为基础的秩序还是以结果为基础的秩序。

多边还是双边？基于结果还是基于制度？

全球秩序从性质上看可以是多边的，也可以是双边的。一种是多边主义的全球秩序，以许多国家之间达成的广泛协议为特征，往往有国际组织的参与。此外还有区域性的多边协议，例如欧盟和东南亚国家联盟等。另一种是双边主义的全球秩序，依靠国家之间两两达成的协议，通常对较为强大的国家有利，因为它们在各个双边协商中有更强的谈判权。

二战后全球秩序的主要特点是规则与国际组织。[4] 多边性质的国际组织在塑造全球秩序上扮演了核心角色，成为国际社会应对各种政治、经济和社会挑战的论坛，其中包括联合国、世界贸易组织、国际货币基金组织、世界银行、世界卫生组织等。

在如今日益复杂的世界中，这一基于规则或者说基于制度的全球秩序提高了可预测性，并防止了贸易战、货币战等负面反馈循环。然而，基于规则的策略灵活度不够，不容易在面对意外冲击时做出调整。由于世界的不可预测性，当全球经济结构发生意外而持久的变化时，基于规则得出的建议可能会产生误导，损害韧性。基于规则的秩序往往还会制约大国的行动，因为它们必须与其他国家一起遵守同样的规则。

基于结果的国际秩序对制度的重视要弱得多，在遭遇类似新冠疫情的意外冲击后能提供更大的灵活度。不过，这一策略的稳定性可能要差得多。如果没有全球规则来指引贸易和国际货币体系，发生贸易战和货币战的风险将增加。基于结果的策略不需要限制大国的权力，而这些国家可能最希望改变原来的基于制度的秩序规则。一个关键原因在于，规则是在未知冲击发生之前确定的。

根据上述两种维度,国际上的协议安排可以划分为多个类别。例如《巴黎协定》属于基于结果(中心目标是把全球变暖控制在2摄氏度以内)加多边主义的类型。[5]欧洲中央银行制定的欧洲货币政策则属于多边主义加基于规则的类型。

倡导多边主义策略与疫苗开发

为疫苗开发提供国际融资是个重要的国际合作领域,这在新冠疫情的早期阶段显得尤其重要。一开始,各个国家并不知道自己的疫苗试验会有什么结果,因此参与全球性的融资与分配方案以对冲不利结果,会是有吸引力的选择。如果某个国家成功开发出某种疫苗,将在所有参与国之间分配。粗略计算表明,每个国家只需要投入相当于 GDP 0.15% 的资金。[6]

随着若干种疫苗在 2020 年 12 月被成功开发出来,上述计划失去了意义。然而开展国际合作的潜力依然存在。若干不利情况仍在威胁国际疫苗分配,美国和其他发达国家显然没有发挥国际领导作用。[7]世界卫生组织采取了名为"新冠肺炎疫苗实施计划"的国际合作方案。该计划依靠各捐助国、世界银行,以及比尔和梅琳达·盖茨基金会等私人机构的资金,以确保贫穷国家的疫苗供应。截至 2020 年 12 月,该计划已提供了 20 亿剂疫苗,供 190 个参与国分享。[8]此外,疫苗采购数量超过本国民众实际需要的国家也开始把富余的剂量捐给该计划,或者将其转移给疫苗额度不足的国家。[9]某些疫苗数量富余的国家往往借此来实现自己的地缘政治目标。

中美关系

中国和美国之间的大国竞争可能对提升全球韧性的努力造成长期影响，这凸显在特朗普政府的贸易战与技术标准设定的角力中，例如华为公司的 5G 标准与关于 TikTok（抖音国际版）公司的争议。[10]中国推动自主发展的"中国制造 2025"则彰显了崛起的实力和雄心。

技术竞争还会影响年轻人的心态以及数据的隐私性质。许多美国科技公司不能进入中国的市场，但中国可以用 TikTok 等自己的应用程序来影响美国和其他西方国家的年轻人。由此出现了一个单向通行的数字边界。问题在于，这些技术是否会在未来继续扩展繁荣，西方是否会继续容忍单向通行的边界，还是会要求双向往来。此外还有更多疑问：如果互联网被割裂，会导致何种经济后果？数据归什么人所有？

技术竞争并不局限于中美之间，数字边界的问题在未来会愈发突出。2020 年 5 月，由于边境冲突，中印之间的紧张局势加剧，美国硅谷的企业因此获得了进入印度庞大市场的机遇，此前是中国科技企业在那里占据主导。[11]

2020 年 5 月，劳伦斯·萨默斯把中美关系比喻为身处一艘救生艇上的两名海难幸存者。即便存在敌对关系，双方仍可能需要同舟共济。[12]中国有着把实力投射到海外的志向，例如通过"一带一路"倡议，修建公路、桥梁和港口，以打造新的"丝绸之路"，把基础设施从太平洋之滨的上海延伸到欧洲的大西洋和北海沿岸。中国已经资助了斯里兰卡、巴基斯坦和吉布提等国的基础设施项目。[13]有人担心，给这些国家的项目贷款会使它们在未来形成资金依赖。在需要开展债务重组时，隐性的公共债务还会加剧信息不对称的问题。

2020 年 11 月，中国展示出日渐增长的影响力，与另外 14 个国家签署《区域全面经济伙伴关系协定》（RCEP），取代了《跨太平洋伙伴关系协定》（TPP）。后者在 2016 年被美国的奥巴马政府接受，但在特朗普上台后很快被放弃。[14] 一个新的担忧是，中国可能建立类似的但不那么高调的自由贸易协定，以进一步使美国边缘化。《区域全面经济伙伴关系协定》是目前世界上规模最大的自由贸易协定，覆盖了全球经济的近三分之一。[15]

拜登政府在 2021 年放弃了特朗普的单方面"美国优先"策略。美国如今追求多边主义策略，同外国伙伴结成联盟。新政府的首批措施之一是强化"四国联盟"，制定向亚洲各国分配新冠疫苗的计划，同时作为更广泛的抗衡中国影响力的策略的组成部分[16]，印度的疫苗产能是这项行动的关键内容之一。由于美国在本国人口完成接种前没有出口疫苗，全球高度依赖印度的疫苗供应。印度承诺疫苗出口的考虑之一是提升自己相对于中国的国际影响力。[17] 印度政府后来或许对该决定有些后悔，因为在 2021 年 4—5 月的第二波新冠疫情中，该国出现了全球最多的单日死亡病例数。

美国与中国之间的摩擦在 2021 年 3 月显露无遗，当时两国的外交主管官员在阿拉斯加的安克雷奇会晤。美方主张基于规则的全球秩序。中方则认为世界上有两种不同类型的民主制度，并强调"美国需要改变自身的形象，停止向世界其他国家输出自己的民主模式"，另外"西方并不代表国际舆论"。从这些陈述中，我们有理由怀疑能否出现统一的全球秩序。我们或许会看到世界继续分化，形成两种相互竞争的制度和两个国家集团，一方靠近中国，一方靠近美国。[18]

欧洲的作用

在这两个阵营的冲突中，欧洲的作用至关重要。中国在欧元危机中对东部的欧盟成员国大力投资，在欧洲站稳了脚跟。例如，希腊的比埃雷夫斯港（欧洲第七大港口）被中国的远洋集团收购。

西方国家试图在中国倡导西方式的民主价值观与人权。西方对中国的长期战略可以用一句德国格言来概括：以商促变。不过，尽管双方的经济联系不断加深，中国并未走向西方式的民主。[19]因此，某些外交政策鹰派人士呼吁采取更强硬的对华立场，但中国同世界各国的强大经贸联系却使任何形式的脱钩都很难实现，这同冷战的情形大相径庭。

此外，许多人认为中国对外国投资者的限制过于严格，中国的国有企业——至少是作为政府的间接代表——能在海外获取技术，外国人持有中国企业的所有权却受到严格约束。近期若干事件凸显了这些矛盾。例如，有家中国企业在2016年收购德国的机器人制造商库卡公司（Kuka），让德国的许多外交政策专家感到担忧。为防止德国的技术诀窍外流，外国人持股德国企业的法规很快被收紧。[20]

2020年底，当德国担任欧盟轮值主席国时，欧盟方面起草了《中欧全面投资协定》（CAI），其目的是通过取消欧洲企业进入中国市场时必须同中国方面组建合资企业的要求等，来加强双边的经济联系，促进欧洲对华投资。[21]这一协定的签署前景目前并不清晰。

与国际关系有关的一个核心问题是,在特朗普政府下台后,欧洲是会加强同美国的跨大西洋伙伴关系,还是会试图同中国恢复友谊。美国和欧洲可以形成抗衡中国的强大力量,尤其是通过它们的合作与设立共同标准。自《跨大西洋贸易与投资伙伴关系协定》失败以来,这一进程便被放缓了。

2021年5月,印度与欧盟重新启动了贸易谈判,以抗衡中国的影响力。[22]值得注意的是,印度已决定不参加中国与亚太周边伙伴达成的《区域全面经济伙伴关系协定》。

全球金融

各国政府及私人部门之间的国际联系需要一种稳定而强韧的全球货币。从19世纪到20世纪早期,英镑都扮演着这种角色。二战以后,美元则成为占支配地位的全球货币。

美元的地位

美元在现代经济中发挥着三个核心作用:全球记账单位、交易媒介和价值贮藏工具。美元可能仍会维持支配性国际货币的地位,但如果外国人对持有美国债务感到担忧,它将变得脆弱。如前文介绍的,当美国国债市场于2020年3月运行不畅时,就出现了这样的裂痕。

美元还充当了某些国家的记账单位。例如厄瓜多尔就没有本国货币,是一个完全美元化的经济体。在美元化程度较浅的许多新兴市场与发展中经济体,企业也经常借入美元,因此容易受美国货币政策的影响。石油等若干大宗商品的结算同样是采用美元。

还有，除欧元区及其附近国家外，美元是国际贸易的主要交易媒介。[23]

最后，美元充当着私人经济部门的价值贮藏工具，也就是说，许多贷款是以美元发放的。在公共部门，大多数国家的中央银行把美元作为储备货币。此外还有在美国司法管辖范围之外交易的规模巨大的离岸美元市场。

对美国而言，美国政府债务的全球安全资产地位使得美联储可以像对冲基金那样操作，发行低利率的债务，再把资金投资到风险更高的资产上，例如回报率高得多的外国直接投资。

争抢全球安全资产与丧失本地安全资产地位

许多国家持有美元储备的目的是捍卫本国政府债券的本地安全资产地位。当地民众则是出于谨慎动机持有这些本国政府债券，作为负面冲击的安全资产缓冲。遭遇危机时，他们可以出售这些本国货币计价的债券。当然，必须让人们相信本国政府债券能保持其价值，否则他们将直接选择美国国债作为安全资产。当美国的利率较高时，将更容易发生这种资产转换。或者说，如果美联储下调利率，本国债券会更容易维持本地安全资产的地位，因为其收益率会超过美国国债。反之，如果美国的利率更高，世界经济又遭遇新冠疫情这样的冲击，就可能发生资金竞相争夺全球安全资产的现象。

争抢美元资产会导致本国货币贬值、美元计价债券的实际价值提高。由于许多发展中经济体背负着以美元计价的私人债务和公共债务，本国货币贬值可能会造成损害，破坏韧性，而不利于复苏。从积极一面看，在严重依赖美元的经济体，贬值又能刺激经济反弹，因为汇率走弱会使出口变得更加便宜，给新兴市场与发展中经济体的出口带来更大的海外需求，从而在短期内促进 GDP 增长。但从另一面看，本国货币贬值将提高大宗商品的进口成本，使依赖这些进口的国民受损。

新冠疫情期间的 2020 年 3—4 月出现了史无前例的安全资产避险行情，全球金融体系的韧性因此受到威胁。新兴市场与发展中经济体的资本外流在新冠疫情初期达到创纪录的水平，超过此前的任何时期，包括 2008 年的全球金融危机和 2013 年的缩减恐慌。当美联储于 2013 年宣布将停止量化宽松计划时，影响了全球金融业，新兴市场与发展中经济体的利率和金融压力随之上扬。2020 年 3 月，当所有人都想持有准备金时，即便十年期美国国债也失去了吸引力。直至美联储干预，特别是利用货币互换给新兴市场与发展中经济体提供了美元流动性之后，资金外逃才稳定下来。利用货币互换安排，美联储实际上是给其他国家的中央银行提供了美元贷款。从某种意义上讲，美联储扮演了全球最后贷款人的角色。

2020 年下半年，在之前的避险行情退潮后，我们又看到历史级别的资金大量流入新兴市场。[24] 随着发达经济体的利率维持在零水平附近，投资者追求更高的收益率，2021 年前 3 周里即有 17 万亿美元回流新兴市场与发展中经济体。[25] 美联储的政策使资金流趋于稳定并最终逆转，极大地提升了新兴市场与发展中经济体以及国际资本市场的韧性。

全球金融周期

新兴市场对美元的依赖使它们容易受全球金融周期的影响。我们不妨设想，这样的周期始于风险规避阶段，投资者不愿意承担风险，风险价格较高。到某个时点之后，全球投资者可能转向低风险阶段，新兴市场与发展中经济体能够从海外借到廉价资金。它们忍不住开始创造自己的有泡沫的本地安全资产（因为以低利率发行安全资产可以降低政府的利息负担）。在这一阶段，本国民众与企业普遍以本国债券作为对冲非系统性风险的安全资产，同时也以较低的利率借入美元债务。较为廉价的美元资金刺激了经济增长，使本地安全资产的泡沫可以持续。然而，如果人们担忧后续会进入风险规避阶段，泡沫就将变得危险。于是可能出现急刹车的情况，本国民众在某个时点会出于预防性考虑把储蓄转到美国国债上，而不再借入美元资金，或者不再通过持有本国债券来防范风险。此时经济增长将急剧下滑，进一步破坏债务的可持续性。[26]

美国货币政策的溢出效应

除风险承担、风险规避的周期外，美国的利率政策也可能导致全球金融周期。美国的高利率对应风险规避阶段，美国的低利率对应风险承担阶段。因此，美国的货币政策对新兴市场与发展中经济体有强大的溢出效应。每逢美国利率下调，更多资金将流入新兴市场，造成显著的产出增长。而当美国货币政策收紧，这样的效应将被逆转，给韧性造成威胁。由于许多新兴市场经济体高度依赖美国货币政策，它们不得不针对美国的走势做出调整，而无法有效应对本国的经济需要。

通过货币互换充当全球最后贷款人：出现全球美元短缺时的韧性

美元的全球支配地位最突出地表现为离岸美元市场的庞大规

模。人们经常称之为"欧洲美元市场"（Eurodollar market），这个名称与欧元或欧洲都没有关系，而是泛指美国之外的美元存款，不受美国的监管。在历史上，欧洲美元市场兴起于20世纪50年代。当时严格的银行监管制度（包括存款利率上限）限制了美国企业在国内账户上的收益。因此，这些企业开始把存款放到海外。如今的欧洲美元市场是最大的离岸美元融资市场。例如，欧洲有许多银行利用这个市场上的廉价短期美元融资来支持自己的美元贷款业务。这些业务发生在美国的监管范围之外，能够促进国际贸易，只要美元存款能廉价获得，并具有财务上的吸引力。[27]此外还有税收上的好处。

一般来说，银行业务涉及偿还期限转换和流动性转换。银行投资于长期的非流动性资产，发行短期的流动性美元存款负债。从事美元贷款业务的非美国银行非常依赖廉价的美元资金，而它在危机期间很容易枯竭。如果资金枯竭，并导致流动性不足的问题，通常的政策措施是让中央银行充当最后贷款人，例如由欧洲中央银行作为最后贷款人，给资金不足的欧洲的银行提供欧元融资。

但如果欧洲的银行需要美元资金，它们无法要求美国的中央银行作为最后贷款人来施以救助，因为美联储不会给美国之外的银行提供抵押贷款。此时，离岸美元比在岸美元的风险更高，因为美国的银行可以指望美联储作为最后贷款人。

在没有其他安排的情形下，欧洲中央银行只能给欧洲的银行提供欧元。这里就需要货币互换发挥作用，如图15.1所示。把美联储的美元供给延伸到外国的中央银行，可以确保外国的银行与企业不受美元融资切断的困扰，在本国的中央银行进入货币互换安排之后，它们就能从那里获得美元资金。

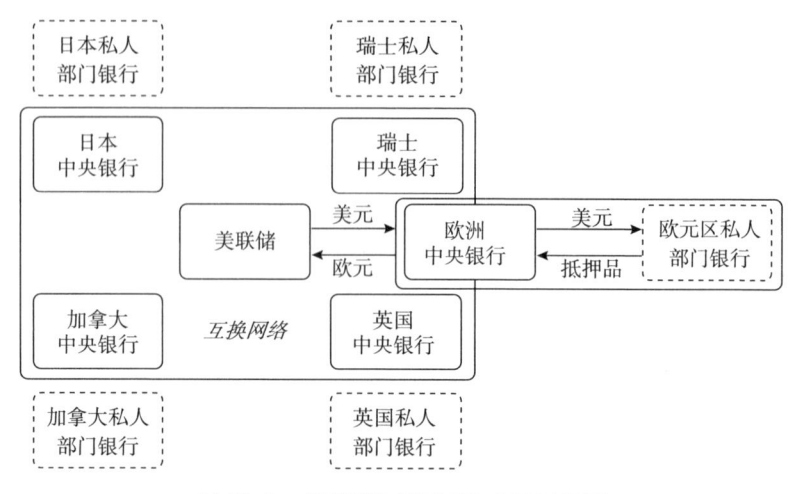

图 15.1　美联储的货币互换安排示意图

2020 年 3 月 19 日，美联储重启了与主要国家中央银行的货币互换安排。这些安排是在 2008 年全球金融危机中正式确立的，典型的做法是按照固定汇率提供为期一周的贷款，例如美联储给欧洲中央银行提供美元，后者则给美联储提供欧元。利率由美联储决定，例如在隔夜指数互换利率（OIS）的基础上加上 0.5 个百分点的利差。接下来，欧洲中央银行将把美元借给一家当地的银行，利率等同于其评估的抵押贷款利率。这在事实上相当于美联储通过欧洲中央银行给那家当地银行提供了贷款。

需要指出的是，中央银行之间的货币互换额度对美联储是完全无风险的。如果某家德国的银行需要美元资金，它不是直接从美联储借钱，而是通过欧洲中央银行借钱，因此风险将由欧洲中央银行承担。同样，由于货币互换采用美元计价，美联储也不会承担汇率风险。最后，美联储还通过这一服务获得了利息收入。经济学家萨利姆·巴哈吉（Saleem Bahaj）与里卡多·雷斯（Ricardo Reis）认为，货币互换安排对美联储是笔好生意，因为欧洲中央银行承担了监督责任和违约风险。[28]

就这样，美联储有效地给离岸美元市场间接充当了最后贷款人角色。外国中央银行在危机期间可以依靠美联储提供美元资金，也就意味着外国企业能获得美元融资。关键在于，美元作为全球货币的地位由此得到加强。

其他国家的中央银行也为自己的货币建立了类似的互换安排。例如欧洲中央银行向其他欧洲市场提供了货币互换额度和回购安排。到 2015 年，中国人民银行已达成了 100 项涉及人民币互换额度的协议，以增强其货币的国际地位。

此外，希望获得流动资金的外国投资者还能用美国国债同美联储开展回购交易，投资者把美国国债存到美联储，以换取美元资金，回购的期限通常只有一两周。到期后，投资者将把美元还给美联储，后者则返还其国债。

全球安全资产格罗斯比

需要注意的是，新兴市场与发展中经济体的中央银行通常没有纳入美联储的货币互换安排。因此如果出现本地安全资产地位突然丧失、信贷骤停和外流等突发事件，这些经济体将损失惨重。减少此类突发事件带来的风险的办法之一是开展积极干预，例如让美联储借助货币互换额度间接充当最后贷款人。

另一个更好的办法是建立有韧性的全球金融体系，能实现自我稳定，不需要积极政策干预。这里的核心问题通常不是缺乏安全资产，而是安全资产在全球的供给很不平衡。只有少数发达经济体能够为全球提供安全资产，例如美国、德国、日本等。而在出现避险行情时，总会发生国际间的资本流动。在此情形下，解决全球安全资产不足问题的一种潜在方案就是创造真正的全球安全资产，我们称之为格罗斯比（GloSBies）。[29]

为新兴市场与发展中经济体创造全球安全资产的过程包含两个步骤。第一步，把多个国家的部分主权债券集合为一个池子。例如在创造新兴市场国家政府债券构成的安全资产时，我们可以考虑中国、印度、巴西、南非和俄罗斯等国。第二步，我们将这个债券池划分为不同等级（tranches），为简化起见，我们假设只有高级债券和次级债券两个等级。如果池子中的某种债券出现违约，次级债券的持有者将遭受损失。而只有当次级债券全部违约之后，高级债券的持有者才会遭受损失。

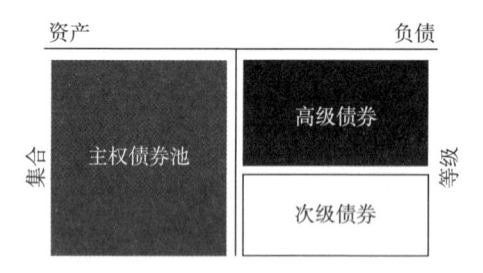

图15.2 把多个主权债券集合起来的特殊目的投资工具的资产负债表，划分为不同等级：高级债券（格罗斯比）与次级债券

我们可以用一个简单案例来解释这样的高级债券为何比纳入池子中的任何一种单独的政府债券更加安全。设想巴西的所有政府债券都出现违约，如果你持有这些资产，则可能遭受巨大损失。反过来，如果你持有的是全球安全资产中的高级债券，那么巴西政府违约带来的损失将首先由次级债券持有人承担。如果巴西之外的其他国家仍在正常还债，则高级格罗斯比债券的持有者不会遭受任何损

失。所以此类债券更为安全，它能获得安全资产地位，从而要求更低的利率。这又会提升新兴市场与发展中经济体的财政空间，增强韧性。

在避险行情发生时，投资者能够从次级债券转向高级债券，如美国国债或德国国债等。或者说，跨境资本流动将转化为从次级债券向高级债券的流动。

格罗斯比债券的结构设计类似于专为欧元区设计的主权债券支持证券（SBBS），又称为欧洲安全债券（ESBies，伊斯比）。[30]在欧元危机中，欧元区外围国家遭遇严重的避险资金外逃。推出伊斯比的目标就是让这些资金改变流向。由于欧元区内部没有汇率风险，伊斯比的次级债券资金不会流向高级债券，然而全球性质的格罗斯比次级债券还必须承担汇率风险。

新型数字货币形式：数字货币区

传统上，美国及其部分贸易伙伴国使用美元，欧洲使用欧元，如此等等。但如今我们越来越多地从事数字金融交易。货币区的传统含义正在发生改变。未来人们的数字钱包里或许有 37 种数字货币，能够在毫秒之间完成兑换。目前，已经出现了太多的数字货币，例如比特币、以太币、脸书公司（现改名为 Meta）即将发行的 Diem（之前名为 Libra）。中国支付服务商支付宝和微信支付也在类似领域竞争。是否会有一种新的数字货币跻身全球货币行列，甚至分走美元的一杯羹？这些形态各异的数字货币是否会削弱全球货币体系的韧性？

例如，美国的某些中餐馆已开始通过数字支付手段接受人民币付款。直至 2021 年 1 月，美国政府才禁止在本国使用支付宝和微信支付。随着数字化推进，货币与货币区的性质也可能改变。货币在传统上有三种功能：记账单位、价值贮藏和交易媒介，三者密切结合。数字货币的日益普及则可能打破或者拓展这三个功能的组合。[31]随着便于兑换的数字货币的广泛使用，人们可以利用不同的货币来分别完成某种货币功能。例如，某种高利率货币适宜作为价值贮藏，但如果很少被其他平台接受，那它就不是很好的交易媒介。同样，可以广泛作为交易媒介使用的某种数字货币在利率上或许没有吸引力。还有某些新出现的数字货币能提供更好的隐私保护等。

这些进展可能重塑我们对货币区的定义，数字货币区（digital currency area）或许会应运而生。传统的货币区是以地理边界来划定的，数字货币区则由交易用户的数字网络来定义。因此，数字货币还能同其他金融或非金融服务实现融合。

这些新的货币区或许会带来"数字美元化"（digital dollarization）的副作用。假设如此，它将产生与传统美元化（意指某些国家的民众主要使用美元而非本国货币的情形）类似的货币政策影响。在美元化经济体中，债务合同和市场交易都采用美元计价，本国的货币政策效力将大大下降，因为它只能影响本币的短期利率。与之相似，数字美元化是指人们大量采用某种新的数字货币，导致其货币政策和通胀效应从境外输入。

在东南亚，支付宝和微信支付的使用变得越来越多，数字形式的人民币大量出现在中国境外。如果这些趋势延续下去，中国的货币政策将可能会给使用人民币结算的国家或地区带来影响。此外，中国人民银行在最近 8 年来一直在持续发展数字人民币技术，计划在 2022 年大规模推广，并肯定会与私人数字货币和支付服务商形成竞争。[32]在未来的世界里，特别是对较小的新兴市场与发展中经济体，本国的货币政策效力将被削弱，货币政策对这些国家的韧性保护功能也将下降。

全球贸易

全球贸易的韧性面临不同的挑战。新冠疫情之后，未来充满不确定性。但即使在疫情之前，贸易增速相比 20 世纪 90 年代后期的超级全球化时代也已下降。如今，我们面对的问题是如何增强供应链抵御短期扰动的韧性。

贸易的爆发式增长

新兴市场与发展中经济体的兴起和全球贸易量的暴增同步发生，从 20 世纪 90 年代后期开始，持续到 2008 年全球金融危机。在2000—2008 年，世界商品贸易额增加了约 50%（见图 15.3）。全球价值链成型，以充分利用贸易和专业化分工的好处。某些国家出产原材料，另一些国家将其加工成中间产品，之后还有若干国家负责生产最终产品。[33]这一增长部分源于高度专业化的分工促进了对比较优势的最优化利用，可是高度专业化也可能损害全球经济的韧性。贸易的暴增总体上有利于新兴市场经济体，但阴影也开始浮现，例如不平等趋于恶化。

慢速全球化

新冠疫情危机会如何影响国际贸易的更广阔前景？是否会像促进居家办公和远程医疗那样，加速疫情前的某些趋势？

一方面，如图 15.3 所示，新冠疫情危机之前，全球化的速度

图 15.3　慢速全球化，世界贸易额与全球 GDP 的百分比

注：贸易额从 20 世纪 80 年代之后爆发式增长，到 21 世纪头 10 年中期趋于稳定。
资料来源：CPB Netherlands Bureau for Economic Policy Analysis (2021)。

已经趋缓。事实上，这一减速与 2008 年全球金融危机几乎同时出现。但某些经济学家认为，20 世纪 90 年代的快速全球化无论如何都不能维持下去。[34] 假设如此，国际贸易增速必然会降下来。在这一历史背景下，我们可以评估新冠疫情危机对全球贸易的影响。显而易见，全球贸易在危机的前几个月里遭到重创，但到 2020 年秋季又强劲反弹。在本书写作时，没有迹象表明新冠疫情危机将导致商品贸易额下降。[35]

另一方面，供应链中断以及集装箱装运工人短缺给全球货运贸易造成了严重干扰，而这个产业是洲际贸易的基石。例如，许多员工因为疫情而患病，导致美国各港口的集装箱装卸工作被放缓。很快，中国出现了集装箱短缺，使得它向美国的制造品输出遇阻。这最终造成半导体的短缺，而它又是手机和汽车生产的关键投入品。[36] 由此带来的副作用是，集装箱价格大幅提升。如果用前文使用的术语来讲，就是出现了贸易的锯齿状走势。2020年3—4月全球贸易或许还处于需求不足的状态，但之后的反弹速度超出了供给（图15.4）。总体而言，全球贸易的韧性还不错。

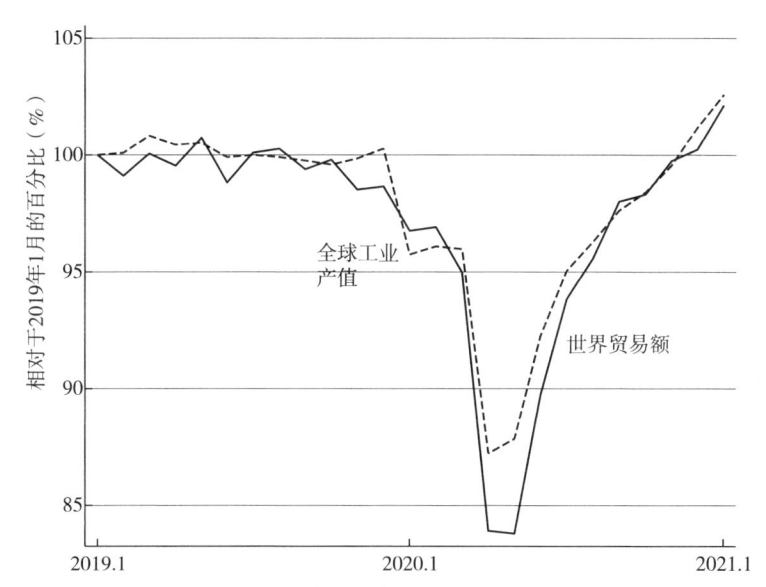

图15.4 世界贸易额与全球工业产值相对于2019年1月的变化，以及2020年下半年的强势反弹

资料来源：CPB Netherlands Bureau for Economic Policy Analysis (2021)。

展望未来，数字化与机器人技术将促进知识的跨境流动。机器人可以推动资本的重新配置。教育服务和远程医疗的全球化发展还将深入推进经济一体化。

除全球贸易的韧性之外，企业还面临一个选择：把过去的外包业务迁回本国。然而业务回迁需要付出成本，已经花费巨资在海外建立生产能力的企业如果放弃这些项目，可能要面临巨大的沉没成本。这也许可以解释不管高管们在接受调查时如何表态，到目前为止业务回迁实际上仍很少发生。[37]回迁行动的罕见也表明国际贸易不太可能大幅减少。

成本最小化与韧性的关系

新冠疫情危机暴露了全球价值链网络的弱点。疫情之前，成本最小化是国际供应链设计中主要考虑的目标。因此，供应商的选择是由成本决定的。然而对成本控制的盲目推崇可能让企业陷入脆弱处境。如果出现异质性冲击，例如发生工人罢工或自然灾害，最具成本效率的供应商都只好关闭生产，此时供应链另一端的企业也会遭遇严峻考验。新冠疫情就凸显了此类供应链风险，不仅体现在产品生产领域，也包含服务业。例如，许多服务业企业把大量后台业务外包给新兴市场，特别是印度。2021 年春季，当第二波新冠疫情横扫印度时，多家美国金融企业不得不把业务调整到其他离岸服务中心。[38]

这里的关键问题是，过去已经外包给新兴市场与发展中经济体的经济活动是否会迁回发达国家，或者将采取供应商多元化的策略。下游企业通常希望维持两家供应商，以削弱对方的议价能力。或许这些企业可以更进一步，在不同大洲拥有三家供应商，以此建立多元化采购（multi-sourcing）。这样做不会给新兴市场与发展中经济体造成总体损害。

全球供应链需要迎来重大变革。在企业选择供应商时，优先考虑的应该是确保韧性，而非只关心成本最小化。[39]也可以说，应该用"以防万一"的观念来代替之前流行的"追求时效"的信条。[40]其结果是，企业或许需要来自世界不同区域的两到三家供应商，以预防特定国家遭受冲击。这意味着，供应链多元化可以对冲彼此没有关联的国别风险。但如果出现新冠疫情这样的全球性冲击，其效用仍会大打折扣。[41]

转向全球化程度略低但更具韧性的供应链或许会在短期拖累经济增长[42]，还可能在调整过程中造成紧缺。[43]但是从更长期看，相比过去的出口驱动型发展战略，这样做可能带来更令人鼓舞的结果。

去全球化

某些评论家对"慢速全球化"的概念提出了质疑，并预言全球化将走向衰退。他们承认产品贸易已经稳定在一个很高的水平上，但认为从更广泛的视角看，全球化正在退潮。他们认为，全球化的定义应该包含"投资、服务、人力资本、思想、经营管理、网络、基础设施以及社会规范等的交流"。[44]从这一更加广泛的视角看，外贸、外国投资、移民和开放边境或许会倒退，而保守主义和移民限制会得到强化。[45]例如，移民的减少会立刻影响美国的许多大学，它们的资金高度依赖外国学生缴纳的学费。[46]简单地说，即便产品贸易只是进入慢速全球化，其他领域仍可能出现去全球化。

政治因素与技术因素

一些相互角力的关键因素在决定着全球化的未来。技术进步在推进全球化，政治压力则在拖全球化的后腿。

人们原本以为，发达国家运行良好的劳动力市场可以缓冲中国在20世纪90年代早期扩大经济开放的效应，即所谓"中国冲击"。但在现实中，美国工业核心地带与欧洲传统工矿业地区的员工，不得不同东欧国家以及其他新兴市场的劳动者展开竞争。发达国家的许多本地劳动力市场遭受了严重而持久的打击。与受影响较小的本地劳动力市场相比，工资下滑，就业率低迷。[47]很多年来，这些境遇点燃了发达国家对国际贸易的政治反击，近期的中美贸易摩擦就是典型例证。

亚当·波森（Adam Posen）等人强调技术因素在这些变革中的作用。自计算机的普及以来，很多创新对高技能劳动者更有利。由于技术进步愈益偏向高技能，即使没有全球化的扩大，不平等的恶化仍将不可避免。

许多现代技术带有赢家通吃的属性，这往往与互联网业务的网络效应有关。例如谷歌公司就是从成功的搜索算法起家的，当人们开始使用其搜索引擎后，谷歌就能利用免费获取的用户数据来改进算法。由此导致的自然均衡结果是，某一种互联网搜索引擎将占据支配地位，而竞争对手难以积累起同等数量的信息。因此技术变革让成功的企业获得了市场支配力和租金，让它们的员工获得了优厚的待遇。稍差的企业则被远远甩在后面。

贸易协定的指导原则

考虑到这些变革，我们在设计未来的贸易协定时应该采用哪些原则，以创造更为公平和更具韧性的世界？大多数人会赞同，国际政策的外部性是制定全球规则的良好理由，但仅此一点还不够。事实上大多数政策都具有外部性，包括本质上属于国内问题的政策，例如教育政策等。[48]

在思考如何设计贸易协定，以促进公平和韧性时，我们可以首先回顾过去的传统贸易协定。直到20世纪90年代，贸易协定还围绕两项原则：对外国产品的国民待遇原则以及非歧视原则。外国产品一旦跨越国境，即被视同为国内产品，所有外国产品都享受同等待遇。后者是关键所在。

接下来，全球贸易的传统框架开始改变，例如1993年建立的欧洲单一市场。在单一市场内部取消所有边境管控，要求各成员国之间开展政策协调。但随着外贸对国内政治的影响增大，反击的力量也开始积聚。然后在20世纪90年代后期的超级全球化时代，贸易协定被越来越多地用于所谓的深度一体化。[49]其中包括加入某些规则，可以有效延伸国内法规的管辖范围，或者回避国内的意见倾向。例如欧盟在最近的贸易协定中高度重视动物福利标准、人权和气候变化问题，包括与美洲的南方共同市场（Mercosur）达成的协定。美国在大幅修订《北美自由贸易协定》（NAFTA）的时候，加入了要求墨西哥提高汽车行业工资水平的条款。[50]还有一个例子是美国与欧盟之间的自由贸易协定的失败，部分原因是关于"氯洗鸡"产品的争议，消费者对此类鸡肉的担心助长了反对贸易协定的强大舆论压力。

这些新型贸易协定出现后，我们需要反思自由贸易有益论的传统经济学格言。关于深度一体化的优点与潜在缺陷，经济学家之间还存在激烈争论。传统的贸易自由化通常只是把企业游说集团与工会吸引到公共事务讨论之中。[51]而深度一体化还涉及环境和社会领域的各类利益团体。此外，标准或监管的变革可能部分抵消关税下调的效果，使深度一体化对福利和韧性的影响更难以评估。[52]

贸易的未来

国际贸易的未来将被如何塑造？在哪些领域我们需要全球规

则？经济学家通常认为出现市场失灵时需要干预，例如有外部性的情况。某些人认为只有少数类型的外部性要求全球性的合作，例如以邻为壑的政策或涉及全球公共品（全球卫生或知识）的情况。以邻为壑的政策会造成总体上的损失，并且带有损害其他国家的意图。从这个角度看，因为恶意而产生的经济外部性并不同于纯粹副作用引起的外部性。前者应该用全球合作的措施来纠正，后者并不需要。

主张国际合作的第二个理由是，某些公共品需要在全球层面提供。公共卫生就是典型案例。提供公共卫生带有正外部性，因此其投资往往不足。例如，对传染病暴发的早期预警系统就能产生众多公共收益。

可见，主张实行全球规则的理由相当有限。在国际经济学的很多领域，即使在全球规则缺位的时候，也会出现"善有善报"的结果。[53]或者说，全球层面上需要的政策通常也符合每个国家的自身利益。因此各国都有激励提供较低水平的此类公共品。但如果我们聚焦于以邻为壑的政策以及全球公共品，就会发现20世纪90年代以来的全球化都遭到了扭曲，例如缺乏针对"税收天堂"的全球规则。[54]此外，对于反竞争行为、气候变化以及当前的公共卫生危机，也缺乏相应的全球监管。[55]

全球统一规则还有一个缺陷。归根结底，实施通行规则与开展不同政策实验之间存在利弊权衡。[56]例如，如果我们尚不清楚数字经济产业的最优监管方式，那么在各个国家用不同类型的规则开展测试，或许能帮助我们找到最优监管范围。

制定全球标准

与此同时,各国之间的网络效应和共同标准能让许多技术发挥威力。全球标准的制定可以通过自由贸易协定来实现,但还需要更多支持。"中国标准2035"展示了该国的雄心。中国把5G通信技术、物联网和人工智能等作为影响全球标准制定的关键领域。[57]中国的政策制定者普遍认为,三流企业制造产品,二流企业开发技术,一流企业设定标准。这再度凸显了西方同中国的竞争关系,也是本章的核心主题之一。

第 16 章　气候变化与韧性

我们都知道气候变化是当今最重大的挑战之一,但很少人思考人为气候变化对人类社会韧性的潜在影响。

在本书开篇,我提出社会可持续性包含两个要素。第一,可持续性要求消除威胁地球生命的缓慢而长期的负面作用力。第二,可持续性要求有韧性,即具有承受负面冲击并复原的能力。气候变化的影响涉及这两方面的因素。

如今,我们可以借鉴从新冠疫情危机中学到的关于韧性的经验教训,来应对气候变化的挑战。

少消费,多创新

为应对气候变化挑战,我们有截然对立的两大类方法可以考虑。第一类方法是,让经济增速回到可持续的水平,以便把有限资源的使用量减少到每年可以自然恢复的程度。第二类方法是实现突破性的创新，让我们的经济活动变成碳中和的性质，但无须降低经济增长速度。

在新冠疫情危机之初，全球碳排放出现下降。然而，尽管普遍实施封锁，经济活动、人员流动和消费显著减少，疫情对全球排放水平的影响仍很有限。相比今后数十年内实现碳中和的要求来说，这一减排微不足道。据相关估计，2020年春季的全球碳排放只下降了7%。[1]这表明减少消费远不足以扭转气候变化。它要求生活方式做出太大改变，而这在政治上行不通。法国的"黄马甲"运动就是此类政治阻力的鲜活例证。

另一种方法是通过创新让我们走上可持续发展的轨道，创新可以集中在缓解、调整和改善等几个方面。[2]

缓解类创新旨在减少二氧化碳排放量，以减轻气候变化的影响。电动汽车就是例子，它们不使用化石燃料，排放量更少，从而可以减轻气候变化效应。从环境保护的角度看，这一方法最具吸引力。

调整类创新让我们能更好地适应气候变化的必然后果，例如用高科技建造的堤坝来保护低海拔地区不被淹没。移民迁徙也是一种调整方式。由于气候变化对各地的影响不同，迁徙可以强化我们的韧性。居住在海岸或洪泛区附近的人们容易遭受水灾，转移到较为安全的地方能提升其韧性。据估计，在全球范围内放开移民会带来巨大的收益。[3]但这样的测算通常没有考虑到大规模移民会威胁现有的社会契约，因为作为社会契约基础的隐含文化意识可能会丧失。

改善类创新包括地球工程（geoengineering）之类的建议，其中最主要的方法包括在平流层中播撒气雾剂，以反射阳光，实现对太阳辐射的控制，还有温室气体去除技术、森林再造和海洋施肥等措施。

灵活度对解决这些问题至关重要。我们目前尚不清楚哪种方法最为奏效，因此需要以多元化的方式来保持韧性，在上述三个方向都推进创新。从理论上看，应对气候问题与前文讨论过的新冠疫苗开发有类似之处，只有保持灵活度，才能在收到更多信息与面对未来冲击时做重新优化选择。

创新、外部性、陷阱与网络效应

既然气候变化带来了重大威胁，人们对采取行动又有广泛共识，那为何相关的进展如此缓慢？原因之一是它高度依赖国际合作。例如，比利时这样的小国可以改变本国的许多政策，但即使它在明天就完全实现碳中和，对全球气候的影响也微乎其微。即便像英国这样稍大一些的国家，其二氧化碳排放量也仅占全世界的1.1%[4]，所以我们需要发起所有国家共同参与的全球行动。

这一问题在经济学里被称为"搭便车"现象，而且不只是国家之间，个人之间同样存在此类困扰。如果某个国家需要关闭80%的炉灶，拥有这种炉灶的每个人都会希望邻居家的炉灶被关掉，而不是自己家的。"搭便车"问题的核心是外部性。当有人出面保护环境时，每个人都会获益，包括那些没有参与保护行动的人。

此外，环境问题还受到前文讨论过的反馈式外部性的困扰。不难设想，在全球范围内，任何人多使用一点空调都会让自己感觉更为舒适。空调是一项重要的电力消费，其中很大部分来自不可再生能源。因此，更多使用空调意味着更多的电力消耗、更多的二氧化碳排放。总之，这会导致气温升高，成为每个人共同面对的外部性问题。而随着气温升高，空调将会更多地投入使用，最后造成负面反馈循环，把我们推向气候变化的临界点。

环境创新的双重外部性

环境创新领域的研发支出具有双重外部性，所以投入可能过低。首先是环境方面的外部性，减缓气候变化的创新对产出具有外部效应，没有直接参与创新开发的人也会从中受益，获得正外部性。

其次是创新方面的外部性，这在之前关于创新的一章有过论述。创新过程中产生的某些知识会外溢到其他发明家那里，这也是一种正外部性，没有被创新者内部化。

以上两种外部性带来的双重影响会拖累气候领域的创新，由于这些外部性的存在，改善类气候创新投资过低，缓解类创新与调整类创新的投入也不足。假如创新者能把成果的所有收益都内部化，投资就会大大增加。

又是鸡和蛋的问题

在这里，我们再度遭遇先有鸡还是先有蛋的问题，或者说传统键盘问题。网络效应会阻碍气候友好型技术的应用，电动车充电网络就是这样的例子。如果充电站太少，许多燃油车用户就会担心充电问题，而不愿意改用电动车。反过来电动车用户太少，又会造成充电站的数量远远少于加油站。[5]

此类网络效应受反馈循环支配，源于策略互补现象。如果某个区域内建立了若干充电站，则会鼓励当地人购买电动车，继而产生对充电站的更多需求，反过来又使电动车更受人欢迎。不难看出，这里可能存在多重均衡。如果加油站占据多数地位，大部分人就会购买燃油车。而如果大多数站点配置了充电设备，就会有更多人购买电动车。而困在加油站过多的"坏的"均衡中，就仿佛落入了陷阱。这使得采用气候友好型技术变得更为复杂，从而损害了社会韧性。如果我们已经靠近气候变化的临界点，落入此类陷阱是极其危险的。一次小型冲击就可能把人类推入负面反馈循环的深渊。

建立大型网络需要庞大的沉没成本，要求供应商与终端产品销售商付出巨额前期投资。假如它们对电动车或氢能源汽车的未来缺乏把握，这些企业就不会愿意承担沉没成本。没有人希望在错误的技术路线上押注，多等待和拖延一些时间，有利于看出哪个选择更有价值。但如果企业等待观望的时间过长，我们将在缓解气候变化的奋斗中丧失宝贵的时间。此时我们可能需要埃隆·马斯克和他的特斯拉公司那样的标新立异者，敢于在电动车上押注，并说服其他人跟进。另一种办法则是由政府设立标准，引导产业界采纳新的业务网络。这两种办法都有助于解决陷阱问题，提升社会韧性。

气候俱乐部

为解决气候变化的国际搭便车问题，诺贝尔经济学奖得主威廉·诺德豪斯（William Nordhaus）提出了气候俱乐部的设想*。组建和参与这一俱乐部的各国将就宏大的减排目标达成共识。相比其他倡议方案，俱乐部的一个独特之处在于非成员国会遭到惩罚。[6]例如，气候俱乐部可能对非成员国生产的产品征收惩罚性关税。这类似于欧盟讨论的边境调节税。由此可以激励非成员国加入俱乐部，激励成员国

---

* 中文版可参见中信出版集团 2022 年版《绿色经济学》。——编者注

留在俱乐部，从而解决搭便车问题。[7]当然，关税与边境调节税也可能被滥用，成为实施保护主义措施的借口，尤其是针对新兴经济体。

韧性与逼近临界点的情形

上文提到，陷入不可持续的状态可能源自两种原因。第一是过于靠近临界点，遭遇不大的冲击也会造成负面反馈循环；第二是形成缓慢下行的趋势，逐渐靠近临界点。这两种情形都迫切需要扭转势头、增强韧性。

对气候变化而言，最紧急的问题之一是如何巩固和维持减排策略。我们是应该立刻采取重大措施，还是应该有条不紊地采纳各种气候友好型技术？这里有几方面问题值得重视。韧性是关键，如果对负面气候冲击缺乏韧性，则我们需要快速采取行动，以避免陷入负面反馈循环。冲击的持续时间也很重要，如果我们预计未来的气候冲击会长期持续，则需要避免此类冲击发生，因为在永久性变化之后的反弹显然会更加艰巨复杂。

从经济核算的角度看，对未来成本收益的贴现率在我们的集体决策中是一个关键的输入变量。如果我们降低未来福利的重要性，就意味着不鼓励为缓解气候变化而采取迅速但高成本的行动。另外，由于人口老龄化、储蓄过剩、低经济增长率和预防性储蓄的影响，利率在最近几十年来呈普遍下跌之势。由此导致贴现率较低，这意味着我们应该为缓解气候变化尽早采取行动。

临界点与不可逆性

在本书中，我始终强调陷阱和临界点会如何扼杀韧性。它们在不可逆转的情形下危害尤其巨大，类似于永久性陷阱。对气候问题而言，我们还不能非常有把握地预测许多临界点，如墨西哥湾暖流的减速变化。而这些临界点的随机性质意味着为避开它们，社会必须与之保持足够的距离。

外部性可能导致拖延，使气候变化继续靠近临界点，削弱韧性。"搭便车"鼓励了这种现象。为更好地理解这一点，我们可以设想全社会都在一个池塘里捕鱼，以维持生存。因为担心其他人会竭泽而渔，每个人都经常性地尽量赶早去打鱼。这种"搭便车"动机让整个社会越来越靠近临界点，即池塘里没有足够多的鱼来维持人们的生存。现实中对海洋的过度捕捞即是此类机制的充分体现，二氧化碳排放同样如此，例如，挽救气候变化的创新被一再推迟，技术冗余没有积累起来。在这种情况下，可以快速投入应用的应急方案是非常宝贵的。

各类创新自有其优缺点。在气候快速恶化时，地球工程技术可以提供帮助，但此类技术也可能产生意外的副作用，使人类落入新的陷阱。因此当我们研究开发此类技术时，还需要高度关注它们在很长时间之后的风险与副作用。

绿色悖论

分阶段实现各种气候变化目标（例如二氧化碳排放指标）要考虑多方面因素。德国经济学家汉斯－维尔纳·辛恩（Hans-Werner Sinn）提出，逐步提升碳排放目标会给碳排放资源的所有者（如石油和天然气公司）带来强烈激励，促使它们加快对这些资源的利用。[8]由此会产生一个矛盾，更严格的未来排放目标可能导致短期更多的二氧化碳排放，加剧气候变化趋势。

快速提升碳排放目标还可能带来另一种矛盾效应。如果我们迅疾而激进地减少碳排放量，以远离临界点，则会在地下保留更多化石燃料。它们在未来的稀缺性将因此下降，价格也会更低廉，这样可能会削弱在未来减少排放的激励。也就是说，当前的激进碳排放目标反而可能导致未来的碳排放水平提高。[9]

可见，在决定气候政策的最优排放量加码时间表时，各国政府需要把握好微妙的平衡。

事前韧性与事后韧性：规划的安全性与灵活性

合作与灵活性

排放加码策略的合作对规划的安全性至关重要。假设有一家钢铁企业考虑把能源投入品从煤炭转向氢能[10]，由于这些长期投资具有风险，企业需要确认环境政策在其规划期内会保持稳定。否则，昂贵的能源转换将可能变成亏损的沉没成本。

有清晰变化路径的碳税可以给未来的碳价格增加确定性。相比之下，以碳排放量为目标的政策措施给价格带来的确定性更小。后一类政策的例子是政府发放固定数量的可交易的排放许可证，此时价格走势会更加不确定，给企业带来与排放成本有关的风险。[11]雅克·德尔普拉（Jacques Delpla）等经济学家认为，可以由一家政府机构介入，在边际上买入或卖出许可证，以更好地稳定价格。

至于规划的确定性，关键是要减少与环境友好型技术实施有关的风险，包括价格风险。这样做的目的是降低此类投资的风险溢价，从而节约采纳环境友好型技术所需的成本。

锁定一条固定的转轨路线可以增加规划的确定性，但也会削弱提升韧性所需的灵活性。如果临界点已经相距不远，我们就需要做出选择，加倍努力，以避免陷落并实现韧性。随时间的推进重新优化政策选择，乃是成功的气候政策的核心要素之一。

时间不一致性问题

在逐步推进的重新优化过程中，我们或许会遇到时间（前后）不一致性问题。监管机构在初期需要给出承诺，让长期二氧化碳价格有清晰的变化轨迹，以帮助企业制定规划，尽量减少碳密集型产业的转轨成本。但监管机构也希望，在未来获得更多信息之后，可以对相关规则做出调整。这样的灵活性能带来韧性，却也会削弱初始的碳价格承诺的可信度。

由此，我们会面临事前韧性与事后韧性之间的权衡。事前韧性要求有约束力的确定规则，以鼓励积极采取削减碳排放的措施。但在事后，我们又希望拥有重新优化的选择权，以维持韧性。这也是新冠疫情留下的教训。公共卫生部门的官员依然需要相当的灵活度，以便根据疫情发展对卫生政策做出调整。

第 17 章　结论与展望

不管人类已经取得了多少成就,以及在未来会有何进步,我们仍将不可避免地遭受各种冲击。某些冲击可以在事前做出预测和分析,还有一些则属于"未知的未知"。既然在世界的演化中,我们无法完全避开冲击,社会就必须具有韧性,即能够反弹并恢复。如果我们足够重视韧性,它将成为值得信赖的罗盘,指引个人和社会在未知的领域中前行。

除新冠疫情外,近期还有其他一些事件可能会带来意外冲击。对这些事件的分析都带有推测性质,所以对此请不要太当真。这些事件的发展蕴含着巨大潜力,也带有显著的风险。它们可能把我们带向危险的临界点,但在现阶段,我们并不确知临界点在哪里以及可能导致何种后果。所以我们面临的一个大问题是:应该如何保持自己的韧性?

网络攻击可能使关键的基础设施瘫痪,造成混乱甚至死亡。我们是否需要法律来确保韧性，强制要求建立富余的数据备份设施？这样的冗余设施是抵御勒索软件网络攻击的关键。此类威胁已近在眼前。2021 年 5 月 8 日，勒索软件攻击迫使美国关闭了负责供应东海岸几乎一半燃油的科洛尼尔输油管道。[1]

人工智能将接手许多决策，或许能帮助我们做出若干困难选择，但也悄然限制了我们的决策自由。更重要的是，如果跨越奇点，人工智能或许会对人类思维至高无上的地位提出挑战。奇点是指技术进步变得不再可控的时刻，例如高度发达的人工智能的出现。

人类或许可以把大脑同计算机结合起来，以跟上人工智能的发展。我们或许不用再携带智能手机，而是把芯片直接植入大脑。这种脑芯片能帮助人们通过彼此的芯片直接沟通，可以视为 19—20 世纪增强人类肌肉力量的机器等技术的延续：下一步自然是扩展人类的脑力。马斯克的 Neuralink 公司与 Synchron 公司就正在开发脑芯片技术。

同样，大脑兴奋剂也可以提升认知能力。在竞争性环境里，获得顶尖大学的录取通常要求参加笔试。服用能提升成绩的药物有可能给学生带来竞争优势，好比职业体育赛事中的情形。当然，这些产品的开发并非没有风险与未知的外部性，也伴随着很多新的伦理问题。

例如，如果某人植入了脑芯片，他是否还要对自己的行为负责？如果脑芯片被黑客劫持会造成何种后果？对个人的个体特征设置数字备份和重启按钮能否提升韧性？我们又该如何保护隐私与人格？

我们正在进入一个基因与生物工程的新世界。[2] 目前，能用于移植的器官短缺已造成了许多人死亡。在未来，我们将有能力在实验室甚至在试管里创造出新的器官。这将消除许多病人的苦难，他们现在必须等待多年才能看到捐赠器官的出现。这些进步还能让我们把衰老虚弱的身体部件替换为崭新以及功能更强大的器官，甚至最终创造出超级人类，即拥有独特能力的各种超人。然而这样的发展也可能带有不可预测的危险。我们需要伦理上的安全缓冲，以便在发生差错时保护自己的恢复能力。关键在于，这些进步在全球层面上可能难以遏制，因为一些国家设立的标准可能较低，会不顾伦理继续推进研发。因此，我们需要找到一条有韧性的前进道路，原地踏步不是可行的选项。

然后我们要面临基因设计武器的问题，它可能会带来比现有的核武器、生物武器和化学武器更严重的不扩散挑战。例如，核武器不可能由个人单枪匹马设计制造，而牛津大学哲学家尼克·博斯特罗姆（Nick Bostrom）却担心，未来有人能够借助自制的生物黑客工具来摧毁人类文明。如果那样的威胁爆发，人类可能会走向万劫不复的境地。[4]

与上述技术进步有关的挑战相比，新冠疫情危机简直堪称"友善"。然而，随着全球人口的继续增长，大流行病有可能在未来会变得更加常见。

此外，冲击往往祸不单行，一场危机可能会诱发另外的危机。当我们在迎战一场危机时，另一场危机从别的角度袭来，可能让我们应声倒地。一种风险或许会制造更多的风险，例如气候变化会带来更多的蚊虫滋生，继而造成更多的疾病和大流行病。

这些事态的发展会有各不相同的形式，没有任何事物或任何人能完美地保护我们免于相关冲击。因此关键在于，确保可能的冲击

第 17 章　结论与展望　263

不会把我们击垮。我们需要保持遭受重击后重新站起来的能力，需要安全缓冲、冗余储备以及可以退守的保护区。

这里所说的"我们"应该做广义的解释，意指每个人、每个社会阶层、每个组织机构乃至整个全球社会。个人韧性对每个人和每个家庭非常重要，对于个人在面对改变人生的挑战时如何能够更为坚韧，有许多心理学的书籍能提供建议。

社会韧性同样必不可少，把社会凝聚起来的黏合剂是社会契约。社会契约的存在有两方面的理由，其一是限制人们彼此施加的外部性，包括对韧性的破坏；其二是为防范冲击提供至少部分保障。

社会契约的成功执行依赖于政府、市场与社会规范的相互作用。新冠疫情危机暴露了我们社会的巨大裂痕、社会契约及其执行的严重缺陷。不公正、不平等和种族差异考验着社会契约，并削弱了它们的韧性。一个关键之处是，有韧性的社会契约必须给特立独行者、不同意见者留下空间。这样的人有可能给意料之外的冲击找到意料之外的解决方案。在前进和应对冲击时相信科学与理性思维，倡导开放交流的文化，将有利于提升社会韧性。例如在应对新冠疫情的冲击中，我们依靠科学突破研制出有效的疫苗。

社会契约还包含制度因素，许多制度在管理和影响千百万人的交互作用。如本书所述，它们对平衡事前韧性与事后韧性非常关键。必须强调的是，这些制度本身也需要有韧性，部分源于它们给个人和家庭提供了扎根生长的土壤。制度需要有足够的灵活度，以适应我们时代的各种新挑战。

最后，新冠疫情危机淋漓尽致地表明，无论在现实空间还是在虚拟空间，我们不仅生活在自己本地的社群之中，还身处全球社会。因此，我们的全球秩序需要做出相应调整，使人类和自然在冲击后有能力恢复。例如，建立全球流行病早期预警系统有助于快速控制下一次大流行病。韧性还是可持续性的重要因素。例如，为有效应对气候变化，我们要远离可能把世界推入负面反馈循环的气候临界点。只有依靠创新才能实现持续的经济增长，同时减少我们的碳足迹。

我们既不能像鸵鸟那样把头埋进沙堆，也不能固守现状，那是两条虚幻的解决之道。韧性要求有弹性的响应和额外的缓冲资源，并且以开放的心态探寻能让我们在受挫之后重新恢复的方案。在未来的道路上，我们将需要更多的思想、创新与灵活调整。构建韧性社会离不开我们每个人的智慧。

注　释

引　言

1. 这则寓言有很多版本，就像它有不同的解读一样，最早可以追溯到古希腊。参见：La Fontaine：https：//www.oxfordlieder.co.uk/song/4871 or https：//en.wikipedia.org/wiki/The_Oak_and_the_Reed.
2. 例如，经合组织之前的工作更侧重于提高宏观经济和宏观经济管理制度的韧性。尽管如此，我对韧性的概念与这个狭隘的关注点有相似之处。韧性的概念类似于脉冲响应函数，我将在第 2 章进一步阐述。参见：https：//www.oecd.org/dac/Resilience%20Systems%20Analysis%20FINAL.pdf.
3. Ramanan Laxminarayan, *Markus' Academy*, Princeton University Webinar, March 30, 2020. https：//www.youtube.com/watch?v＝z1yHjM7szBk&list＝PLPKR-Xs1slgSWqOqaXid_9sQXsPsjV_72 &index＝31.

第 1 章　从风险管理到韧性管理

1. 下行风险通常用"风险价值"来衡量，这是 99% 置信区间内最糟糕的结果。
2. 稳定性（stability）的概念类似于恢复力，它也关注反弹。然而，稳定性概念针对较小的日常冲击,而韧性也包括突破"稳健性壁垒"的冲击。
3. Rueben Westmaas,"World Famous Chicago Skyscraper Sways in Wind,"Discovery,August 1,2019,https://www.discovery.com/exploration/World-Famous-Chicago-Skyscraper-Sway-Wind.
4. 在统计学中,抵抗力是稳健性的近亲。前者指的是个别异常数据对分析的影响很小。后者(稳健性)指的是能够避免错误的概率分布造成的偏差。
5. 如果我们将图1.3解释为代表财务回报,直线的夏普比率将是无限的,因为波动率为零。
6. 如果保持灵活性比坚持固定路径的成本更高,我们还会遇到第二个利弊权衡。例如,某个国家如果坚持财政原则,包括严格限制政府赤字规模,那么它就能以更低的利率从金融市场上借款。然而,严格执行财政原则本身可能损害未来的韧性,因为这限制了针对未来冲击的政策干预力度。反过来,强调财政的灵活性会导致政府债务风险溢价提高,因为投资人会更加担心主权债务违约。尽管政策灵活性相对较大,但偿债成本提高同样会限制未来的财政政策空间。
7. Christina Farr and Michelle Gao,"How Taiwan Beat the Coronavirus,"CNBC,July 15,2020,https://www.cnbc.com/2020/07/15/how-taiwan-beat-the-coronavirus.html.
8. 反馈回路比较全面的另一个例子是克里斯托弗·克拉克(Christopher Clark)在其著作《梦游者》(*The Sleepwalkers*)中对一战爆发后一系列事件的解释。1914年斐迪南大公在萨拉热窝遇刺去世,欧洲国家在冲突逐步升级的道路上迈出了一小步,从而更接近临界点。一旦第一个国家动员起来,就跨越了临界点。更多的国家动员起来,战争不可避免。

第3章 韧性与社会契约

1. Peter Beaumont,"Tanzania's President Shrugs Off Covid-19 Risk After Sending Fruit for Tests,"*The Guardian*,May 19,2020,https://www.theguardian.com/global-development/2020/may/19/tanzanias-president-shrugs-off-covid-19-risk-after-sending-fruit-for-tests.
2. Jake Adelstein and Nathaly-Kyoko Stucky,"Japan's Finance Minister Commits Suicide on World Suicide Prevention Day,"*The Atlantic*.September 10,2012,ht-

tps：//www.theatlantic.com/international/archive/2012/09/japans-finance-minister-commits-suicide-world-suicide-prevention-day/323787/.

3. République Française，"Non-Respect de l'Obligation de Port du Masque：Quelles sont les Règles?" October 21，2020，https：//www.service-public.fr/particuliers/vosdroits/F35351.

4. 在经济学界，对外部性征税的想法被称为"庇古税"，以英国经济学家阿瑟·庇古的名字命名。

5. Michael Spence，*Markus' Academy*，Princeton University Webinar，July 6，2020，https：//www.youtube.com/watch? v = 92-vc238_nI&list = PLPKR-Xs1slgSWqOqaXid_9sQXsPsjV_72&index = 6.

6. Raghuram Rajan，"Raghuram Rajan on Covid-19：Is It Time to Decentralise Power?" Coronanomics，July 22，2020，https：//www.youtube.com/watch? v = VU9d5Iyudys.

7. Michaela Wiegel，"Wie Frankreich die Akzeptanz der Corona-Ma？nahmen Verspielt," *Frankfurter Allgemeine*，September 24，2020，https：//www.faz.net/aktuell/politik/ausland/wie-frankreich-die-akzeptanz-der-corona-massnahmen-verspielt-16969296.html.

8. Ursula Nonnemacher，"Brandenburger Kreise Haben bis zur 200er-Inzidenz Freie Hand," RBB，March 15，2021，https：//www.rbb24.de/studiocottbus/panorama/coronavirus/beitraege_neu/2021/03/elbe-elster-corona-inzidenz-massnahmen-eingriff-land-brandenburg.html.

9. 这种逻辑可以很容易地用口罩生产来说明。下面是对米尔顿·弗里德曼著名铅笔例子的简单改编。世界上没有一个人知道如何完全从头开始制作口罩。口罩需要经过加工的塑料，一种由石油制成的聚丙烯，原产于得克萨斯州或阿拉伯海湾国家。鼻夹需要金属，可能是铁或钢。口罩需要一个包装，需要用纸浆制成的纸板。总的来说，是一个复杂的过程。在新冠疫情暴发后，在规定的时间内收集所有信息以快速计算需增加的口罩产量似乎令人望而生畏或不可能。这当然不切实际。这个口罩生产的例子正如哈耶克所说的：经济是如此复杂，没有一个单一的模型能够捕捉到所有的互动。然而，信息丰富的价格信号对于接近创新前沿的经济体确保资源的最优配置来说至关重要。有一句名言这样说，当人们仍然使用固定电话时，关闭价格信号就像切断电话线。

10. Moncef Slaoui and Matthew Hepburn，"Developing Safe and Effective Covid Vac-

cines—Operation Warp Speed's Strategy and Approach," *New England Journal of Medicine* 383, no. 18（2020）：1701-1703. https：//www.nejm.org/doi/full/10.1056/NEJMp2027405.

11. Riley Griffin and Drew Armstrong, "Pfizer Vaccine's Funding Came from Berlin, not Washington," Bloomberg, September 11, 2020, https：//www.bloomberg.com/news/articles/2020-11-09/pfizer-vaccine-s-funding-came-from-berlin-not-washington.

第4章 对疫情浪潮的行为反应与韧性幻觉

1. Ramanan Laxminarayan, *Markus' Academy*, Princeton University Webinar, March 30, 2020. https：//www.youtube.com/watch?v=z1yHjM7szBk&list=PLPKR-Xs1slgSWqOqaXid_9sQXsPsjV_72&index=31.

2. John Cochrane, *Markus' Academy*, Princeton University Webinar, May 18, 2020, https：//www.youtube.com/watch?v=H6sSvqD9Xsw&list=PLPKR-Xs1slgSWqOqaXid_9sQXsPsjV_72&index=18.

3. Raj Chetty, John N. Friedman, Nathaniel Hendren, and Michael Stepner, "The Economic Impacts of COVID-19：Evidence from a New Public Database Built Using Private Sector Data," Opportunity Insights. November 5, 2020, https：//opportunityinsights.org/wp-content/uploads/2020/05/tracker_paper.pdf.

4. Raj Chetty, *Markus' Academy*, Princeton University Webinar, June 2017, 2020, https：//www.youtube.com/watch?v=ip5pz7gOSwI&list=PLPKR-Xs1slgSWqOqaXid_9sQXsPsjV_72&index=11.

5. Chetty, *Markus' Academy*, 2020.

6. Ibid.

7. NBER, *NBER Digest*, August 8, 2020, https：//www.nber.org/digest-2020-08.

8. Lawrence Summers, *Markus' Academy*, Princeton University Webinar, May 22, 2020, https：//www.youtube.com/watch?v=cZmRtQCR2ns&list=PLPKR-Xs1slgSWqOqaXid_9sQXsPsjV_72&index=17.

9. 从经济角度讲，外部性是个体 i 影响另一个个体 j 的效用的行为：$\partial u^i(a^i, a^{-i}) / \partial a^{-i}$。策略互补则取决于交叉导数：一个个体施加在另一个个体上的外部性如何影响后者的行为：$\partial \frac{\partial u^i(a^i, a^{-i})}{\partial a^i} / \partial a^{-i}$。

10. Peter DeMarzo, Dimitri Vayanos, and Jeffrey Zwiebel, "Persuasion Bias, Social Influence, and Unidimensional Opinions," *Quarterly Journal of Economics* 118, no. 3（2003）：909－968.

11. 就像山墙前的哭喊者听到自己的声音被回声放大。

12. Zeckhauser（2020）在气候变化政策方面提出了同样的观点。

13. Rajan（2020）和 Cochrane（2020）提出了同样的观点，但不只是针对印度。

14. Franklin Delano Roosevelt, "'Only Thing We Have to Fear Is Fear Itself': FDR's First Inaugural Address," History Matters, 1933, historymatters. gmu/edu/d/5057.

15. Markus Brunnermeier and Jonathan Parker, "Optimal Expectations," *American Economic Review* 95, no. 4（2005）：1092－1118.

16. Veronika Arnold, "Ansturm auf Skigebiete trotz Lockdown：Nächster Wintersport-Ort nun abgeriegelt－'Wurden überrannt,'" Merkur, January 5, 2021, https：// www. merkur. de/welt/coronavirus-skigebiete-lockdown-oberhof-deutschland-ansturm-nrw-willingen-eifel-winterberg-90157267. html.

17. 对此假说的详细信息可参见：Bengt Holmstrom, "The Seasonality of Covid-19." Princeton Bendheim Center for Finance（Webinar）, October 22, 2020, https：//www. youtube. com/ watch？v = z95U8FU9gMQ.

18. Google, Google Covid Case Tracker, South Dakota, 2021, https：//www. google. com/ search？q = covid + cases + in + south + dakota &oq = covid + cases + in + south + dakota& aqs = chrome. . 69i57j0l2j0i395l7. 4013j1j7&sourceid = chrome&ie = UTF-8.

19. Saxony Government, "Infektionsfälle in Sachsen," March 18, 2021, https：// www. coronavirus. sachsen. de/infektionsfaelle-in-sachsen-4151. html.

20. Mitteldeutscher Rundfunk, "Verschwörungstheorien in Sachsen：Ein wilder," Legenden-Mix, April 27, 2020, https：//www. mdr. de/nachrichten/sachsen/corona-verschwoerungstherorien-populismus-100. html.

第5章　信息、检测与追踪

1. Lawrence Summers, *Markus' Academy*, Princeton University Webinar, May 22, 2020, https：//www. youtube. com/watch？v = cZmRtQCR2ns&list = PLPKR-Xs1slgSWqOqaXid_9sQXsPsjV_7 2&index = 17.

2. Paul Romer, *Markus' Academy*, Princeton University Webinar, April 3, 2020, ht-

tps：//www. youtube. com/watch？v = q9z0eu4piHw&list = PLPKR-Xs 1slgSWqO qaXid_9sQXsPsjV_72&index = 30.

3. Ibid.

4. Daron Acemoglu, Victor Chernozukhov, Ivan Werning, and Michael Whinston, "Optimal Targeted Lockdowns," MIT Economics Department, May 2020, economics. mit. edu/files/19698.

5. Daron Acemoglu, *Markus' Academy*, Princeton University Webinar, May 8, 2020, https：//www. youtube. com/watch？v = NqtS8MZBuZ0&list = PLPKR-Xs1slgSWq OqaXid_9sQXsPsjV_72&index = 20.

6. Econreporter, "US Needs Large-Scale Covid Testing Urgently：Nobel Winning Economist Paul Romer," June 28, 2020, https：//en. econreporter. com/2020/06/its-intellectual-failure-nobel-economics-winner-paul-romer-on-why-us-needs-large-scale-COVID-testing-urgently/.

7. Paul Romer, *Markus' Academy*, April 3, 2020.

8. 假设1%的人口是新冠病毒阳性，但有10%的检测阳性。（有疫情的国家通常是这样的。）然后认为检测结果准确率为95%。这意味着5%感染者的检测结果可能显示为阴性。感兴趣的读者可能会想起高中数学中的贝叶斯法则。随机获得阴性检测结果的人只有99.94%的概率。因此，少数结果为阴性的人仍将携带病毒。尽管边际信息增长仅代表感染新冠病毒的概率降低了0.994%，但人们可能会误认为感染新冠病毒的概率要高得多。

9. Monica de Bolle, *Markus' Academy*, Princeton University Webinar, February 25, 2021. https：//www. youtube. com/watch？v = Ptsg_EjCXxw.

10. BBC, "Coronavirus：Under Surveillance and Confined at Home in Taiwan," March 24, 2020, https：//www. bbc. co. uk/news/ technology-52017993.

11. Welt, "Das ist Drostens Plan für den Herbst," August 5, 2020, https：// www. welt. de/politik/deutschland/article212941080/Christian-Drosten-Buerger-sollen-Kontakt-Tagebuch-fuehren. html.

12. Daron Acemoglu, *Markus' Academy*, May 8, 2020.

13. Ramanan Laxminarayan, *Markus' Academy*, Princeton University Webinar, March 30, 2020. https：//www. youtube. com/watch？v = z1yHjM7szBk&list = PLPKR-Xs1slgSWqOqaXid_9sQXsPsjV_72 &index = 31.

第6章 沟通：对焦虑的管理

1. ui（u-i）.
2. Moses Shayo, "A Model of Social Identity with an Application to Political Economy: Nation, Class, and Redistribution," *American Political Science Review* (2009): 147–174; Gene Grossman and Elhanan Helpman, "Identity Politics and Trade Policy," Princeton University, July 2019, https://www.princeton.edu/~grossman/SocialIdentityJuly2019.pdf.
3. David McGuire, James EA Cunningham, Kae Reynolds, and Gerri Matthews-Smith, "Beating the Virus: An Examination of the Crisis Communication Approach Taken by New Zealand Prime Minister Jacinda Ardern During the Covid-19 Pandemic," *Human Resource Development International* 23, no. 4 (2020): 361–379.
4. Harold James, *Markus' Academy*, Princeton University Webinar, April 24, 2020, https://www.youtube.com/watch?v=PVIm4BdBmTI.
5. Harold James, *Markus' Academy*, April 24, 2020, "Morale is a crucial part in fighting any war."
6. Jean Tirole, "Allons-Nous Enfin Apprendre Notre Leçon?" LinkedIn, April 14, 2020, https://www.linkedin.com/pulse/allons-nous-enfin-apprendre-notre-le%C3%A7on-jean-tirole/.
7. Esther Duflo 指出从一个可靠信息源得到信息要比信息内容本身更重要，参见：Esther Duflo, *Markus' Academy*, Princeton University Webinar, February 11, 2021, https://www.youtube.com/watch?v=15PMtvJBI-s.
8. Tim Harford, "Statistics, Lies, and the Virus: Tim Harford's Five Lessons from a Pandemic" (Blog), September 17, 2020, https://timharford.com/2020/09/statistics-lies-and-the-virus-five-lessons-from-a-pandemic/.
9. 我在2020年4月Angus Deaton参与的网络研讨会上的介绍性发言。
10. Angus Deaton, *Markus' Academy*, Princeton University Webinar, April 13, 2020, 21:20, https://www.youtube.com/watch?v=2uzASRQz4gM.
11. Angus Deaton, *Markus' Academy*, April 13, 2020, 31:09, 31:51, and 32:02.
12. Abhijit Banerjee, Marcella Alsam, Emily Breza, Arun Chandrasekhar, Abhijit

Chowdhury, Esther Dufo, Paul Goldsmith Pinkham, and Benjamin Olken, "Messages on Covid-19 Prevention Increased Symptoms Reporting and Adherence to Preventative Behaviors Among 25 Million Recipients with Similar Effects on Non-Recipient Members of Their Communities," *NBER Working Papers*, no. 27496 (July 2020), https://www.nber.org/system/files/working_papers/w27496/w27496.pdf.

13. Andreas Kluth, "Like a Virus, QAnon Spreads from the U.S. to Germany," *Bloomberg*, September 21, 2020, https://www.bloomberg.com/opinion/articles/2020-09-22/like-a-virus-qanon-spreads-from-the-u-s-to-europe-germany?sref=ATN0rNv3.

14. David Brooks, *Munk Dialogues*. Peter and Melanie Munk Charitable Foundation, July 22, 2020, 18:50, https://www.youtube.com/watch?v=W0dbDFJR3A4&feature=youtu.be.

15. Tyler Cowen, *Markus' Academy*, Princeton University Webinar, April 10, 2020, https://www.youtube.com/watch?v=FPsPmkp6sdM&list=PLPKR-Xs1slgSWqOqaXid_9sQXsPsjV_72&index=28.

第7章 疫苗与新常态的设计

1. 例如20%的新冠患者感染两个月后仍伴有胸痛。参见：Columbia University Irving Medical Center, "Long Haul Covid: Columbia Physicians Review What's Known," March 22, 2021, https://www.cuimc.columbia.edu/news/long-haul-covid-columbia-physicians-review-whats-known.

2. Naomi Kresge, "Pfizer-BioNTech Covid Vaccine Blocks Most Spread in Israel Study," Bloomberg, March 11, 2021, https://www.bloomberg.com/news/articles/2021-03-11/pfizer-biontech-covid-vaccine-blocks-most-spread-in-israel-study.

3. 这个数字来自Michael Kremer的网络研讨会。其他估计在2美元或3美元。参见：*The Economist*, "'The Covid-19 Pandemic Will Be Over by the End of 2021,' says Bill Gates," August 18, 2020, https://www.economist.com/international/2020/08/18/the-covid-19-pandemic-will-be-over-by-the-end-of-2021-says-bill-gates.

4. Michael Kremer, *Markus' Academy*, Princeton University Webinar, May 1, 2020,

19：00 and 21：46，https：//www.youtube.com/watch? v = C8W8JQLTECc.

5. Michael Peel and Joe Miller，"EU Hits Back as Blame Game Over Vaccine Procurement Intensifies，" *Financial Times*，January 7，2021. https：//www.ft.com/content/c1575e05-70e5-4e5f-b58c-cde5c99aba5f.

6. Lawrence Summers，*Markus' Academy*，Princeton University Webinar，May 22，2020，05：50 https：//www.youtube.com/watch? v = cZmRtQCR2ns&list = PLPKR-Xs1slgSWqOqaXid_9sQXsPsjV_7 2&index = 17.

7. Michael Kremer，*Markus' Academy*，Princeton University Webinar，May 1，2020，26：39，27：55，and 28：30，https：//www.youtube.com/watch? v = C8W8JQLTECc.

8. Michael Kremer，*Markus' Academy*，2020，3：30，4：25，4：56，and 8：15.

9. Michael Kremer，*Markus' Academy*，2020，20：27.

10. Michael Kremer，*Markus' Academy*，2020，37：15，37：40，40：00，and 41：05.

11. Michael Kremer，*Markus' Academy*，2020，47：20.

12. Ralph Sina and Dominik Lauck，"Warum Israel Genug Impfstoff Hat，" Tagesschau，January 23，2021，https：//www.tagesschau.de/ausland/ impfstoff-israel-biontech-101.html.

13. Christoph Gurk，"Lateinamerika wird zum Testfeld für die Pharmaindustrie，" Süddeutsche Zeitung，August 3，2020，https：// www.sueddeutsche.de/politik/coronavirus-impfstoff-lateinamerika-pharmaindustrie-1.4986326.

14. Bill Gates，"How the Pandemic Will Shape the Near Future，" TED，July 6，2020，27：00，https：//www.youtube.com/watch? v = jmQWOPDqxWA.

15. 这篇论文提出了一个相关的观点，前提是疫苗的有效性：Laura Matrajt，Julia Eaton，Tiffany Leung，and Elizabeth Brown，"Vaccine Optimization for Covid-19：Who to Vaccinate First?" Science Advances，2021.

16. Christian Siedenbiedel，"In der Krise Horten die Menschen Bargeld，" *Frankfurter Allgemeine*，September 24，2020，https：//www.faz.net/aktuell/finanzen/meine-finanzen/sparen-und-geld-anlegen/ezb-wirtschaftsbericht-in-der-krise-wird-bargeld-gehortet-16969517.html.

17. 对这一想法的严格理论分析，但没有具体应用于新冠疫情。参见：Vianney Perchet，Philippe Rigollet，Sylvain Chassang，and Erik Snowberg，"Batched Bandit Problems，" *Annals of Statistics* 44，no. 2（2016）：660–681，https：//

注 释 275

arxiv. org/abs/1505. 00369.

18. Sam Ball, "'I Won't Take the Risk': France Leads the World in Covid-19 Vaccine Scepticism," France 24, November 20, 2020, https: //www. france24. com/en/france/20201120-i-won-t-take-the-risk-france-leads-the-world-in-covid-19-vaccine-scepticism.

19. *The Guardian*, "Joe Biden Receives Coronavirus Vaccine," video, December 21, 2020, https: //www. theguardian. com/us-news/video/2020/dec/21/joe-biden-receives-coronavirus-vaccine-video.

20. Abdelraouf Arnaout, "Netanyahu to Be First Israeli to Take Covid-19 Vaccine," *Anadolu Agency*, December 9, 2020, https: //www. aa. com. tr/en/middle-east/netanyahu-to-be-first-israeli-to-take-covid-19-vaccine/2070779.

21. Tobias Heimbach, "Biden, Netanjahu & Co.: Spitzenpolitiker weltweit lassen sich? ffentlich impfen – wann kommt Merkel an die Reihe?" Business Insider, December 23, 2020, https: //www. businessinsider. de/ politik/deutschland/corona-impfung-joe-biden-wurde-geimpft-merkel/.

22. David Walsh, "Do We Need Coronavirus 'Vaccine Passports' to Get Europe Moving Again? Euronews Asks the Experts," Euronews, December 11, 2020, https: //www. euronews. com/2020/12/11/do-we-need-coronavirus-vaccine-passports-to-get-the-world-moving-again-euronews-as-the-e.

23. BBC, "Covid: EU Plans Rollout of Travel Certificate before Summer," March 18, 2020, https: //www. bbc. co. uk/news/world-europe-56427830.

24. Bill Birtles, "China Embraces Coronavirus Vaccine Passports for Overseas Travel, but Other Countries Foresee Concerns," ABC News, March 17, 2021, https: //www. abc. net. au/news/2021-03-17/china-embraces-vaccine-passports-while-the-west-mulls-ethics/13252588.

25. *The Economist*, "How Well Will Vaccines Work?" February 11, 2021, https: //www. economist. com/leaders/2021/02/13/how-well-will-vaccines-work.

第三篇　宏观经济的韧性

1. Paul Krugman, *Markus' Academy*, Princeton University Webinar, May 16, 2020, 31: 05 and 31: 58, https: //www. youtube. com/watch? v = h1ZiTIou0_8&list =

PLll591lvzxc3xwUuEkOVl1PNngFm9cZnH& index = 17.

2. Paul Krugman, *Markus' Academy*, May 16, 2020, 46：30.

3. Paul Krugman, *Markus' Academy*, May 16, 2020, 34：23.

4. Paul Krugman, *Markus' Academy*, May 16, 2020, 35：18, 39：20, and 40：15.

5. Jerome Powell 也强调新冠疫情带来的衰退和2008年大衰退的区别。参见：Jerome Powell, *Markus' Academy*, Princeton University Webinar, January 14, 2021, https：//www.youtube.com/watch? v = TEC3supZwvM.

6. Paul Krugman, *Markus' Academy*, May 16, 2020, 46：30 and 46：50.

7. 这个数字是根据Takatoshi Ito 的研究得出的。

8. Olivier Coibion, Yuriy Goridnichenko, and Michael Weber, "How Did US Consumers Use Their Stimulus Payments?" *NBER Working Papers*, no. 27693（August 2020）, https：//www.nber.org/papers/w27693.

9. 请观看一段概述和解释该概念的六分钟视频：Daniel Rosenberg, "How Digital Coupons Fuel China's Economic Recovery," Luohan Academy, May 27, 2020, https：//www.luohanacademy.com/insights/e0d638c3f840e3be.

第8章　创新促进长期增长

1. Jared Spataro, "2 Years of Digital Transformation in 2 Months," Microsoft, April 30, 2020, https：//www.microsoft.com/en-us/microsoft-365/blog/2020/04/30/2-years-digital-transformation-2-months/.

2. Harold James, *Markus' Academy*, Princeton University Webinar, April 24, 2020, 1：03：05, https：//www.youtube.com/watch? v = PVIm4BdBmTI.

3. Tyler Cowen, *Markus' Academy*, Princeton University Webinar, April 10, 2020, https：//www.youtube.com/watch? v = FPsPmkp6sdM&list = PLPKR-Xs1slgSWqOqaXid_9sQXsPsjV_72&index = 28.

4. Stan Leibowitz and Stephen E. Margolis, "The Fable of Keys," *Journal of Law and Economics* 33, no. 1（1990）：1 – 25.

5. Nick Bloom, *Markus' Academy*, Princeton University Webinar, December 3, 2020, 10：55, https：//www.youtube.com/watch? v = N8_rvy-hqUs.

6. Adam Green, "Covid-19 Pandemic Accelerates Digital Health Reforms," *Financial Times*, May 17, 2020, https：//www.ft.com/content/31c927c6-684a-11ea-a6ac-

9122541af204.

7. Eric Schmidt, *Markus' Academy*, Princeton University Webinar, July 27, 2020, 23：30, https：//www.youtube.com/watch? v = 726B0y1D5ZM&t = 31s.

8. Eric Schmidt, *Markus' Academy*, July 27, 2020, 58：10.

9. Devon Carter, "Can mRNA Vaccines Be Used in Cancer Care?" MD Anderson Cancer Center, January 25, 2021, https：//www.mdanderson.org/ cancerwise/can-mrna-vaccines-like-those-used-for-covid-19-be-used-in-cancer-care. h00-159457689. html.

10. Erika Solomon, "BioNTech Seeks to Develop a More Effective Malaria Vaccine," *Financial Times*, July 26, 2021, https：//www.ft.com/content/ e112b318-aced-482b-be4f-ec76f39cdc3f.

11. Eric Schmidt, *Markus' Academy*, July 27, 2020, 43：02.

12. Ibid.

13. Jose Maria Barrero, Nick Bloom, and Steven J Davis, "COVID-19 Is also a Reallocation Shock," Brookings Institute, June 25, 2020, https：//www.brookings.edu/wp-content/uploads/2020/06/Barrero-et-al-conference-draft.pdf.

14. 有时"旅行"意味着走去另一栋楼。

15. Nick Bloom, *Markus' Academy*, December 3, 2020, 15：10 and 38：55.

16. Nick Bloom, James Liang, John Roberts, and Zhichun Jenny Ying, "Does Working from Home Work? Evidence from a Chinese Experiment," *Quarterly Journal of Economics* 130, no. 1 (2015)：165 – 218.

17. *The Guardian*, "Big Brother Isn't Just Watching：Workplace Surveillance Can Track Your Every Move," November 6, 2017, https：//www.theguardian.com/world/2017/nov/06/workplace-surveillance-big-brother-technology.

18. Jonathan Dingel and Brent Neiman, "How Many Jobs Can be Done at Home?" Becker Friedman Institute for Economics Working Paper, June 19, 2020, https：// bfi.uchicago.edu/wp-content/uploads/BFI_White-Paper_Dingel_Neiman_3.2020.pdf.

19. 本段主要借鉴了麦肯锡的分析：Susan Lund, Anu Madgavkar, James Manyika, and Sven Smit, "What's Next for Remote Work：An Analysis of 2000 Tasks, 800 Jobs, and Nine Countries," McKinsey Global Institute, November 23, 2020, https：//www.mckinsey.com/featured-insights/future-of-work/whats-next-for-remote-work-an-analysis-of-2000-tasks-800-jobs-and-nine-countries? sid = blankform&sid

= cd37a5db-95fb-4455-8ed2-f6b0596b8bcb#.

20. Jose Maria Barrero, Nick Bloom, and Stephen Davis, "Why Working from Home Will Stick," Stanford Working Paper, April 2021, https://nbloom.people.stanford.edu/sites/g/files/sbiybj4746/f/why_wfh_will_stick_21_april_2021.pdf.

21. Susan Lund et al., "What's Next for Remote Work," 2020.

22. Nick Bloom, *Markus' Academy*, December 3, 2020, 52:50.

23. Nick Bloom, *Markus' Academy*, December 3, 2020, 50:00 and 52:50.

24. Lawrence Summers, *Markus' Academy*, Princeton University Webinar, May 22, 2020, 54:48, https://www.youtube.com/watch?v=cZmRtQCR2ns&list=PLPKR-Xs1slgSWqOqaXid_9sQXsPsjV_72&index=17.

25. Elizabeth Schulze, "Robert Shiller Warns that Urban Home Prices Could Decline," CNBC, July 13, 2020, https://www.cnbc.com/2020/07/13/robert-shiller-warns-that-urban-home-prices-could-decline.html.

26. Antonia Cundy, "The Home Buyers Making Their Tuscan Dream a Reality," *Financial Times*, August 19, 2020, https://www.ft.com/content/2a127c83-08ba-4ad7-8a1b-19dcaee5c6ae.

27. Nick Bloom, *Markus' Academy*, December 3, 2020, 51:20.

28. Laura Lombrana, "An Urban Planner's Trick to Making Bikeable Cities," Bloomberg, August 5, 2020, https://www.bloomberg.com/news/articles/2020-08-05/an-urban-planner-s-trick-to-making-bike-able-cities?sref=ATN0rNv3.

29. Tyler Cowen, *Markus' Academy*, April 10, 2020, 13:10.

30. Christian Siedenbiedel, "In der Krise Horten die Menschen Bargeld," Frankfurter Allgemeine, September 24, 2020, https://www.faz.net/aktuell/finanzen/meine-finanzen/sparen-und-geld-anlegen/ezb-wirtschaftsbericht-in-der-krise-wird-bargeld-gehortet-16969517.html.

31. Eric Schmidt, *Markus' Academy*, July 27, 2020, 51:55.

32. Nana yaa Boakye-Adjei, "Covid-19: Boon and Bane for Digital Payments and Financial Inclusion," Bank for International Settlements, Financial Stability Institute, July 2020, https://www.bis.org/fsi/fsibriefs9.pdf.

33. Markus Brunnermeier, Harold James, and Jean-Pierre Landau, "The Digitalization of Money," Princeton University Working Paper, 2019.

34. 见欧洲银行管理局的演示文件以及: Markus Brunnermeier, "Money in the

Digital Age," Speech delivered at the EBA Research Workshop, November 25, 2020, https：//www. youtube. com/ watch? v = QdlSzTnOlkg.
35. Saritha Rai, "Apple Alum Builds App to Help Millions in Indian Slums Find Jobs," Bloomberg, August 13, 2020, https：//www. bloomberg. com/news/articles/2020-08-14/apna-job-app-aims-to-connect-india-s-workers-with-employees? sref = ATN0rNv3.
36. *The Economist*, "When Will Office Workers Return?" February 20, 2021, https：//www. economist. com/business/2021/02/20/when-will-office-workers-return.
37. Chris Arkenberg, "Will Gaming Keep Growing When the Lockdowns End?" Deloitte, July 8, 2020, https：//www2. deloitte. com/be/en/pages/technology-media-and-telecommunications/articles/video-game-industry-trends. html.
38. Bijan Stephen, "The Lockdown Live-Streaming Numbers Are Out, and They're Huge," The Verge, May 13, 2020, https：//www. theverge. com/2020/5/13/21257227/coronavirus-streamelements-arsenalgg-twitch-youtube-livestream-numbers.
39. Mark Aguiar, Mark Blis, Kofi Kerwin, and Erik Hurst, "Leisure Luxuries and the Labor Supply of young Men," *Journal of Political Economy*, (2021)：337 – 382.

第9章 疤痕效应

1. Jeremy Stein, *Markus' Academy*, Princeton University Webinar, May 11, 2020, 26：10 and 27：12, https：//www. youtube. com/ watch? v = 0iNQNzAUDiw.
2. 艾滋病出现于20世纪60年代，处于世界卫生组织界定的大流行病和流行病之间。在20世纪90年代高峰期，每年约有330万人感染艾滋病毒，而仅2020年就有8 000多万人检测出感染新冠病毒。
3. 关于经济机制以及对大衰退和新冠疫情的两个应用，请参见：Julian Kozlowski, Venky Venkateswaran, and Laura Veldkamp, "Scarring Body and Mind：The Long-Term Belief-Scarring Effects of Covid-19," *NBER Working Papers*, no. 27439（June 2020）. https：//www. nber. org/papers/w27439.
4. Solveig Godeluck, "Cette Épargne des Ménages qui Menace de Nuire à la Reprise," LesEchos, July 29, 2020, https：//www. lesechos. fr/economie-france/social/Covid-cette-epargne-des-menages-qui-menace-de-nuire-a-la-reprise-1227200.

5. Michael Spence, *Markus' Academy*, Princeton University Webinar, July 6, 2020, 20:00 and 30:13, https://www.youtube.com/watch?v=92-vc238_nI&list=PLPKR-Xs1slgSWqOqaXid_9sQXsPsjV_72&index=6.

6. Ulrike Malmendier and Stefan Nagel, "Depression Babies: Do Macroeconomic Experiences Affect Risk Taking?" *The Quarterly Journal of Economics* 126, no. 1 (2011): 373–416.

7. Nicola Gennaiolo, Andei Shleifer, and Robert Vishny, "Neglected Risks: The Psychology of Financial Crises," *American Economic Review* 105, no. 5 (2015): 310–14.

8. Jose Maria Barrero, Nick Bloom, and Steven J Davis, "COVID-19 Is also a Reallocation Shock," Brookings Institute, June 25, 2020, https://www.brookings.edu/wp-content/uploads/2020/06/Barrero-et-al-conference-draft.pdf.

9. *The Renaissance: The Age of Michelangelo and Leonardo da Vinci*, Documentary film by DW, April 28, 2019, 22:00 to 26:00, https://www.youtube.com/watch?v=BmHTQsxxkPk.

10. Robert Hall and Marianna Kudlyak, "The Inexorable Recoveries of US Unemployment," *NBER Working Papers*, no. 28111 (November 2020), https://sites.google.com/site/mariannakudlyak/home/inexorable_recoveries.

11. Paul Krugman, *Markus' Academy*, Princeton University Webinar, May 16, 2020, 1:03:04, https://www.youtube.com/watch?v=h1ZiTIou0_8&list=PLll591lvzxc3xwUuEkOVl1PNngFm9cZnH&index=17.

12. Veronica Guerrieri, *Markus' Academy*, Princeton University Webinar, June 19, 2020, 1:14:15, https://www.youtube.com/watch?v=x2npgxzuTVg.

13. Erik Hurst, *Markus' Academy*, Princeton University Webinar, March 20, 2021, 52:15, https://www.youtube.com/watch?v=VG7KS5sLABy.

14. Joseph Stiglitz, *Markus' Academy*, Princeton University Webinar, April 27, 2020, 30:08, https://www.youtube.com/watch?v=_6SoT97wo3g.

15. Joseph Stiglitz, *Markus' Academy*, April 27, 2020, 34:22 and 35.00.

16. Raj Chetty, *Markus' Academy*, Princeton University Webinar, June 2017, 2020, 1:00:41 and 1:01:27, https://www.youtube.com/watch?v=ip5pz7gOSwI&list=PLPKR-Xs1slgSWqOqaXid_9sQXsPsjV_72&index=11.

17. Philip Oreopoulos, Till Von Wachter, and Andrew Heisz, "The Short-and Long-

Term Career Effects of Graduating in a Recession," *American Economic Journal: Applied Economics* 4, no. 1 (2012): 1–29.

18. Jonathan Heathcote, Fabrizio Perri, and Giovannia Violante, "The Rise of US Earnings Inequality: Does the Cycle Drive the Trend?" Princeton University, May 31, 2020, http://violante.mycpanel.princeton.edu/Journals/Draft_05-31-20_JH.pdf.

19. Olivier Blanchard and Lawrence Summers, "Hysteresis in Unemployment," *European Economic Review*, (1987): 288–295.

20. Olivier Blanchard, "Should We Reject the Natural Rate Hypothesis," *Journal of Economic Perspectives* 32, no. 1 (2018): 97–120.

21. Viral Acharya and Sascha Steffen, "The Risk of Being a Fallen Angel and the Corporate Dash for Cash in the Midst of COVID," *NBER Working Papers*, no. 2760127601 (July 2020), https://www.nber.org/papers/w27601.

22. Ramanan Laxminarayan, *Markus' Academy*, Princeton University Webinar, March 30, 2020, 41:45 and 51:00, https://www.youtube.com/watch?v=z1yHjM7szBk&list=PLPKR-Xs1slgSWqOqaXid_9sQXsPsjV_72&index=31.

23. John C. Haltiwanger, "John Haltiwanger Describes How New Business Applications Surged during the Pandemic," NBER, July 12, 2021, https://www.nber.org/affiliated-scholars/researchspotlight/john-haltiwanger-describes-how-new-business-applications-surged-during-pandemic.

24. Reuters, "Germany to Extend Insolvency Moratorium for Virus-Hit Companies," August 25, 2020, https://www.reuters.com/article/healthcoronavirus-germany-bankruptcy-idUSL8N2FR36J.

25. 在20世纪90年代初的银行业危机之后,日本僵尸企业的持续存在占用了更健康企业的资源,从而对生产率增长产生长期负面影响。参见:Ricardo Caballero, Takeo Hoshi, and Anil Kashyap, "Zombie Lending and Depressed Restructuring in Japan," *American Economic Review* 98, no. 5 (2008): 1943–77.

26. Robin Greenwood, Benjamin Iverson, and David Thesmar, "Sizing Up Corporate Restructuring in the Covid Crisis," Brookings, September 23, 2020, https://www.brookings.edu/bpea-articles/sizing-up-corporate-restructuring-in-the-covid-crisis/.

27. Tyler Cowen, *Markus' Academy*, Princeton University Webinar, April 10, 2020, 36:08, https://www.youtube.com/watch?v=FPsPmkp6sdM&list=PLPKR-

Xs1slgSWqOqaXid_9sQXsPsjV_72&index=28.

28. Arvind Krishnamurthy, *Markus' Academy*, Princeton University Webinar, June 29, 2020, 41:00, https://www.youtube.com/watch?v=voVh9By3Lp4.
29. Arvind Krishnamurthy, *Markus' Academy*, June 29, 2020, 28:40.
30. Arvind Krishnamurthy, *Markus' Academy*, June 29, 2020, 52.18.
31. Joseph Stiglitz 呼吁引入超级版"第11章",参见:Joseph Stiglitz, *Markus' Academy*, April 27, 2020, 49:11.
32. Robin Greenwood et al., "Sizing Up Corporate Restructuring in the Covid Crisis."
33. Mark Fehr, "Zombiefirmen könnten Insolvenzwelle auslösen," Frankfurter Allgemeine, April 29, 2021, https://www.faz.net/aktuell/wirtschaft/unternehmen/zombiefirmen-koennten-insolvenzwelle-ausloesen-17312952.html.

第10章 金融市场的锯齿状波动:中央银行保护金融韧性

1. Nikou Asgari, Joe Rennison, Philip Stafford, and Hudson Lockett, "Companies Raise $400bn Over Three Weeks in Blistering Start to 2021," *Financial Times*, January 26, 2021, https://www.ft.com/content/45770ddb-29e0-41c2-a97a-60ce13810ff2?shareType=nongift.
2. Adam Samson, "Bitcoin's Revival: Boom or Bubble?" *Financial Times*, November 18, 2020, https://www.ft.com/content/a47090ee-fdf5-4cfa-9d17-47c56afad8c3.
3. Paul Samuelson (1966), quoted in: John C. Bluedorn et al., "Do Asset Price Drops Foreshadow Recessions?" (2013), p. 4.
4. Gita Gopinath, *Markus' Academy*, Princeton University Webinar, May 29, 2020, 42:15, https://www.youtube.com/watch?v=GjUBIxR5W78.
5. Gavyn Davies, "The Anatomy of a Very Brief Bear Market," *Financial Times*, August 2, 2020, https://www.ft.com/content/cd8e2299-161b-4f17-adad-ac6d8a730049.
6. Ming Jeong Lee and Toshiro Hasegawa, "BOJ Becomes Biggest Japan Stock Owner with ¥45.1 Trillion Hoard," *The Japan Times*, December 7, 2020, https://www.japantimes.co.jp/news/2020/12/07/business/boj-japan-biggest-stock-owner/.
7. LE News, "The Swiss National Bank Owns More A-Class Facebook Shares than Zuckerberg," April 4, 2018, https://lenews.ch/2018/04/04/the-swiss-nation-

al-bank-owns-more-a-class-facebook-shares-than-zuckerberg/.

8. Niels Gormsen and Ralph Koijen, "Coronavirus: Impact on Stock Prices and Growth Expectations," *NBER Working Papers*, no. 27387 (June 2020), https://www.nber.org/papers/w27387.

9. Robert Shiller, *Markus' Academy*, Princeton University Webinar, July 10, 2020, 50:16, https://www.youtube.com/watch?v=ak5xX8PEGAI.

10. Eric Platt, David Carnevali, and Michael Mackenzie, "Wall Street IPO Bonanza Stirs Uneasy Memories of 90s Dotcom Mania," *Financial Times*, December 11, 2020, https://www.ft.com/content/cfdab1d0-ee5a-4e4a-a37b-20acfc0628e3?shareType=nongift.

11. Edward Helmore, "How GameStop Found Itself at the Center of a Groundbreaking Battle between Wall Street and Small Investors," *The Guardian*, January 27, 2021, https://www.theguardian.com/business/2021/jan/27/gamestop-stock-market-retail-wall-street.

12. Lasse Pedersen, *Markus' Academy*, Princeton University Webinar, February 19, 2021, https://www.youtube.com/watch?v=ADnRm5LWCjg.

13. Eric Platt, "Wall Street IPO Bonanza," December 11, 2020.

14. Chris Bryant, "Hedge Funds Love SPACs But you Should Watch Out," Bloomberg, December 9, 2020, https://www.bloomberg.com/opinion/articles/2020-12-09/hedge-funds-love-spacs-but-retail-investors-should-watch-out?sref=ATN0rNv3.

15. Amrith Ramkumar, "2020 SPAC Boom Lifted Wall Street's Biggest Banks," *The Wall Street Journal*, January 5, 2021, https://www.wsj.com/articles/2020-spac-boom-lifted-wall-streets-biggest-banks-11609842601?st=lguw1ftxebizf6e&reflink=article_gmail_share.

16. Liz Myers, *Markus' Academy*, Princeton University Webinar, May 21, 2021, https://bcf.princeton.edu/events/finance-front-lines-in-2021/.

17. Darrell Duffie, *Markus' Academy*, Princeton University Webinar, June 5, 2020, 12:10, https://www.youtube.com/watch?v=04LyVyR3jog. 还可参见Jerome Powell 的评论，他在下文中强调了美国国债市场对整个金融体系的核心作用：Jerome Powell, *Markus' Academy*, Princeton University Webinar, January 14, 2021, https://www.youtube.com/watch?v=TEC3supZwvM.

18. Annette Vissing-Jorgensen,"The Treasury Market in Spring 2020 and the Response of the Federal Reserve," April 5, 2021, http：//faculty.haas.berkeley.edu/vissing/vissing_jorgensen_bonds2020.pdf.
19. Darrell Duffie, *Markus' Academy*, June 5, 2020, 19：10 and 21：45.
20. Darrell Duffie, *Markus' Academy*, June 5, 2020, 41：12, 41：40, and 44：27.
21. Darrell Duffie, *Markus' Academy*, June 5, 2020, 44：50.
22. Darrell Duffie, *Markus' Academy*, June 5, 2020, 50：05.
23. 确切地说是2.1296%。
24. Torsten Slok, *Markus' Academy*, Princeton University Webinar, March 20, 2020, 32：10, 38：20, and 40：30, https：//www.youtube.com/watch?v=zgxDybynvNM.
25. Torsten Slok, *Markus' Academy*, March 20, 2020, 51：35 and 53：05.
26. Nellie Liang, *Markus' Academy*, Princeton University Webinar, March 6, 2020, 11：58, https：//www.youtube.com/watch?v=6NjE-OOUB_E.
27. Arvind Krishnamurthy, *Markus' Academy*, Princeton University Webinar, June 29, 2020, 17：12, https：//www.youtube.com/watch?v=voVh9By3Lp4.
28. Arvind Krishnamurthy, *Markus' Academy*, June 29, 2020, 21：12.
29. Nellie Liang, *Markus' Academy*, March 6, 2020, 18：20.
30. Nellie Liang, *Markus' Academy*, March 6, 2020, 33：35.
31. Nellie Liang, *Markus' Academy*, March 6, 2020, 25：30.
32. Arvind Krishnamurthy, *Markus' Academy*, June 29, 2020.
33. Arvind Krishnamurthy, *Markus' Academy*, June 29, 2020.
34. James Politi and Colby Smith,"Federal Reserve Calls Time on Looser Capital Requirements for US Banks," *Financial Times*, March 19, 2021, https：//www.ft.com/content/279c2755-acab-4d9a-9092-d55fe5f518fa.
35. Philip Lane, *Markus' Academy*, Princeton University Webinar, March 20, 2020, 1：07：20, https：//www.youtube.com/watch?v=G-8-4hEkkbs.
36. Philip Lane, *Markus' Academy*, March 20, 2020, 1：04：22.
37. Philip Lane, *Markus' Academy*, March 20, 2020, 1：04：50.
38. Philip Lane, *Markus' Academy*, March 20, 2020, 58：21.
39. Philip Lane, *Markus' Academy*, March 20, 2020, 23：56.
40. Philip Lane, *Markus' Academy*, March 20, 2020, 47：28 and 48：36.

41. Philip Lane, *Markus' Academy*, March 20, 2020, 51∶16.
42. Bill Dudley, *Markus' Academy*, Princeton University Webinar, June 1, 2020, 37∶38 and 40∶50, https∶//www.youtube.com/watch? v = 65y0kRJP_Uy.
43. Bill Dudley, *Markus' Academy*, June 1, 2020, 41∶42 and 42∶32.
44. Sebastian Pellejero, "After Record U. S. Corporate-Bond Sales, Slowdown Expected," *The Wall Street Journal*, October 2, 2020, https∶//www.wsj.com/articles/after-record-u-s-corporate-bond-sales-slowdown-expected-11601631003.
45. Jeremy Stein, *Markus' Academy*, Princeton University Webinar, May 11, 2020, 21∶58 and 22∶32, https∶//www.youtube.com/ watch? v = 0iNQNzAUDiw.
46. Jeremy Stein, *Markus' Academy*, May 11, 2020, 29∶01.
47. Jeremy Stein, *Markus' Academy*, May 11, 2020, 34∶20.

第11章 高政府债务与低利率

1. Philip Lane, *Markus' Academy*, Princeton University Webinar, March 20, 2020, 36∶12, https∶//www.youtube.com/watch? v = G-8-4hEkkbs.
2. Markus Brunnermeier and Yuliy Sannikov, "Redistributive Monetary Policy," Princeton University, August 2012, https∶//scholar.princeton.edu/ sites/default/files/04c%20Redistributive%20Monetary%20Policy.pdf.
3. 因此，乍一看，净债务远低于总债务。
4. Lawrence Summers, *Markus' Academy*, Princeton University Webinar, May 22, 2020, 1∶00∶14, 1∶02∶03, and 1∶03∶00, https∶//www.youtube.com/watch? v = cZmRtQCR2ns&list = PLPKR-Xs1slgSWqOqaXid_9sQXsPsjV_72& index = 17.
5. Paul Schmelzing, "Eight Centuries of Global Real Interest Rates, R-G, and the 'Supra-Secular' Decline," Bank of England Staff Working Paper 845, (January 3, 2020)∶1311 – 2018, https∶//www.bankofengland.co.uk/working-paper/2020/eight-centuries-of-global-real-interest-rates-r-g-and-the-suprasecular-decline-1311-2018.
6. Lawrence Summers, *Markus' Academy*, May 22, 2020, 1∶05∶55.
7. Markus Brunnermeier, Sebastian Merkel, and Yuliy Sannikov, "The Fiscal Theory of the Price Level with a Bubble," Princeton University, July 8, 2020, https∶//

scholar. princeton. edu/sites/default/files/merkel/files/ fiscaltheorybubble. pdf.

8. 从形式上讲，政府债务的实际价值，即名义债券 B 与价格水平 P 的比率，等于政府债务现金流加服务流的预期现值：B/P = E［PV（现金流）］+ E［PV（服务流）］。

9. 对估值难题进行正式处理的文章，参见：Zhengyang Jiang, Hanno Lustig, Stijn van Nieuwerburgh, and Mindy Xiaolan, "The US Public Debt Valuation Puzzle," *NBER Working Papers*, no. 26583（2021）.

10. 有些读者可能会想起拉弗曲线。由于通胀税太高，税基会受到侵蚀，因此政府在债务融资方面会受到限制。

11. 支持政府债务的现金流是税收超过政府支出的部分，即所谓的财政基本盈余。近几十年来，这些现金流一直很低，甚至为负，预测表明，未来现金流也将很低。然而，即使在没有基本盈余的情况下，政府债务也是有价值的，因为服务流也会影响政府债务的估值。

12. Kenneth Rogoff, *Markus' Academy*, Princeton University Webinar, June 12, 2020, 48：40 and 50：30, https：//www. youtube. com/watch? v=0uh4oPjxxq8.

第12章 通胀锯齿

1. Federal Reserve Bank of New york, "SCE Household Spending Survey," April 2021, https：//www. newyorkfed. org/microeconomics/sce/household-spending#/.

2. Alberto Cavallo, "Inflation with Covid Consumption Baskets," *NBER Working Papers*, no. 27352（June 2020）, https：//www. nber. org/papers/ w27352.

3. Tyler Cowen, *Markus' Academy*, Princeton University Webinar, April 10, 2020, https：//www. youtube. com/watch? v=FPsPmkp6sdM&list=PLPKR-Xs1slgSWqOqaXid_9sQXsPsjV_72&index=28.

4. James Mackintosh, "Inflation Is Already Here—For the Stuff you Actually Want to Buy," *The Wall Street Journal*, September 26, 2020, https：//www. wsj. com/articles/inflation-is-already-herefor-the-stuff-you-actually-want-to-buy-11601112630? st=r6rjsuab2ijc738&reflink=article_gmail_share.

5. Oshrat Carmiel, "Manhattan Apartments Haven't Been This Cheap to Rent in 10 Years," Bloomberg, December 10, 2020, https：//www. bloomberg. com/news/articles/2020-12-10/manhattan-apartment-rents-sink-to-the-lowest-level-in-a-dec-

ade.

6. Veronica Guerrieri, *Markus' Academy*, Princeton University Webinar, June 19, 2020, 1：01：50, https：//www. youtube. com/watch? v = x2npgxzuTVg.

7. Gita Gopinath, *Markus' Academy*, Princeton University Webinar, May 29, 2020, 40：35, https：//www. youtube. com/watch? v = GjUBIxR5W78.

8. Raj Chetty, *Markus' Academy*, Princeton University Webinar, June 2017, 2020, https：//www. youtube. com/watch? v = ip5pz7gOSwI&list = PLPKR-Xs 1slgSW qOqaXid_9sQXsPsjV_72&index = 11.

9. Natalie Cox, Peter Ganong, Pascal Noel, Joseph Vavra, Arlene Wong, Diana Farrell, and Fiona Greig, "Initial Impacts of the Pandemic on Consumer Behavior：Evidence from Linked Income, Spending, and Savings Data," Becker Friedman Institute Working Papers, July 2020, https：//bfi. uchicago. edu/wp-content/uploads/BFI_WP_202082. pdf.

10. Bill Dudley, *Markus' Academy*, Princeton University Webinar, June 1, 2020, 31：56, https：//www. youtube. com/watch? v = 65y0kRJP_Uy.

11. Bill Dudley, *Markus' Academy*, June 1, 2020, 30：38.

12. 庞大的资产负债表将继续存在。所有主要中央银行都被锁定为支付超额准备金利息（IOER）。这与传统框架形成对比，传统框架的特点是谨慎干预银行准备金市场，无须支付超额准备金利息。参见：Bill Dudley, *Markus' Academy*, June 1, 2020, 17：22.

13. Jerome Powell 在 2021 年 1 月 14 日召开的网络研讨会中概述了新的灵活通胀目标框架的细节。参见：Jerome Powell, *Markus' Academy*, Princeton University Webinar, January 14, 2021, https：//www. youtube. com/watch? v = TEC3sup ZwvM.

14. Arminio Fraga, *Markus' Academy*, Princeton University Webinar, July 13, 2020, 57：13 and 59：40, https：//www. youtube. com/ watch? v = mTy2X7zftCc.

15. Markus Brunnermeier, Sebastian Merkel, Jonathan Payne, and Yuliy Sannikov, "Covid-19：Inflation and Deflation Pressures," CESIFO Area Conferences, July 24, 2020, https：//www. cesifo. org/sites/default/files/events/2020/mmi20-Payne. pdf.

16. Veronica Guerrieri, *Markus' Academy*, Princeton University Webinar, June 19, 2020, 16：15, https：//www. youtube. com/watch? v = x2npgxzuTVg. 以下是

该模式的简要概述，供有学术基础的读者参考：在该模型中，有两个部门，工人在其中一个部门有专业化知识。市场是不完整的，一小部分家庭的借贷受到限制。特别是，有两种类型的供给冲击。单部门模型中的标准供给冲击会随着自然利率的上升而导致需求过剩，而凯恩斯主义供给冲击会导致需求不足，自然利率下降，从而迫使行为人进行更多储蓄，假设商品之间具有高度互补性。

17. Veronica Guerrieri, *Markus' Academy*, June 19, 2020.
18. Olivier Blanchard, "In Defense of Concerns over the $1.9 Trillion Relief Plan," Peterson Institute for International Economics, February 18, 2021, https：//www.piie.com/blogs/realtime-economic-issues-watch/defense-concerns-over-19-trillion-relief-plan.
19. 如果存在第二轮效应，例如家庭 A 将 1 400 美元的刺激支票用于在佛罗里达州度假，则乘数可能大于 1。这意味着佛罗里达州 B 和 C 两个家庭的收入增加了 1 400 美元，这两个家庭分别是 A 家入住的酒店业主和 A 家外出就餐的餐厅业主。如果家庭 B 和家庭 C 再次支出部分额外收入，乘数（消费支出的增加）将超过 1 400 美元。
20. Warren Buffet, Berkshire Hathaway Annual Meeting, yahoo! Finance, May 1, 2021, https：//www.youtube.com/watch？v=7t7qfOyQdQA.
21. Paul Krugman and Larry Summers, *Markus' Academy*, Princeton University Webinar, February 12, 2021, https：//www.youtube.com/watch？v=EbZ3_LZxs54&t=7s.
22. Harold James, *Markus' Academy*, Princeton University Webinar, April 24, 2020, 35：16 and 35：54, https：//www.youtube.com/watch？v=PVIm4BdBmTI.
23. Harold James, *Markus' Academy*, April 24, 2020, 47：40, 48：30, and 50：10.
24. Harold James, *Markus' Academy*, April 24, 2020, 36：36.
25. Jerome Powell 在网络研讨会上表示，中央银行的独立性是一种制度安排，为公众提供了良好的服务。参见：Jerome Powell, *Markus' Academy*, January 14, 2021.
26. 从概念上讲，将赤字从 10% 降至 5% 应该与将赤字从 6% 降至 5% 具有相似的可实施性，但政治力量使后者更容易实现。前者要求多个部门进行更严厉的预算削减，因此可能招致更多反对。
27. Nellie Liang, *Markus' Academy*, Princeton University Webinar, March 6, 2020,

41∶05，https∶//www.youtube.com/watch? v＝6NjE-OOUB_E.

28. 本小节大量借鉴了 Charles Goodhart 在 *Markus' Academy* 网络研讨会的发言，以及 Charles Goodhart and Manoj Pradhan 的新书 *The Great Demographic Reversal∶ Ageing Societies, Waning Inequality, and Inflation Reversal* 中的内容。

29. Markus Brunnermeier and Yuliy Sannikov, "Redistributive Monetary Policy," Princeton University, August 2012, https∶//scholar.princeton.edu/sites/default/files/04c%20Redistributive%20Monetary%20Policy.pdf.

第13章　不平等

1. Linda Carroll, "U.S. Life Expectancy Declining Due to More Deaths in Middle Age," Reuters, November 26, 2019, https∶//www.reuters.com/article/us-health-life-expectancy-idUSKBN1y02C7.

2. Sendhil Mullainathan and Edgar Shafir, *Scarcity∶ Why Having Too Little Means So Much*, New york∶ Times Books, 2013.

3. Andreas Fagereng, Luigi Guso, Davide Malacrino, and Luigi Pistaferri, "Heterogeneity and Persistence in Returns on Wealth," Stanford University Working Paper, August 2019, https∶//web.stanford.edu/~pista/FGMP.pdf.

4. Sylvain Catherine, Max Miller, and Natasha Sarin, "Social Security and Trends in Wealth Inequality," SSRN Working Paper, February 29, 2020, https∶//papers.ssrn.com/sol3/papers.cfm? abstract_id＝3546668.

5. *The Economist*, "Economists Are Rethinking the Numbers on Inequality," November 28, 2019, https∶//www.economist.com/briefing/2019/11/28/economists-are-rethinking-the-numbers-on-inequality.

6. Yu Xie and Xiang Zhou, "Income Inequality in Today's China," *Proceedings of the National Academy of Sciences* 111, no.19（2014）∶6928－6933, https∶//www.pnas.org/content/111/19/6928.short.

7. Joseph Stiglitz, *Markus' Academy*, Princeton University Webinar, April 27, 2020, 16∶58, https∶//www.youtube.com/watch? v＝_6SoT97wo3g.

8. Torsten Slok, *Markus' Academy*, Princeton University Webinar, March 20, 2020, 1∶00∶33, https∶//www.youtube.com/watch? v＝zgxDybynvNM.

9. Torsten Slok, *Markus' Academy*, March 20, 2020, 1∶02∶20.

10. Joseph Stiglitz, *Markus' Academy*, April 27, 2020, 16: 58.
11. Caitlin Brown and Martin Ravallion, "Ineqaulity and the Coronavirus: Socioeconomic Covariates of Behavioral Responses and Viral Outcomes Across US Counties," *Proceedings of the National Academy of the Sciences* 111, no. 19 (May 13, 2014): 6928-6933, https://www.pnas.org/content/111/19/6928.short.
12. Kishinchand Poornima Wasdani and Ajnesh Prasad, "The Impossibility of Social Distancing among the Urban Poor: The Case of an Indian Slum in the Times of COVID-19," *Local Environment* 25, no. 5 (2020): 414-418.
13. Nora Lustig, Valentina Martinez Pabon, Federico Sanz, and Stephen younger, "The Impact of Covid-19 Lockdowns and Expanded Social Assistance on Inequality, Poverty and Mobility in Argentina, Brazil, Colombia and Mexico," Center for Global Development Working Paper 556, October 2020, https://www.cgdev.org/sites/default/files/impact-covid-19-lockdowns-and-expanded-social-assistance.pdf.
14. Thiago Guimarães, Karen Lucas, and Paul Timms, "Understanding How Low-Income Communities Gain Access to Healthcare Services: A Qualitative Study in São Paulo, Brazil," *Journal of Transport and Health* 15 (2019): 100658.
15. ReliefWeb, "Q&A: Brazil's Poor Suffer the Most Under Covid-19," July 14, 2020, https://reliefweb.int/report/brazil/qa-brazils-poor-suffer-most-under-covid-19.
16. Raj Chetty, *Markus' Academy*, Princeton University Webinar, June 2017, 2020, https://www.youtube.com/watch?v=ip5pz7gOSwI&list=PLPKR-Xs1slgSWqOqaXid_9sQXsPsjV_72&index=11.
17. Raj Chetty, *Markus' Academy*, June 2017, 2020, 1: 03: 22.
18. Andrew Bacher-Hicks, Joshua Goodman, and Christine Mulhern, "Inequality in Household Adaptation to Schooling Shocks: Covid-Induced Online Learning Engagement in Real Time," *Journal of Public Economics* 193 (2021): 204345.
19. Per Engzell, Arun Freya, and Mark Verhagen, "Learning Inequality During the Covid-19 Pandemic," October 2020, https://scholar.googleusercontent.com/scholar?q=cache:Zva2ARtZvlkJ:scholar.google.com/+covid+inequality+statistics+mexico&hl=en&as_sdt=0,31&as_vis=1.
20. Angus Deaton, "Covid Shows How the State Can Address Social Inequality," *Financial Times*, January 4, 2021, https://www.ft.com/content/caa37763-

9c71-4f8d-9c29-b16ccf53d780.
21. Marcelo Medeiros, "Brazil LAB at Princeton University: Inequalities: Poverty, Racism, and Social Mobility in Brazil," Princeton University Webinar, October 15, 2020, 36: 00, https: //www. youtube. com/ watch? v = k3OSo83qFq8.
22. Alon Titan, Matthias Doepke, Jane Olmstead-Rumsey, and Michele Tertilt, "The Impact of Covid-19 on Gender Equality," *NBER Working Papers*, no. 27660 (August 2020); and Erik Hurst, *Markus' Academy*, Princeton University Webinar, March 20, 2021, https: //www. youtube. com/watch? v = VG7KS5sLABy.
23. Marin Wolf, "How Coronavirus and Race Collide in the US," Bloomberg, August 11, 2020, https: //www. bloombergquint. com/quicktakes/how-coronavirus-and-race-collide-in-the-u-s-quicktake.
24. Robert Fairlie, "Covid-19, Small Business Owners, and Racial Inequality," NBER, December 4, 2020, https: //www. nber. org/reporter/2020number4/covid-19-small-business-owners-and-racial-inequality.
25. Kia Lilly Caldwell and Edna Maria de Araújo, "Covid-19 Is Deadlier for Black Brazilians: A Legacy of Structural Racism that Dates Back to Slavery," The Conversation, June 10, 2020, https: //theconversation. com/covid-19-is-deadlier-for-black-brazilians-a-legacy-of-structural-racism-that-dates-back-to-slavery- 139430.
26. Centers for Disease Control and Prevention, "Risk for COVID-19 Infection, Hospitalization, and Death by Race/Ethnicity," April 23, 2021, https: //www. cdc. gov/coronavirus/2019-ncov/covid-data/investigations-discovery/hospitalization-death-by-race-ethnicity. html.
27. Lisa Cook, *Markus' Academy*, Princeton University Webinar, June 8, 2020, 53: 57, 56: 46, and 57: 09, https: //www. youtube. com/ watch? v = PeKh-SsJsW2w.
28. Lisa Cook, *Markus' Academy*, June 8, 2020, 36: 24 and 47: 18.
29. Lisa Cook, *Markus' Academy*, June 8, 2020, 49: 35.
30. RSF Social Finance, "The Runway Project: Loan Provided by the Women's Capital Collaborative," https: //rsfsocialfinance. org/person/the-runway-project/.
31. Gillian Tett, "Pandemic Aid Is Exacerbating US Inequality," *Financial Times*, August 6, 2020, https: //www. ft. com/content/8287303f-4062-4808-8ce3-f7fa9f87e185.

32. Robert Fairlie,"Covid-19, Small Business Owners, and Racial Inequality,"December 4, 2020.

33. Lisa Cook, *Markus' Academy*, June 8, 2020, 10：25 and 11：14.

34. 丽莎·库克还表明,暴力严重削弱了创新和经济活动。非洲裔美国人在1860年至1940年间因暴力事件而错失的专利总数与一个中等规模的欧洲国家授予的专利数量大致相当。参见：Lisa Cook, *Markus' Academy*, June 8, 2020, 18：48, 19：17, and 32：40.

35. Walter Scheidel, *The Great Leveler*, Princeton, NJ：Princeton University Press, 2018.

36. Claudia Goldin and Robert Margo,"The Great Compression：The Wage Structure in the United States in the Mid-Century," *Quarterly Journal of Economics* 107, no. 1（1992）：1 – 34.

37. Walter Scheidel, *The Great Leveler*, 2018.

第14章 新兴经济体面临的韧性挑战

1. Max Roser and Esteban Ortiz-Ospina,"Global Extreme Poverty,"Our World in Data, March 27, 2017, https：//ourworldindata.org/extreme-poverty.

2. Federal Reserve Bank of St. Louis,"Personal Consumption Expenditures/Gross Domestic Product,"FRED Economic Data, 2021, https：//fred.stlouisfed.org/graph/? g = hh3.

3. Daron Acemoglu, Philippe Aghion, and Fabrizio Zilibotti,"Distance to Frontier, Selection and Economic Growth," *Journal of European Economic Association*,（2006）：37 – 74.

4. Pinelopi Goldberg, *Markus' Academy*, Princeton University Webinar, April 17, 2020, 1：08：50, https：//www.youtube.com/watch? v = erq8pqBpFhI.

5. Arminio Fraga, *Markus' Academy*, Princeton University Webinar, July 13, 2020, 16：10 and 18：09, https：//www.youtube.com/ watch? v = mTy2X7zftCc.

6. Arminio Fraga, *Markus' Academy*, July 13, 2020, 16：10 and 18：09.

7. Arminio Fraga, *Markus' Academy*, July 13, 2020, 48：29.

8. Arminio Fraga, *Markus' Academy*, July 13, 2020, 15：17.

9. Ragani Saxena,"India's Health Time Bomb Keeps Ticking and It's Not Covid-19,"

Bloomberg, September 10, 2020, https：//www. bloomberg. com/news/articles/2020-09-10/india-s-health-time-bomb-keeps-ticking-and-it-s-not-covid-19.

10. *The Economist*, "India's Giant Second Wave Is a Disaster for It and for the World," April 24, 2021.

11. Sneha Mordani, Haider Tanseem, and Milan Sharma, "Watch：Doctors, Nurses Attacked in Delhi Hospital as Covid Patient Dies Without Getting ICU Bed," *India Today*, April 27, 2021, https：//www. indiatoday. in/cities/delhi/story/doctors-attacked-in-delhi-hospital-by-family-of-covid-patient-1795567-2021-04-27.

12. Michael Spence, *Markus' Academy*, Princeton University Webinar, July 6, 2020, 48：08 and 50：25, https：//www. youtube. com/watch? v = 92-vc238_nI&list = PLPKR-Xs1slgSWqOqaXid_9sQXsPsjV_72&index = 6.

13. Debraj Ray and S. Subramanian, "India's Lockdown：An Interim Report," *NBER Working Papers*, no. 27282 (May 2020).

14. Michael Spence, *Markus' Academy*, July 6, 2020, 50：25; and Angus Deaton, *Markus' Academy*, Princeton University Webinar, April 13, 2020, 49：42, https：//www. youtube. com/watch? v = 2uzASRQz4gM.

15. Raghuram Rajan, "Raghuram Rajan on Covid-19：Is It Time to Decentralise Power?" (video), Coronanomics, July 22, 2020, 33：00, https：//www. youtube. com/watch? v = VU9d5Iyudys.

16. 一些观察人士称，印度可能"走了弯路"，参见：Raghuram Rajan, July 22, 2020, 38：42.

17. Luiz Brotherhood, Tiago Cavalcanti, Daniel Da Mata, and Cezar Santos, "Slums and Pandemics," SSRN Working Paper, August 5, 2020 (Updated January 4, 2021), https：//papers. ssrn. com/sol3/papers. cfm? abstract_id = 3665695.

18. Gita Gopinath, *Markus' Academy*, Princeton University Webinar, May 29, 2020, 45：35 and 46：50, https：//www. youtube. com/ watch? v = GjUBIxR5W78.

19. International Monetary Fund, "Fiscal Monitor Database of Country Fiscal Measures in Response to the COVID-19 Pandemic," April 2021, https：// www. imf. org/en/Topics/imf-and-covid19/Fiscal-Policies-Database-in-Response-to-COVID-19.

20. International Monetary Fund, "Fiscal Monitor Database," April 2021.

21. Rachel Glennerster, "Covid-19 Pandemic in Developing Countries：Pandemic Policies for People," International Monetary Fund, September 12, 2020,

https：//www.imf.org/external/mmedia/view.aspx?vid=6215224981001.

22. Andrew Henley, G. Reza Arabsheibani, and Francisco G. Carneiro, "On Defining and Measuring the Informal Sector," World Bank Policy Research Working Papers, March 2006.

23. Niall McCarthy, "The Countries Most Reliant on Remittances [Infographic]," Forbes, April 26, 2018, https：//www.forbes.com/sites/niallmccarthy/2018/04/26/the-countries-most-reliant-on-remittances-infographic/?sh=50407d577277.

24. Arminio Fraga, *Markus' Academy*, July 13, 2020, 23：32.

25. Raghuram Rajan 也谈到了印度的这一问题，参见："Raghuram Rajan on Covid-19," July 22, 2020, 49：40。2020年巴西的基本赤字达到了GDP的12%～13%，警示需要注意未来持续的大规模赤字。参见：Arminio Fraga, *Markus' Academy*, July 13, 2020, 53：50, 54：38, and 56：30.

26. Carlos A. Vegh, "Fiscal Policy in Emerging Markets：Procyclicality and Graduation," NBER, December 2015, https：//www.nber.org/reporter/2015number4/fiscal-policy-emerging-markets-procyclicality-and-graduation.

27. 有兴趣的读者可以去IMF网站查看更多细节：International Monetary Fund, "Q&A on Special Drawing Rights," March 16, 2021, https：//www.imf.org/en/About/FAQ/special-drawing-right#Q4.%20Will%20an%20SDR%20allocation%20give%20countries%20with%20poor%20governance%20money%20to%20waste.

28. Andrea Shalal and David Lawder, "Yellen Backs New Allocation of IMF's SDR Currency to Help Poor Nations," Reuters, February 25, 2021, https：//www.reuters.com/article/g20-usa/update-3-yellen-backs-new-allocation-of-imfs-sdr-currency-to-help-poor-nations-idUSL1N2KV1IA.

29. Kevin Gallagher, José Antonio Ocampo, and Ulrich Volz, "It's Time for a Major Issuance of the IMF's Special Drawing Rights," *Financial Times*, March 20, 2020. https：//www.ft.com/content/43a67e06-bbeb-4bea-8939-bc29ca785b0e.

30. Kevin Gallagher et al., "It's Time for a Major Issuance of the IMF's Special Drawing Rights," March 20, 2020.

31. Saumya Mitra, "Letter：Why G8 States Are Wary of Special Drawing Rights," *Financial Times*. January 22, 2021. https：//www-ft-com.btpl.idm.oclc.org/content/20ca8b0f-9773-43de-9bfc-b09ab9ac5942.

32. Ezra Fieser and Oscar Medina, "Colombia Risks Forced Selling of Its Bonds After

More Downgrades," *Bloomberg*, May 5, 2021, https：//www. bloomberg. com/news/articles/2021-05-21/colombia-risks-forced-selling-of-its-bonds-after-more-downgrades？ sref = ATN0rNv3.

33. Reuters, "Zambia Requests Debt Restructuring Under G20 Common Framework," February 5, 2021, https：//www. reuters. com/article/us-zambia-debt-idUSK-BN2A50XL.

34. Marc Jones, "Second Sovereign Downgrade Wave Coming, Major Nations at Risk," Reuters, October 16, 2020, https：//www. reuters. com/article/us-glob-al-ratings-sovereign-s-p-exclusiv-idUSKBN27126V.

35. International Monetary Fund, "The Good, the Bad, and the Ugly：100 years of Dealing with Public Debt Overhangs," October 8, 2012, https：//www. elibrary. imf. org/view/IMF081/12743-9781616353896/12743-9781616353896/chap03. xml？ rskey = VXkXsE&result = 5&redirect = true&redirect = true.

36. Hyun Song Shin, *Markus' Academy*, Princeton University Webinar, April 20, 2020, 23：40, 35：20, 36：45, and 37：30, https：//www. youtube. com/watch？ v = LnmMRrzjNWQ.

37. 以下讨论受到 IMF 视频的启发：International Monetary Fund, "Analyze This! Sovereign Debt Restructuring"（Video）, December 2, 2020, https：//www. imf. org/external/mmedia/view. aspx？ vid = 6213167814001. 关于这一主题的另一个优秀来源为：Lee Buchheit, Guillaume Chabert, Chanda DeLong, and Joremin Zettelmeyer, "How to Restructure Sovereign Debt：Lessons from Four Decades," Peterson Institute for International Economics Working Paper 19-8, May 2019, https：//www. piie. com/publications/working-papers/how-restructure-sovereign-debt-lessons-four-decades.

38. Julianne Ams, Reza Baqir, Anna Gelpern, and Christoph Trebesch, "Chapter 7：Sovereign Default," IMF Research Department, 2018, https：//www. imf. org/ ~ /media/Files/News/Seminars/2018/091318SovDebt-conference/chapter-7-sovereign-default. ashx.

39. Renae Merle, "How One Hedge Fund Made ＄2 Billion from Argentina's Economic Collapse," *The Washington Post*, March 29, 2016, https：//www. washingtonpost. com/news/business/wp/2016/03/29/how-one-hedge-fund-made-2-billion-from-argentinas-economic-collapse/.

40. Anne Krueger, "A New Approach to Sovereign Debt Restructuring," International Monetary Fund, April 2002, https：//www. imf. org/external/pubs/ft/exrp/sdrm/eng/sdrm. pdf.

41. Anna Gelpern, Sebastian Horn, Scott Morris, Brad Parks, and Christoph Trebesch, "How China Lends：A Rare Look into 100 Debt Contracts with Foreign Governments," Peterson Institute for International Economics Working Paper 21-7, May 2021, https：//www. piie. com/publications/working-papers/how-china-lends-rare-look-100-debt-contracts-foreign-governments.

42. Reuters, "Factbox：How the G20's Debt Service Suspension Initiative Works," October 15, 2020, https：//www. reuters. com/article/us-imf-worldbank-emerging-debtrelief-fac/factbox-how-the-g20s-debt-service-suspension-initiative-works-idINKBN27021V.

43. Jonathan Wheatley, "Debt Dilemma：How to Avoid a Crisis in Emerging Nations," *Financial Times*, December 20, 2020, https：//www. ft. com/ content/de43248e-e8eb-4381-9d2f-a539d1f1662c？shareType＝nongift.

44. Anne Krueger, "A New Approach to Sovereign Debt Restructuring," International Monetary Fund. April 2002. https：//www. imf. org/external/pubs/ft/exrp/sdrm/eng/sdrm. pdf.

第15章　全球新秩序

1. Eric Schmidt, *Markus' Academy*, Princeton University Webinar, July 27, 2020, 12：14, https：//www. youtube. com/watch？v＝726B0y1D5ZM&t＝31s.

2. Niall McCarthy, "America First？Covid-19 Production & Exports," Statista, March 31, 2021, https：//www. statista. com/chart/24555/vaccine-doses-produced-and-exported/.

3. Carmen Aguilar Garcia and Ganesh Rao, "Covid-19：India's Vaccine Export Ban Could Send Shockwaves Worldwide. Should the UK Step in to Help？" Sky News, April 30, 2021, https：//news. sky. com/story/covid-19-how-does-indias-pause-on-vaccine-export-hurt-other-nations-12290300.

4. Dani Rodrik, *Markus' Academy*, Princeton University Webinar, May 5, 2020, 1：10：00 onward, https：//www. youtube. com/watch？v＝3cRlHugFBq8.

5. 威廉·诺德豪斯为各国提出了一种俱乐部结构, 以便将外部性内部化。参见: William Nordhaus, *Markus' Academy*, Princeton University Webinar, January 28, 2021, https://www.youtube.com/watch?v=QaXZx_nJ_3I.

6. Michael Kremer, *Markus' Academy*, Princeton University Webinar, May 1, 2020, 37:15, 37:40, 40:00, and 41:05, https://www.youtube.com/watch?v=C8W8JQLTECc.

7. Bill Gates, "How the Pandemic Will Shape the Near Future," TED, July 6, 2020, 19:30 and 27:00, https://www.youtube.com/watch?v=jmQWOPDqxWA.

8. Stephanie Nebehay and Kate Kelland, "COVAX Programme Doubles Global Vaccine Supply Deals to 2 Billion Doses," Reuters, December 18, 2020, https://www.reuters.com/article/us-health-coronavirus-covax/covax-programme-doubles-global-vaccine-supply-deals-to-2-billion-doses-idUSKBN28S1PW.

9. CBC, "Canada Could Share Any Excess Vaccine Supply with Poorer Countries: Reuters Sources," November 18, 2020, https://www.cbc.ca/news/health/canada-vaccine-supply-share-1.5807679.

10. Lawrence Summers, *Markus' Academy*, Princeton University Webinar, May 22, 2020, 30:14, 31:55, 32:40, and 40:30, https://www.youtube.com/watch?v=cZmRtQCR2ns&list=PLPKR-Xs1slgSWqOqaXid_9sQXsPsjV_72&index=17.

11. Mercedes Ruehl, Stephanie Findlay, and James Kynge, "Tech Cold War Comes to India: Silicon Valley Takes on Alibaba and Tencent," *Financial Times*, August 3, 2020, https://www.ft.com/content/b1df5dfd-36c4-49e6-bc56-506bf3ca3444?shareType=nongift.

12. Lawrence Summers, *Markus' Academy*, May 22, 2020, 30:10.

13. Organization for Economic Cooperation and Development, "China's Belt and Road Initiative in the Global Trade, Investment and Finance Landscape," 2018, https://www.oecd.org/finance/Chinas-Belt-and-Road-Initiative-in-the-global-trade-investment-and-finance-landscape.pdf.

14. Kimberly Amadeo, "Trans-Pacific Partnership Summary, Pros and Cons," The Balance, February 10, 2021, https://www.thebalance.com/what-is-the-trans-pacific-partnership-3305581.

15. Alexander Chipman Koty, "What Is the China Standards 2035 Plan and How Will

It Impact Emerging Industries?" *China Briefing*, July 2, 2020, https://www. china-briefing. com/news/what-is-china-standards-2035-plan-how-will-it-impact-emerging-technologies-what-is-link-made-in-china-2025-goals/.

16. Demetri Sevastopulo and Amy Kazmin, "US and Asia Allies Plan Covid Vaccine Strategy to Counter China," *Financial Times*, March 3, 2021, https://www. ft. com/content/1dc04520-c2fb-4859-9821-c405f51f8586.

17. Stephanie Findlay, "India Eyes Global Vaccine Drive to Eclipse Rival China," *Financial Times*, January 31, 2021, https://www. ft. com/content/1bb8b97f-c046-4d0c-9859-b7f0b60678f4.

18. Tyler Cowen, *Markus' Academy*, Princeton University Webinar, April 10, 2020, 15:56, https://www. youtube. com/watch? v = FPsPmkp6sdM&list = PLPKR-Xs1slgSWqOqaXid_9sQXsPsjV_72&index = 28.

19. Erika Solomon and Guy Chazan, " 'We Need a Real Policy for China': Germany Ponders Post-Merkel Shift," *Financial Times*, January 5, 2021, https://www. ft. com/content/0de447eb-999d-452f-a1c9-d235cc5ea6d9.

20. Erika Solomon, " 'We Need a Real Policy for China,' " January 5, 2021.

21. Ibid.

22. Robin Emmott and Jan Strupczewski, "EU and India Agree to Resume Trade Talks at Virtual Summit," Reuters, May 8, 2021, https://www. reuters. com/world/europe/eu-india-re-launch-trade-talks-virtual-summit-2021-05-08/.

23. Gita Gopinath, Emine Boz, Federico Diez, Pierre-Olivier Gourinchas, and Mikkel Plagborg-Moller, "Dominant Currency Paradigm," Harvard University Department of Economics, June 12, 2019, https://scholar. harvard. edu/gopinath/publications/dominant-currency-paradigm-0.

24. Jonathan Wheatley, "Foreign Investors Dash into Emerging Markets at Swiftest Pace since 2013," *Financial Times*, December 17, 2020, https://www. ft. com/content/e12a1eee-2571-4ae5-bc91-cc17ee7f40d0? shareType = nongift.

25. Jonathan Wheatley, "Emerging Markets Attract $17bn of Inflows in First Three Weeks of 2021," Financial Times, January 22, 2021, https://www. ft. com/content/f9b94ac9-1df1-4d89-b129-5b30ff98e715? shareType = nongift.

26. Markus Brunnermeier, Sam Langfield, Marco Pagano, Ricardo Reis, Stijn Van Nieuwerburh, and Dimitri Vayanos, "ESBies: Safety in the Tranches," VoxEU,

September 20，2016，https：//voxeu. org/article/esbies-safety-tranches.

27. 全球资本分配项目的研究量化了这些流动。感兴趣的读者可以访问它们项目的网站（https：//www. globalcapitalallocation. com）。他们强调，除了从美国到世界其他地区的直接资本流动外，还有许多间接资本流动，比如在伦敦、卢森堡、荷兰或开曼群岛发行的美元计价债券。这些操作不一定是非法的。

28. Saleem Bahaj and Ricardo Reis，"Central Bank Swap Lines：Evidence on the Effects of the Lender of Last Resort，" IMES Discussion Paper Series，2019.

29. Markus Brunnermeier and Luang Huang，"A Global Safe Asset from and for Emerging Economies，" In *Monetary Policy and Financial Stability：Transmission Mechanisms and Policy Implications*，111 – 167，Central Bank of Chile，2019.

30. Markus Brunnermeier et al. ，"ESBies：Safety in the Tranches," September 20，2016. Markus K Brunnermeier，Sam Langfield，Marco Pagano，Ricardo Reis，Stijn Van Nieuwerburgh，Dimitri Vayanos，"ESBies：safety in the tranches," *Economic Policy*，Volume 32，Issue 90，April 2017，Pages 175 – 219，https：//doi. org/10. 1093/epolic/eix004

31. 关于这些影响的更多细节，参见：Markus Brunnermeier，Harold James，and Jean-Pierre Landau，"Digital Currency Areas," VoxEU，July 3，2019，https：//voxeu. org/article/digital-currency-areas.

32. Frank Chen，"China's e-RMB Era Comes into Closer View," October 28，2020.

33. Pinelopi Goldberg，*Markus' Academy*，Princeton University Webinar，April 17，2020，18：30，https：//www. youtube. com/watch？v = erq8pqBpFhI.

34. Pol Antras，"De-Globalisation？Global Value Chains in the Post-COVID-19 Age," PowerPoint presented at the ECB Forum in November 2020，https：//www. ecb. europa. eu/pub/conferences/shared/pdf/20201111_ECB_Forum/presentation_Antras. pdf.

35. Susan Lund，"Central Banks in a Shifting World," European Central Bank，November 2020，https：//www. ecb. europa. eu/pub/conferences/html/202011 11_ecb_forum_on_central_banking. en. html.

36. Andrew Hill，"People：The Strongest Link in the Strained Supply Chain," *Financial Times*，March 8，2021，https：//www. ft. com/content/ef937903-ed1d-4625-b2ba-d682318a314f？shareType = nongift.

37. Susan Lund, "Central Banks in a Shifting World," November 2020.
38. Rai Saritha, "Wall Street Giants Get Swept Up by India's Brutal Covid Wave," Bloomberg, May 6, 2021, https：//www.bloomberg.com/news/articles/2021-05-06/wall-street-giants-get-swept-up-by-india-s-brutal-covid-wave? utm_medium = social&utm_campaign = socialflow-organic&utm_content = markets&utm_source = twitter&cmpid = socialflow-twitter-business&cmpid%3D = socialflow-.
39. Pinelopi Goldberg, *Markus' Academy*, Princeton University Webinar, April 17, 2020, 1：10：20, https：//www.youtube.com/watch? v = erq8pqBpFhI.
40. Bomin Jiang, Daniel Rigebon, and Roberto Rigebon, "From Just in Time, to Just in Case, to Just in Worst-Case," International Monetary Fund Conference Paper, October 12, 2020, https：//www.imf.org/-/media/Files/Conferences/2020/ARC/Rigobon-Daniel-et-al.ashx.
41. Pinelopi Goldberg, *Markus' Academy*, April 17, 2020, 46：25.
42. Pinelopi Goldberg, *Markus' Academy*, April 17, 2020, 54：30.
43. Joseph Stiglitz, *Markus' Academy*, Princeton University Webinar, April 27, 2020, 51：45 and 52：04, https：//www.youtube.com/watch? v = _6SoT97wo3g.
44. Adam Posen, *Markus' Academy* (Lecture Slides), Princeton University Webinar, December 10, 2020, https：//bcf.princeton.edu/wp-content/uploads/2020/12/posenslides.pdf.
45. Pinelopi Goldberg, *Markus' Academy*, April 17, 2020, 1：07：25.
46. Tyler Cowen, *Markus' Academy*, April 10, 2020, 41：55.
47. David Autor, David Dorn, and Gordon Hanson, "The China Shock：Learning from Labor Market Adjustment to Large Changes in Trade," *NBER Working Papers*, no. 21906 (2016).
48. Dani Rodrik, *Markus' Academy*, May 5, 2020, 36：10.
49. Giovanni Maggi and Ralph Ossa, "The Political Economy of Deep Integration," NBER Working Papers, no. 28190 (December 2020), https：//www.nber.org/papers/w28190.
50. Martin Sandbu, "Globalisation Does Not Mean Deregulation," *Financial Times*, August 20, 2020, https：//www.ft.com/content/a04c186b-ab3f-4df3-99fb-638b5aa1ce50? shareType = nongift.
51. Giovanni Maggi and Ralph Ossa, "The Political Economy of Deep Integration,"

December 2020.

52. Ibid.
53. Dani Rodrik, *Markus' Academy*, May 5, 2020, 42：15.
54. Eric Schmidt, *Markus' Academy*, July 27, 2020, 57：10.
55. Dani Rodrik, *Markus' Academy*, May 5, 2020, 52：40 and 55：30.
56. Dani Rodrik, *Markus' Academy*, May 5, 2020, 34：30 and 34：55.
57. Alexander Chipman Koty, "What Is the China Standards 2035 Plan," July 2, 2020.

第16章 气候变化与韧性

1. Piers Forster, "Covid-19 Paused Climate Emissions—But They're Rising Again," BBC. March 12, 2021, https：//www.bbc.com/future/article/20210312-covid-19-paused-climate-emissions-but-theyre-rising-again.
2. Richard Zeckhauser, *Markus' Academy*, Princeton University Webinar, July 17, 2020, 23：20 and 24：16, https：//www.youtube.com/watch? v = jHTRFiz TsFE&list = PLPKR-Xs1slgSWqOqaXid_9sQXsPsjV_72 &index = 3.
3. Klaus Desmet, Dávid Krisztián Nagy, and Esteban Rossi-Hansberg, "The Geography of Development," *Journal of Political Economy* 126, no. 3 (2018)：903 – 983.
4. Paul Bolton, "UK and Global Emissions and Temperature Trends," UK Parliament, House of Commons Library, June 2, 2021, https：//commonslibrary.parliament.uk/uk-and-global-emissions-and-temperature-trends/#:~:text = Taken% 20together% 20 these%20countries%20accounted, changing%20emission%20levels%20over%20time.
5. 新冠可以作为从燃油驱动转向绿色经济, 进而重塑城市和交通系统的协调工具。参见：Richard Zeckhauser, *Markus' Academy*, July 17, 2020, 9：45.
6. William Nordhaus, "Climate Clubs: Overcoming Free-Riding in International Climate Policy," *American Economic Review* 105, no. 4（2015）：1339 – 70, https：//pubs.aeaweb.org/doi/pdfplus/10.1257/aer.15000001.
7. William Nordhaus, *Markus' Academy*, Princeton University Webinar, January 28, 2021, 43：00, https：//www.youtube.com/watch? v = QaXZx_nJ_3I.
8. Hans-Werner Sin, *The Green Paradox*, Cambridge, MA：MIT Press, 2012.
9. Esteban Rossi-Hansberg, *Markus' Academy*, Princeton University Webinar, October

1，2020，58：00，https：//www.youtube.com/watch? v = ZsfKRrI2yB4.
10. Leigh Collins, "'World first' As Hydrogen Used to Power Commercial Steel Production," Recharge, April 28, 2020, https：//www.rechargenews.com/transition/-world-first-as-hydrogen-used-to-power-commercial-steel-production/2-1-799308.
11. 这一提议是由法国经济学家 Jacque Delpla 提出的，参见：Jaques Delpla, "The Case for Creating a CO2 Central Bank," WorldCrunch, November 12, 2019, https：//worldcrunch.com/world-affairs/the-case-for-creating-a-co2-central-bank.

第17章 结论与展望

1. Lauren Fedor, Myles McCormick, and Hannah Murphy, "Cyberattack Shuts Major US Pipeline System," *Financial Times*, May 8, 2021, https：//www.ft.com/content/2ce0b1fe-9c3f-439f-9afa-78d77849dd92.
2. Lawrence Summers, *Markus' Academy*, Princeton University Webinar, May 22, 2020, 1：25：24 and 1：25：47, https：//www.youtube.com/watch? v = cZmRtQCR2ns&list = PLPKR-Xs1slgSWqOqaXid_9sQXsPsjV_72&index = 17.
3. Nick Bostrom, "The Vulnerable World Hypothesis," *Global Policy* 10, no. 4 (November 2019): 455–476. https：//nickbostrom.com/papers/vulnerable.pdf.

参考文献

Acemoglu, Daron, Philippe Aghion, and Fabrizio Zilibotti. "Distance to Frontier, Selection and Economic Growth." *Journal of European Economic Association*, (2006): 37–74.

Acemoglu, Daron, Victor Chernozukhov, Ivan Werning, and Michael Whinston. "Optimal Targeted Lockdowns." MIT Economics Department. May 2020. economics. mit. edu/files/19698.

Acemoglu, Daron. *Markus' Academy*. Princeton University Webinar. May 8, 2020. https://www. youtube. com/watch? v = NqtS8MZBuZ0&list = PLPKR-Xs1slg SWq OqaXid_9sQXsPsjV_72&index = 20.

Acharya, Viral, and Sascha Steffen. 2020. "The Risk of Being a Fallen Angel and the Corporate Dash for Cash in the Midst of COVID." *NBER Working Papers*, no. 2760127601 (July 2020). https://www. nber. org/papers/w27601.

Adelstein, Jake and Nathaly-Kyoko Stucky. "Japan's Finance Minister Commits Suicide on World Suicide Prevention Day." *The Atlantic*. September 10, 2012. https://www. theatlantic. com/international/archive/2012/09/japans-finance-minister-commits-suicide-world-suicide-prevention-day/323787/.

Aguiar, Mark, Mark Blis, Kofi Kerwin, and Erik Hurst. "Leisure Luxuries and the Labor Supply of Young Men." *Journal of Political Economy*, (2021): 337 – 382.

Aliprantis, Dionissi, Daniel R Carroll, and Eric R. Young. "The Dynamics of the Racial Wealth Gap." SSRN. FRB of Cleveland Working Paper 19 – 18, October 2019.

Alon, Titan, Matthias Doepke, Jane Olmstead-Rumsey, and Michele Tertilt. "This Time It's Different: The Role of Women's Employment in a Pandemic Recession." *NBER Working Papers*, no. 27660 (2020).

Amadeo, Kimberly. "Trans-Pacific Partnership Summary, Pros and Cons." The Balance. February 10, 2021. https://www.thebalance.com/what-is-the-trans-pacific-partnership-3305581.

Ams, Julianne, Reza Baqir, Anna Gelpern, and Christoph Trebesch. "Chapter 7: Sovereign Default." IMF Research Department. 2018. https://www.imf.org/~/media/Files/News/Seminars/2018/091318SovDebt-conference/chapter-7-sovereign-default.ashx.

Antras, Pol. "De-Globalisation? Global Value Chains in the Post-COVID-19 Age." PowerPoint presented at the ECB Forum in November 2020. https://www.ecb.europa.eu/pub/conferences/shared/pdf/20201111_ECB_Forum/presentation_Antras.pdf.

Arkenberg, Chris. "Will Gaming Keep Growing When the Lockdowns End?" Deloitte. July 8, 2020. https://www2.deloitte.com/be/en/pages/technology-media-and-telecommunications/articles/video-game-industry-trends.html.

Arnaout, Abdelraouf. "Netanyahu to Be First Israeli to Take Covid-19 Vaccine." *Anadolu Agency*. December 9, 2020. https://www.aa.com.tr/en/middle-east/netanyahu-to-be-first-israeli-to-take-covid-19-vaccine/2070779.

Arnold, Veronika. "Ansturm auf Skigebiete trotz Lockdown: Nächster Wintersport-Ort nun abgeriegelt—'Wurden überrannt.'" Merkur. January 5, 2021. https://www.merkur.de/welt/coronavirus-skigebiete-lockdown-oberhof-deutschland-ansturm-nrw-willingen-eifel-winterberg-90157267.html.

Asgari, Nikou, Joe Rennison, Philip Stafford, and Hudson Lockett. "Companies Raise \$400bn Over Three Weeks in Blistering Start to 2021." *Financial Times*. January 26, 2021. https://www.ft.com/content/45770ddb-29e0-41c2-a97a-

60ce13810ff2?shareType=nongift.

Autor, David, David Dorn, and Gordon Hanson. "The China Shock: Learning from Labor Market Adjustment to Large Changes in Trade." *NBER Working Papers*, no. 21906 (2016).

Bacher-Hicks, Andrew, Joshua Goodman, and Christine Mulhern. "Inequality in Household Adaptation to Schooling Shocks: Covid-Induced Online Learning Engagement in Real Time." *Journal of Public Economics* 193 (2021): 204345.

Bahaj, Saleem, and Ricardo Reis. "Central Bank Swap Lines: Evidence on the Effects of the Lender of Last Resort." IMES Discussion Paper Series, 2019.

Ball, Sam. "'I Won't Take the Risk': France Leads the World in Covid-19 Vaccine Scepticism." France 24. November 20, 2020. https://www.france24.com/en/france/20201120-i-won-t-take-the-risk-france-leads-the-world-in-covid-19-vaccine-scepticism.

Banerjee, Abhijit, Marcella Alsam, Emily Breza, Arun Chandrasekhar, Abhijit Chowdhury, Esther Dufo, Paul Goldsmith Pinkham, and Benjamin Olken. "Messages on Covid-19 Prevention Increased Symptoms Reporting and Adherence to Preventative Behaviors Among 25 Million Recipients with Similar Effects on Non-Recipient Members of Their Communities." *NBER Working Papers*, no. 27496 (July 2020). https://www.nber.org/system/files/working_papers/w27496/w27496.pdf.

Barrero, Jose Maria, Nick Bloom, and Stephen Davis. "Why Working from Home Will Stick." Stanford Working Paper, April 2021. https://nbloom.people.stanford.edu/sites/g/files/sbiybj4746/f/why_wfh_will_stick_21_april_2021.pdf.

Barrero, Jose Maria, Nick Bloom, and Steven J Davis. "COVID-19 Is also a Reallocation Shock." Brookings Institute. June 25, 2020. https://www.brookings.edu/wp-content/uploads/2020/06/Barrero-et-al-conference-draft.pdf.

BBC. "Coronavirus: Under Surveillance and Confined at Home in Taiwan." March 24, 2020. https://www.bbc.co.uk/news/technology-52017993.

BBC. "Covid: EU Plans Rollout of Travel Certificate before Summer." March 18, 2020. https://www.bbc.co.uk/news/world-europe-56427830.

Beaumont, Peter. "Tanzania's President Shrugs Off Covid-19 Risk After Sending Fruit for Tests." *The Guardian*. May 19, 2020. https://www.theguardian.com/global-development/2020/may/19/tanzanias-president-shrugs-off-covid-19-risk-after-sending-fruit-for-tests.

Birtles, Bill. "China Embraces Coronavirus Vaccine Passports for Overseas Travel, but Other Countries Foresee Concerns." *ABC News*. March 17, 2021. https://www.abc.net.au/news/2021-03-17/china-embraces-vaccine-passports-while-the-west-mulls-ethics/13252588.

Blanchard, Olivier, and Lawrence Summers. "Hysteresis in Unemployment." *European Economic Review*, (1987): 288–295.

Blanchard, Olivier. "Should We Reject the Natural Rate Hypothesis." *Journal of Economic Perspectives* 32, no. 1 (2018): 97–120.

Blanchard, Olivier. "In Defense of Concerns over the $1.9 Trillion Relief Plan." Peterson Institute for International Economics. February 18, 2021. https://www.piie.com/blogs/realtime-economic-issues-watch/defense-concerns-over-19-trillion-relief-plan.

Bloom, Nick, James Liang, John Roberts, and Zhichun Jenny Ying. "Does Working from Home Work? Evidence from a Chinese Experiment." *Quarterly Journal of Economics* 130, no. 1 (2015): 165–218.

Bloom, Nick. *Markus' Academy*. Princeton University Webinar. December 3, 2020. https://www.youtube.com/watch?v=N8_rvy-hqUs.

Bloomberg. "Covid-19 Deals Tracker." March 3, 2021. https://www.bloomberg.com/graphics/covid-vaccine-tracker-global-distribution/contracts-purchasing-agreements.html.

Boakye-Adjei, Nana Yaa. "Covid-19: Boon and Bane for Digital Payments and Financial Inclusion." Bank for International Settlements. Financial Stability Institute, July 2020. https://www.bis.org/fsi/fsibriefs9.pdf.

Bolton, Paul. "UK and Global Emissions and Temperature Trends." UK Parliament. House of Commons Library, June 2, 2021. https://commonslibrary.parliament.uk/uk-and-global-emissions-and-temperature-trends/#:~:text=Taken%20together%20these%20countries%20accounted, changing%20emission%20levels%20over%20time.

Bostrom, Nick. "The Vulnerable World Hypothesis." *Global Policy* 10, no. 4 (November 2019): 455–476. https://nickbostrom.com/papers/vulnerable.pdf.

Bourke, Latika. "International Borders Might Not Open Even If Whole Country Is Vaccinated." *The Sydney Morning Herald*. April 13, 2021. https://www.

smh. com. au/politics/federal/international-borders-might-not-open-even-if-whole-country-is-vaccinated-greg-hunt-20210413-p57ixi. html.

Brooks, David. *Munk Dialogues*. Peter and Melanie Munk Charitable Foundation. July 22, 2020. https：//www. youtube. com/watch? v = W0dbDFJR3A4&feature = youtu. be.

Brotherhood, Luiz, Tiago Cavalcanti, Daniel Da Mata, and Cezar Santos. "Slums and Pandemics. " SSRN Working Paper, August 5, 2020 (Updated January 4, 2021). https：// papers. ssrn. com/sol3/papers. cfm? abstract_id = 3665695.

Brown, Caitlin, and Martin Ravallion. "Inequality and the Coronavirus：Socioeconomic Covariates of Behavioral Responses and Viral Outcomes Across US Counties. " *Proceedings of the National Academy of the Sciences* 111, no. 19 (May 13, 2014)：6928 – 6933. https：//www. pnas. org/content/111/19/6928. short.

Brunnermeier, Markus, and Jonathan Parker. "Optimal Expectations. " *American Economic Review* 95, no. 4 (2005)：1092 – 1118.

Brunnermeier, Markus, and Luang Huang. "A Global Safe Asset from and for Emerging Economies. " In *Monetary Policy and Financial Stability：Transmission Mechanisms and Policy Implications*, 111 – 167. Central Bank of Chile, 2019.

Brunnermeier, Markus, and Yuliy Sannikov. "Redistributive Monetary Policy. " Princeton University, August 2012. https：//scholar. princeton. edu/sites/default/files/04c% 20Redistributive% 20Monetary% 20Policy. pdf.

Brunnermeier, Markus, Harold James, and Jean-Pierre Landau. "The Digitalization of Money. " Princeton University Working Paper, 2019.

Brunnermeier, Markus, Harold James, and Jean-Pierre Landau. "Digital Currency Areas. " VoxEU. July 3, 2019. https：//voxeu. org/article/digital-currency-areas.

Brunnermeier, Markus, Rohit Lamba, and Carlos Segura Rodriguez. "Inverse Selection. " SSRN Working Paper, May 21, 2020. https：//papers. ssrn. com/sol3/papers. cfm? abstract_id = 3584331.

Brunnermeier, Markus, Sam Langfield, Marco Pagano, Ricardo Reis, Stijn Van Nieuwerburh, and Dimitri Vayanos. "ESBies：Safety in the tranches. " VoxEU. September 20, 2016. https：//voxeu. org/article/esbies-safety-tranches.

Brunnermeier, Markus, Sebastian Merkel, and Yuliy Sannikov. "A Safe-Asset

Perspective for an Integrated Policy Framework." Princeton University, May 29, 2020. https://scholar.princeton.edu/sites/default/files/markus/files/safeassetinternational.pdf.

Brunnermeier, Markus, Sebastian Merkel, and Yuliy Sannikov. "The Fiscal Theory of the Price Level with a Bubble." Princeton University, July 8, 2020. https://scholar.princeton.edu/sites/default/files/merkel/files/fiscaltheorybubble.pdf.

Brunnermeier, Markus, Sebastian Merkel, Jonathan Payne, and Yuliy Sannikov. "Covid-19: Inflation and Deflation Pressures." CESIFO Area Conferences, July 24, 2020. https://www.cesifo.org/sites/default/files/events/2020/mmi20-Payne.pdf.

Brunnermeier, Markus. "Money in the Digital Age." Speech delivered at the EBA Research Workshop, November 25, 2020. *https://www.youtube.com/watch? v = QdlSzTnOlkg.*

Bryant, Chris. "Hedge Funds Love SPACs But You Should Watch Out." Bloomberg. December 9, 2020. https://www.bloomberg.com/opinion/articles/2020-12-09/hedge-funds-love-spacs-but-retail-investors-should-watch-out? sref = ATN0rNv3.

Buchheit, Lee, Guillaume Chabert, Chanda DeLong, and Joremin Zettelmeyer. "How to Restructure Sovereign Debt: Lessons from Four Decades." Peterson Institute for International Economics Working Paper 19 – 8, May 2019. https://www.piie.com/publications/working-papers/how-restructure-sovereign-debt-lessons-four-decades.

Buffet, Warren. Berkshire Hathaway Annual Meeting. Yahoo Finance. May 1, 2021. https://www.youtube.com/watch? v = 7t7qfOyQdQA.

Caballero, Ricardo, Takeo Hoshi, and Anil Kashyap. "Zombie Lending and Depressed Restructuring in Japan." *American Economic Review* 98, no. 5 (2008): 1943 – 77.

Caldwell, Kia Lilly, and Edna Maria de Araújo. "Covid-19 Is Deadlier for Black Brazilians: A Legacy of Structural Racism that Dates Back to Slavery." The Conversation. June 10, 2020. https://theconversation.com/covid-19-is-deadlier-for-black-brazilians-a-legacy-of-structural-racism-that-dates-back-to-slavery-139430.

Carmiel, Oshrat. "Manhattan Apartments Haven't Been This Cheap to Rent in 10 Years." Bloomberg. December 10, 2020. https://www.bloomberg.com/news/articles/2020-12-10/manhattan-apartment-rents-sink-to-the-lowest-level-in-a-decade.

Carroll, Linda. "U. S. Life Expectancy Declining Due to More Deaths in Middle

Age." Reuters. November 26, 2019. https://www.reuters.com/article/us-health-life-expectancy-idUSKBN1Y02C7.

Carter, Devon. "Can mRNA Vaccines Be Used in Cancer Care?" MD Anderson Cancer Center, January 25, 2021. https://www.mdanderson.org/cancerwise/can-mrna-vaccines-like-those-used-for-covid-19-be-used-in-cancer-care.h00-159457689.html.

Catherine, Sylvain, Max Miller, and Natasha Sarin. "Social Security and Trends in Wealth Inequality." SSRN Working Paper, February 29, 2020. https://papers.ssrn.com/sol3/papers.cfm?abstract_id=3546668.

Cavallo, Alberto. "Inflation with Covid Consumption Baskets." *NBER Working Papers*, no. 27352 (June 2020). https://www.nber.org/papers/w27352.

CBC. "Canada Could Share Any Excess Vaccine Supply with Poorer Countries: Reuters Sources." November 18, 2020. https://www.cbc.ca/news/health/canada-vaccine-supply-share-1.5807679.

Centers for Disease Control and Prevention. "Risk for COVID-19 Infection, Hospitalization, and Death by Race/Ethnicity." April 23, 2021. https://www.cdc.gov/coronavirus/2019-ncov/covid-data/investigations-discovery/hospitalization-death-by-race-ethnicity.html.

Chen, Alicia, and Vanessa Molter. "Mask Diplomacy: Chinese Narratives in the COVID Era." Stanford University (blog), June 16, 2020. https://fsi.stanford.edu/news/covid-mask-diplomacy.

Chen, Frank. "China's e-RMB Era Comes into Closer View." *Asia Times*. October 28, 2020. https://asiatimes.com/2020/10/chinas-e-rmb-era-comes-into-closer-view/.

Chetty, Raj, John N. Friedman, Nathaniel Hendren, and Michael Stepner. "The Economic Impacts of COVID-19: Evidence from a New Public Database Built Using Private Sector Data." Opportunity Insights. November 5, 2020. https://opportunityinsights.org/wp-content/uploads/2020/05/tracker_paper.pdf.

Chetty, Raj. *Markus' Academy*. Princeton University Webinar. June 2017, 2020. https://www.youtube.com/watch?v=ip5pz7gOSwI&list=PLPKR-Xs1slgSWqOqaXid_9sQXsPsjV_72&index=11.

Cochrane, John. *Markus' Academy*. Princeton University Webinar. May 18, 2020. https://www.youtube.com/watch?v=H6sSvqD9Xsw&list=PLPKR-Xs1slg

SWqOqaXid_9sQXsPsjV_72&index=18.

Coibion, Olivier, Yuriy Goridnichenko, and Michael Weber. "How Did US Consumers Use Their Stimulus Payments?" *NBER Working Papers*, no. 27693 (August 2020). https://www.nber.org/papers/w27693.

Collins, Leigh. "'World first' As Hydrogen Used to Power Commercial Steel Production." Recharge. April 28, 2020. https://www.rechargenews.com/transition/world-first-as-hydrogen-used-to-power-commercial-steel-production/2-1-799308.

Columbia University Irving Medical Center. "Long Haul Covid: Columbia Physicians Review What's Known." March 22, 2021. https://www.cuimc.columbia.edu/news/long-haul-covid-columbia-physicians-review-whats-known.

Cook, Lisa. *Markus' Academy*. Princeton University Webinar. June 8, 2020. https://www.youtube.com/watch?v=PeKhSsJsW2w.

Cowen, Tyler. *Markus' Academy*. Princeton Webinar. April 10, 2020. https://www.youtube.com/watch?v=FPsPmkp6sdM&list=PLPKR-Xs1slgSWqOqaXid_9sQXsPsjV_72&index=28.

Cox, Natalie, Peter Ganong, Pascal Noel, Joseph Vavra, Arlene Wong, Diana Farrell, and Fiona Greig. "Initial Impacts of the Pandemic on Consumer Behavior: Evidence from Linked Income, Spending, and Savings Data." Becker Friedman Institute Working Papers, July 2020. https://bfi.uchicago.edu/wp-content/uploads/BFI_WP_202082.pdf.

CPB Netherlands Bureau for Economic Policy Analysis. "World Trade Monitor." 2021. https://www.cpb.nl/en/worldtrademonitor.

Cundy, Antonia. "The Home Buyers Making Their Tuscan Dream a Reality." *Financial Times*. August 19, 2020. https://www.ft.com/content/2a127c83-08ba-4ad7-8a1b-19dcaee5c6ae.

Davies, Gavyn. "The Anatomy of a Very Brief Bear Market." *Financial Times*. August 2, 2020. https://www.ft.com/content/cd8e2299-161b-4f17-adad-ac6d8a730049.

de Bolle, Monica. *Markus' Academy*. Princeton University Webinar. February 25, 2021. https://www.youtube.com/watch?v=Ptsg_EjCXxw.

Deaton, Angus. "Covid Shows How the State Can Address Social Inequality." *Financial Times*. January 4, 2021. https://www.ft.com/content/caa37763-9c71-4f8d-9c29-b16ccf53d780.

Deaton, Angus. *Markus' Academy*. Princeton University Webinar. April 13, 2020. https://www.youtube.com/watch?v=2uzASRQz4gM.

Delpla, Jacques. "The Case for Creating a CO2 Central Bank." WorldCrunch. November 12, 2019. https://worldcrunch.com/world-affairs/the-case-for-creating-a-co2-central-bank.

DeMarzo, Peter, Dimitri Vayanos, and Jeffrey Zwiebel. "Persuasion Bias, Social Influence, and Unidimensional Opinions." *Quarterly Journal of Economics* 118, no. 3 (2003): 909–968.

Desmet, Klaus, Dávid Krisztián Nagy, and Esteban Rossi-Hansberg. 2018. "The Geography of Development." *Journal of Political Economy* 126, no. 3 (2018): 903–983.

Destatis. "Mortality Figures in Week 50 of 2020: 23% Above the Average of Previous Years." Statistisches Bundesamt. January 28, 2021. https://www.destatis.de/EN/Press/2021/01/PE21_014_12621.html;jsessionid=CE5D09E9528E1803D00E12AF9A9D0300.internet8741.

Dingel, Jonathan, and Brent Neiman. "How many Jobs Can be Done at Home?" Becker Friedman Institute for Economics Working Paper, June 19, 2020. https://bfi.uchicago.edu/wp-content/uploads/BFI_White-Paper_Dingel_Neiman_3.2020.pdf.

Dudley, Bill. *Markus' Academy*. Princeton University Webinar. June 1, 2020. https://www.youtube.com/watch?v=65Y0kRJP_UY.

Duffie, Darrell. *Markus' Academy*. Princeton University Webinar. June 5, 2020. https://www.youtube.com/watch?v=04LYVyR3jog.

Duflo, Esther. *Markus' Academy*. Princeton University Webinar. February 11, 2021. https://www.youtube.com/watch?v=15PMtvJBI-s.

Econreporter. "US Needs Large-Scale Covid Testing Urgently: Nobel Winning Economist Paul Romer." June 28, 2020. https://en.econreporter.com/2020/06/its-intellectual-failure-nobel-economics-winner-paul-romer-on-why-us-needs-large-scale-COVID-testing-urgently/.

Ellyatt, Holly. "Covid Variant in South Africa Is 'More of a Problem' Than the One in UK, Official Says." CNBC. January 4, 2021. https://www.cnbc.com/2021/01/04/south-african-coronavirus-variant-more-of-a-problem-than-uk-one.html.

Emmott, Robin and Jan Strupczewski. "EU and India Agree to Resume Trade

Talks at Virtual Summit." Reuters. May 8, 2021. https://www.reuters.com/world/europe/eu-india-re-launch-trade-talks-virtual-summit-2021-05-08/.

Engzell, Per, Arun Freya, and Mark Verhagen. "Learning Inequality During the Covid-19 Pandemic." October 2020. https://scholar.googleusercontent.com/scholar?q=cache:Zva2ARtZvlkJ:scholar.google.com/+covid+inequality+statistics+mexico&hl=en&as_sdt=0,31&as_vis=1.

European Central Bank. "Annual Consolidated Balance Sheet of the Eurosystem." 2021. https://www.ecb.europa.eu/pub/annual/balance/html/index.en.html.

Fagereng, Andreas, Luigi Guso, Davide Malacrino, and Luigi Pistaferri. "Heterogeneity and Persistence in Returns on Wealth." Stanford University Working Paper, August 2019. https://web.stanford.edu/~pista/FGMP.pdf.

Fähnders, Till. "Warum Indonesien Zuerst die Jungen Impft." *Frankffurter Allgemeine*. January 13, 2021. https://www.faz.net/aktuell/politik/ausland/corona-impfstart-in-indonesien-die-arbeitsfaehigen-zuerst-17144460.html.

Fairlie, Robert. "Covid-19, Small Business Owners, and Racial Inequality." NBER. December 4, 2020. https://www.nber.org/reporter/2020number4/covid-19-small-business-owners-and-racial-inequality.

Falato, Antonio, Itay Goldstein, and Ali Hortacsu. "Financial Fragility in the COVID-19 Crisis: The Case of Investment Funds in Corporate Bond Markets." *NBER Working Papers*, no. 27559 (July 2020). https://www.nber.org/papers/w27559.

Farr, Christina and Michelle Gao. "How Taiwan Beat the Coronavirus." CNBC. July 15, 2020. https://www.cnbc.com/2020/07/15/how-taiwan-beat-the-coronavirus.html.

Federal Reserve Bank of New York. "SCE Household Spending Survey." April 2021. https://www.newyorkfed.org/microeconomics/sce/household-spending#/.

Federal Reserve Bank of New York. "Survey of Consumer Expectations." February 2021. https://www.newyorkfed.org/microeconomics/sce#indicators/inflation-expectations/g1.

Federal Reserve Bank of Philadelphia. "Survey of Professional Forecasters." 2020. https://www.philadelphiafed.org/surveys-and-data/real-time-data-research/survey-of-professional-forecasters.

Federal Reserve Bank of St. Louis. "Personal Consumption Expenditures/Gross

Domestic Product." FRED Economic Data. 2021. https://fred.stlouisfed.org/graph/?g=hh3.

Federal Reserve Bank of St. Louis. FRED Economic Data. 2021. https://fred.stlouisfed.org/.

Fedor, Lauren, Myles McCormick, and Hannah Murphy. "Cyberattack Shuts Major US Pipeline System." *Financial Times*. May 8, 2021. https://www.ft.com/content/2ce0b1fe-9c3f-439f-9afa-78d77849dd92.

Fehr, Mark. "Zombiefirmen könnten Insolvenzwelle auslösen." Frankfurter Allgemeine Zeitung, April 29, 2021.

Federal Reserve Board of Governors. "Survey of Consumer Finances." 2021. https://www.federalreserve.gov/econres/scfindex.htm.

Fieser, Ezra, and Oscar Medina. "Colombia Risks Forced Selling of Its Bonds After More Downgrades." Bloomberg. May 5, 2021. https://www.bloomberg.com/news/articles/2021-05-21/colombia-risks-forced-selling-of-its-bonds-after-more-downgrades?sref=ATN0rNv3.

Financial Times. "Hotspots of Resurgent Covid Erode Faith in Herd Immunity." October 9, 2020. https://www.ft.com/content/5b96ee2d-9ced-46ae-868f-43c9d8df1ecb.

Findlay, Stephanie. "India Eyes Global Vaccine Drive to Eclipse Rival China." *Financial Times*. January 31, 2021. https://www.ft.com/content/1bb8b97f-c046-4d0c-9859-b7f0b60678f4.

Forster, Piers. "Covid-19 Paused Climate Emissions—But They're Rising Again." BBC. March 12, 2021. https://www.bbc.com/future/article/20210312-covid-19-paused-climate-emissions-but-theyre-rising-again.

Fraga, Arminio. *Markus' Academy*. Princeton University Webinar. July 13, 2020. https://www.youtube.com/watch?v=mTy2X7zftCc.

Gallagher, Kevin, José Antonio Ocampo, and Ulrich Volz. "It's Time for a Major Issuance of the IMF's Special Drawing Rights." *Financial Times*. March 20, 2020. https://www.ft.com/content/43a67e06-bbeb-4bea-8939-bc29ca785b0e.

Garcia, Carmen Aguilar, and Ganesh Rao. "Covid-19: India's Vaccine Export Ban Could Send Shockwaves Worldwide. Should the UK Step in to Help?" Sky News. April 30, 2021. https://news.sky.com/story/covid-19-how-does-indias-pause-on-vaccine-export-hurt-other-nations-12290300.

Gates, Bill. "How the Pandemic Will Shape the Near Future." TED. July 6, 2020. https://www.youtube.com/watch? v = jmQWOPDqxWA.

Gelpern, Anna, Sebastian Horn, Scott Morris, Brad Parks, and Christoph Trebesch. "How China Lends: A Rare Look into 100 Debt Contracts with Foreign Governments." Peterson Institute for International Economics Working Paper 21-7, May 2021. https://www.piie.com/publications/working-papers/how-china-lends-rare-look-100-debt-contracts-foreign-governments.

Gennaiolo, Nicola, Andei Shleifer, and Robert Vishny. "Neglected Risks: The Psychology of Financial Crises." *American Economic Review* 105, no. 5 (2015): 310–14.

Glennerster, Rachel, and IMF. "Covid-19 Pandemic in Developing Countries: Pandemic Policies for People." International Monetary Fund. September 12, 2020. https://www.imf.org/external/mmedia/view.aspx? vid = 6215224981001.

Godeluck, Solveig. "Cette Épargne des Ménages qui Menace de Nuire à la Reprise." LesEchos. July 29, 2020. https://www.lesechos.fr/economie-france/social/Covid-cette-epargne-des-menages-qui-menace-de-nuire-a-la-reprise-1227200.

Goldberg, Pinelopi. *Markus' Academy*. Princeton University Webinar. April 17, 2020. https://www.youtube.com/watch? v = erq8pqBpFhI.

Goldin, Claudia, and Robert Margo. "The Great Compression: The Wage Structure in the United States in the Mid-Century." *Quarterly Journal of Economics* 107, no. 1 (1992): 1–34.

Google. Google Covid Case Tracker, South Dakota. 2021. https://www.google.com/search? q = covid + cases + in + south + dakota&oq = covid + cases + in + south + dakota&aqs = chrome..69i57j0l2j0i39517.4013j1j7&sourceid = chrome&ie = UTF-8.

Gopinath, Gita, Emine Boz, Federico Diez, Pierre-Olivier Gourinchas, and Mikkel Plagborg-Moller. "Dominant Currency Paradigm." Harvard University Department of Economics. June 12, 2019. https://scholar.harvard.edu/gopinath/publications/dominant-currency-paradigm-0.

Gopinath, Gita. 2020. *Markus' Academy*. Princeton University Webinar. May 29, 2020. https://www.youtube.com/watch? v = GjUBIxR5W78.

Gormsen, Niels, and Ralph Koijen. "Coronavirus: Impact on Stock Prices and Growth Expectations." *NBER Working Papers*, no. 27387 (June 2020). https://

www. nber. org/papers/w27387.

Gould, Elise, and Valerie Wilson. "Black Workers Face Two of the Most Lethal Preexisting Conditions for Coronavirus—Racism and Economic Inequality. " Economic Policy Institute. June 1, 2020. https://www. epi. org/publication/black-workers-covid/.

Graham-Harrison, Emma and Tom Phillips. "China Hopes 'Vaccine Diplomacy' Will Restore Its Image and Boost Its Influence. " *The Guardian*. November 29, 2020. https://www. theguardian. com/world/2020/nov/29/china-hopes-vaccine-diplomacy-will-restore-its-image-and-boost-its-influence.

Green, Adam. "Covid-19 Pandemic Accelerates Digital Health Reforms. " *Financial Times*. May 17, 2020. https://www. ft. com/content/31c927c6-684a-11ea-a6ac-9122541af204.

Greenwood, Robin, Benjamin Iverson, and David Thesmar. "Sizing Up Corporate Restructuring in the Covid crisis. " Brookings. September 23, 2020. https://www. brookings. edu/bpea-articles/sizing-up-corporate-restructuring-in-the-covid-crisis/.

Griffin, Riley and Drew Armstrong. "Pfizer Vaccine's Funding Came from Berlin, not Washington. " Bloomberg. September 11, 2020. https://www. bloomberg. com/news/articles/2020-11-09/pfizer-vaccine-s-funding-came-from-berlin-not-washington.

Grossman, Derek. "The Quad Is Poised to Become Openly Anti-China Soon" (Blog). The RAND Corporation. July 28, 2020. https://www. rand. org/blog/2020/07/the-quad-is-poised-to-become-openly-anti-china-soon. html.

Grossman, Gene, and Elhanan Helpman. "Identity Politics and Trade Policy. " Princeton University. July 2019. https://www. princeton. edu/~grossman/SocialIdentityJuly2019. pdf.

Guerrieri, Veronica. *Markus' Academy*. Princeton University Webinar. June 19, 2020. https://www. youtube. com/watch? v = x2npgxzuTVg.

Guimarães, Thiago, Karen Lucas, and Paul Timms. "Understanding How Low-Income Communities Gain Access to Healthcare Services: A Qualitative Study in São Paulo, Brazil. " *Journal of Transport and Health* 15 (2019): 100658.

Gurk, Christoph. "Lateinamerika wird zum Testfeld für die Pharmaindustrie. " Süddeutsche Zeitung. August 3, 2020. https://www. sueddeutsche. de/politik/coronavirus-impfstoff-lateinamerika-pharmaindustrie-1. 4986326.

Hall, Robert, and Marianna Kudlyak. "The Inexorable Recoveries of US Unemployment." *NBER Working Papers*, no. 28111 (November 2020). https://sites.google.com/site/mariannakudlyak/home/inexorable_recoveries.

Haltiwanger, John C. "John Haltiwanger Describes How New Business Applications Surged during the Pandemic." NBER. July 12, 2021. https://www.nber.org/affiliated-scholars/researchspotlight/john-haltiwanger-describes-how-new-business-applications-surged-during-pandemic.

Handfield, Robert. "Automation in the Meatpacking Industry Is on the Way." Supply Chain Resource Cooperative. July 9, 2020. https://scm.ncsu.edu/scm-articles/article/automation-in-the-meat-packing-industry-is-on-the-horizon.

Harford, Tim. "Statistics, Lies, and the Virus: Tim Harford's Five Lessons from a Pandemic" (Blog). September 17, 2020. https://timharford.com/2020/09/statistics-lies-and-the-virus-five-lessons-from-a-pandemic/.

Healy, Andrew, and Neal Malhotra. "Myopic Voters and Natural Disaster Policy." *American Political Science Review* 103, no. 3 (2009): 387–406.

Heathcote, Jonathan, Fabrizio Perri, and Giovannia Violante. "The Rise of US Earnings Inequality: Does the Cycle Drive the Trend?" Princeton University. May 31, 2020. http://violante.mycpanel.princeton.edu/Journals/Draft_05-31-20_JH.pdf.

Heimbach, Tobias. "Biden, Netanjahu & Co.: Spitzenpolitiker weltweit lassen sich öffentlich impfen-wann kommt Merkel an die Reihe?" Business Insider. December 23, 2020. https://www.businessinsider.de/politik/deutschland/corona-impfung-joe-biden-wurde-geimpft-merkel/.

Helmore, Edward. "How GameStop Found Itself at the Center of a Groundbreaking Battle between Wall Street and Small Investors." *The Guardian*. January 27, 2021. https://www.theguardian.com/business/2021/jan/27/gamestop-stock-market-retail-wall-street.

Henderson, Richard. "Retail Investors Bet on Bankrupt US Companies Rising Again." *Financial Times*. June 9, 2020. https://www.ft.com/content/b592847a-2061-4460-8aa5-3b22a2153210.

Henley, Andrew, G. Reza Arabsheibani, and Francisco G. Carneiro. "On Defining and Measuring the Informal Sector." World Bank Policy Research Working Papers, March 2006.

Hill, Andrew. "People: The Strongest Link in the Strained Supply Chain." *Financial Times*. March 8, 2021. https://www.ft.com/content/ef937903-ed1d-4625-b2ba-d682318a314f? shareType = nongift.

Holmstrom, Bengt. "The Seasonality of Covid-19." Princeton Bendheim Center for Finance (Webinar). October 22, 2020. https://www.youtube.com/watch? v = z95U8FU9gMQ. http://documents1.worldbank.org/curated/en/940751468021241000/pdf/wps3866.pdf.

Hurst, Erik. *Markus' Academy*. Princeton University Webinar. March 20, 2021. https://www.youtube.com/watch? v = VG7KS5sLABY.

Hutt, David. "EU Split Over China's 'Face Mask' Diplomacy." *Asia Times*. March 28, 2020. https://asiatimes.com/2020/03/eu-split-over-chinas-face-mask-diplomacy/.

Ifo Institut. "Handel mit Bekleidung Wanderts ins Internet ab." April 23, 2021. https://www.ifo.de/node/62942? eNLifo-202104.

International Monetary Fund. "Analyze This! Sovereign Debt Restructuring" (Video). December 2, 2020. https://www.imf.org/external/mmedia/view.aspx? vid = 6213167814001.

International Monetary Fund. "Fiscal Monitor Database of Country Fiscal Measures in Response to the COVID-19 Pandemic." April 2021. https://www.imf.org/en/Topics/imf-and-covid19/Fiscal-Policies-Database-in-Response-to-COVID-19.

International Monetary Fund. "Q&A on Special Drawing Rights." March 16, 2021. https://www.imf.org/en/About/FAQ/special-drawing-right#Q4.%20Will%20an%20SDR%20allocation%20give%20countries%20with%20poor%20governance%20money%20to%20waste.

International Monetary Fund. "Questions and Answers on Sovereign Debt Issues." April 8, 2021. https://www.imf.org/en/About/FAQ/sovereign-debt#Section%205.

International Monetary Fund. "The Good, the Bad, and the Ugly: 100 Years of Dealing with Public Debt Overhangs." October 8, 2012. https://www.elibrary.imf.org/view/IMF081/12743-9781616353896/12743-9781616353896/chap03.xml? rskey = VXkXsE&result = 5&redirect = true&redirect = true.

James, Harold. *Markus' Academy*. Princeton University Webinar. April 24, 2020. https://www.youtube.com/watch?v=PVIm4BdBmTI.

Jiang, Bomin, Daniel Rigebon, and Roberto Rigebon. "From Just in Time, to Just in Case, to Just in Worst-Case." International Monetary Fund Conference Paper. October 12, 2020. https://www.imf.org/-/media/Files/Conferences/2020/ARC/Rigobon-Daniel-et-al.ashx.

Jiang, Zhengyang, Hanno Lustig, and Stijn, Xiaolan, Mindy van Nieuwerburgh. "The US Public Debt Valuation Puzzle." *NBER Working Papers*, no. 26583 (2021).

Johnston, Louis, and Samuel H. Williamson. "What Was the U.S. GDP Then?" Measuring Worth. 2021

Jones, Marc. "Second Sovereign Downgrade Wave Coming, Major Nations at Risk." Reuters. October 16, 2020. https://www.reuters.com/article/us-global-ratings-sovereign-s-p-exclusiv-idUSKBN27126V.

Kluth, Andreas. "Like a Virus, QAnon Spreads from the U.S. to Germany." Bloomberg. September 21, 2020. https://www.bloomberg.com/opinion/articles/2020-09-22/like-a-virus-qanon-spreads-from-the-u-s-to-europe-germany?sref=ATN0rNv3.

Kotowski, Timo. "So Soll der Sommerurlaub Funktionieren." *Frankffurter Allgemeine*. March 19, 2021. https://www.faz.net/aktuell/gesellschaft/gesundheit/coronavirus/testen-statt-quarantaene-konzeptpapier-fuer-corona-sommerurlaub-17253631.html.

Koty, Alexander Chipman. "What Is the China Standards 2035 Plan and How Will It Impact Emerging Industries?" *China Briefing*. July 2, 2020. https://www.china-briefing.com/news/what-is-china-standards-2035-plan-how-will-it-impact-emerging-technologies-what-is-link-made-in-china-2025-goals/.

Kozlowski, Julian, Venky Venkateswaran, and Laura Veldkamp. "The Tail That Wags the Economy: Beliefs and Persistent Stagnation." *Journal of Political Economy* 128, no. 8 (2020): 2839–2879.

Kozlowski, Julian, Venky Venkateswaran, and Laura Veldkamp. "Scarring Body and Mind: The Long-Term Belief-Scarring Effects of Covid-19." *NBER Working Papers*, no. 27439 (June 2020). https://www.nber.org/papers/w27439.

Kremer, MIchael. *Markus' Academy*. Princeton University Webinar. May 1, 2020. https://www.youtube.com/watch?v=C8W8JQLTECc.

Kresge, Naomi. "Pfizer-BioNTech Covid Vaccine Blocks Most Spread in Israel Study." Bloomberg. March 11, 2021. https://www.bloomberg.com/news/articles/2021-03-11/pfizer-biontech-covid-vaccine-blocks-most-spread-in-israel-study.

Krishnamurthy, Arvind. *Markus' Academy*. Princeton University Webinar. June 29, 2020. https://www.youtube.com/watch?v=voVh9BY3Lp4.

Krueger, Anne. "A New Approach to Sovereign Debt Restructuring." International Monetary Fund. April 2002. https://www.imf.org/external/pubs/ft/exrp/sdrm/eng/sdrm.pdf.

Krugman, Paul and Larry Summers. *Markus' Academy*. Princeton University Webinar. February 12, 2021. https://www.youtube.com/watch?v=EbZ3_LZxs54&t=7s.

Krugman, Paul. *Markus' Academy*. Princeton University Webinar. May 16, 2020. https://www.youtube.com/watch?v=h1ZiTIou0_8&list=PLll591lvzxc3xwUuEkOVl1PNngFm9cZnH&index=17.

Lane, Philip. *Markus' Academy*. Princeton University Webinar. March 20, 2020. https://www.youtube.com/watch?v=G-8-4hEkkbs.

Laxminarayan, Ramanan. *Markus' Academy*. Princeton University Webinar. March 30, 2020. https://www.youtube.com/watch?v=z1yHjM7szBk&list=PLPKR-Xs1slgSWqOqaXid_9sQXsPsjV_72&index=31.

LE News. "The Swiss National Bank Owns More A-Class Facebook Shares than Zuckerberg." April 4, 2018. https://lenews.ch/2018/04/04/the-swiss-national-bank-owns-more-a-class-facebook-shares-than-zuckerberg/.

Lee, Ming Jeong and Toshiro Hasegawa. "BOJ Becomes Biggest Japan Stock Owner with?45.1 Trillion Hoard." *The Japan Times*. December 7, 2020. https://www.japantimes.co.jp/news/2020/12/07/business/boj-japan-biggest-stock-owner/.

Leibowitz, Stan, and Stephen E. Margolis. "The Fable of Keys." *Journal of Law and Economics* 33, no. 1 (1990): 1–25.

Liang, Nellie. *Markus' Academy*. Princeton University Webinar. March 6, 2020. https://www.youtube.com/watch?v=6NjE-OOUB_E.

Lombrana, Laura. "An Urban Planner's Trick to Making Bikeable Cities." Bloomberg. August 5, 2020. https://www.bloomberg.com/news/articles/2020-08-05/an-urban-planner-s-trick-to-making-bike-able-cities?sref=ATN0rNv3.

Lund, Susan, Anu Madgavkar, James Manyika, and Sven Smit. "What's Next for Remote Work: An Analysis of 2000 Tasks, 800 Jobs, and Nine Countries." McKinsey Global Institute. November 23, 2020. https://www.mckinsey.com/featured-insights/future-of-work/whats-next-for-remote-work-an-analysis-of-2000-tasks-800-jobs-and-nine-countries? sid = blankform&sid = cd37a5db-95f b-4455-8ed2-f6b0596b8bcb#.

Lund, Susan. "Central Banks in a Shifting World." European Central Bank. November 2020. https://www.ecb.europa.eu/pub/conferences/html/20201111_ecb_forum_on_central_banking.en.html.

Lustig, Nora, Valentina Martinez Pabon, Federico Sanz, and Stephen Younger. "The Impact of Covid-19 Lockdowns and Expanded Social Assistance on Inequality, Poverty and Mobility in Argentina, Brazil, Colombia and Mexico." Center for Global Development Working Paper 556, October 2020. https://www.cgdev.org/sites/default/files/impact-covid-19-lockdowns-and-expanded-social-assistance.pdf.

MacKay, Kath. "UK Life Science Is Proving That It's Been Worth the Investment." Forbes. May 1, 2020. https://www.forbes.com/sites/drkathmackay/2020/05/01/uk-life-science-is-proving-that-its-been-worth-the-investment/? sh = 39c104801771.

Mackintosh, James. "Inflation Is Already Here—For the Stuff You Actually Want to Buy." The Wall Street Journal. September 26, 2020. https://www.wsj.com/articles/inflation-is-already-herefor-the-stuff-you-actually-want-to-buy-11601112630? st = r6rjsuab2ijc738&reflink = article_gmail_share.

Maggi, Giovanni, and Ralph Ossa. "The Political Economy of Deep Integration." NBER Working Papers, no. 28190 (December 2020). https://www.nber.org/papers/w28190.

Malmendier, Ulrike, and Stefan Nagel. "Depression Babies: Do Macroeconomic Experiences Affect Risk Taking?" The Quarterly Journal of Economics 126, no. 1 (2011): 373–416.

Matrajt, Laura, Julia Eaton, Tiffany Leung, and Elizabeth Brown. 2021 "Vaccine Optimization for Covid-19: Who to Vaccinate First?" Science Advances. 2021.

McCarthy, Niall. "America First? Covid-19 Production & Exports." Statista. March 31, 2021. https://www.statista.com/chart/24555/vaccine-doses-produced-and-exported/.

McCarthy, Niall. "The Countries Most Reliant on Remittances \[Infographic\]."

Forbes. April 26, 2018. https://www.forbes.com/sites/niallmccarthy/2018/04/26/the-countries-most-reliant-on-remittances-infographic/? sh=50407d577277.

McGuire, David, James EA Cunningham, Kae Reynolds, and Gerri Matthews-Smith. "Beating the Virus: An Examination of the Crisis Communication Approach Taken by New Zealand Prime Minister Jacinda Ardern During the Covid-19 Pandemic." *Human Resource Development International* 23, no. 4 (2020): 361–379.

Medeiros, Marcelo. "Brazil LAB at Princeton University: Inequalities: Poverty, Racism, and Social Mobility in Brazil." Princeton University Webinar. October 15, 2020. https://www.youtube.com/watch?v=k3OSo83qFq8.

Merle, Renae. "How One Hedge Fund Made $2 Billion from Argentina's Economic Collapse." *The Washington Post*. March 29, 2016. https://www.washingtonpost.com/news/business/wp/2016/03/29/how-one-hedge-fund-made-2-billion-from-argentinas-economic-collapse/.

Meyer, Theodoric. "Four Ways the Government Subsidizes Risky Coastal Building." ProPublica. June 9, 2013. https://www.propublica.org/article/four-ways-the-government-subsidizes-risky-coastal-rebuilding.

Michaelson, Ruth. "'Vaccine Diplomacy' Sees Egypt Roll out Chinese Coronavirus Jab." *The Guardian*. December 30, 2020. https://www.theguardian.com/global-development/2020/dec/30/vaccine-diplomacy-sees-egypt-roll-out-chinese-coronavirus-jab.

Miller, Joe. "Inside the Hunt for a Covid-19 Vaccine: How BioNTech Made the Breakthrough." *Financial Times*. November 13, 2020. https://www.ft.com/content/c4ca8496-a215-44b1-a7eb-f88568fc9de9.

Mills, Claire Kramer, and Jessica Battisto. "Double Jeopardy: Covid-19's Concentrated Health and Wealth Effects in Black Communities." Federal Reserve Bank of New York. August 2020. https://www.newyorkfed.org/medialibrary/media/smallbusiness/DoubleJeopardy_COVID19andBlackOwnedBusinesses.

Mitteldeutscher Rundfunk. "Verschwörungstheorien in Sachsen: Ein wilder." Legenden-Mix. April 27, 2020. https://www.mdr.de/nachrichten/sachsen/corona-verschwoerungstherorien-populismus-100.html.

Mitra, Saumya. "Letter: Why G8 States Are Wary of Special Drawing Rights." *Financial Times*. January 22, 2021. https://www-ft-com.btpl.idm.oclc.org/content/20ca8b0f-9773-43de-9bfc-b09ab9ac5942.

Mordani, Sneha, Haider Tanseem, and Milan Sharma. "Watch: Doctors, Nurses Attacked in Delhi Hospital as Covid Patient Dies Without Getting ICU Bed." *India Today*. April 27, 2021. https://www.indiatoday.in/cities/delhi/story/doctors-attacked-in-delhi-hospital-by-family-of-covid-patient-1795567-2021-04-27.

Mullainathan, Sendhil and Edgar Shafir. *Scarcity: Why Having Too Little Means So Much*. New York: Times Books, 2013.

NBER. *NBER Digest*. August 8, 2020. https://www.nber.org/digest-2020-08.

Nebehay, Stephanie and Kate Kelland. "COVAX Programme Doubles Global Vaccine Supply Deals to 2 Billion Doses." Reuters. December 18, 2020. https://www.reuters.com/article/us-health-coronavirus-covax/covax-programme-doubles-global-vaccine-supply-deals-to-2-billion-doses-idUSKBN28S1PW.

Nonnemacher, Ursula. "Brandenburger Kreise Haben bis zur 200er-Inzidenz Freie Hand." RBB. March 15, 2021. https://www.rbb24.de/studiocottbus/panorama/coronavirus/beitraege_neu/2021/03/elbe-elster-corona-inzidenz-massnahmen-eingriff-land-brandenburg.html.

Nordhaus, William. "Climate Clubs: Overcoming Free-Riding in International Climate Policy." *American Economic Review* 105, no. 4 (2015): 1339–70. ttps://pubs.aeaweb.org/doi/pdfplus/10.1257/aer.15000001.

Nordhaus, William. *Markus' Academy*. Princeton University Webinar. January 28, 2021. https://www.youtube.com/watch?v=QaXZx_nJ_3I.

Officer, Lawrence H. and Samuel H. Williamson. "The Annual Consumer Price Index for the United States, 1774–Present." MeasuringWorth. 2021.

Opportunity Insights Economic Tracker. 2021. https://tracktherecovery.org.

Oreopoulos, Philip, Till Von Wachter, and Andrew Heisz. "The Short-and Long-Term Career Effects of Graduating in a Recession." *American Economic Journal: Applied Economics* 4, no. 1 (2012): 1–29.

Organization for Economic Cooperation and Development. "China's Belt and Road Initiative in the Global Trade, Investment and Finance Landscape." 2018. ttps://www.oecd.org/finance/Chinas-Belt-and-Road-Initiative-in-the-global-trade-investment-and-finance-landscape.pdf.

Organization for Economic Cooperation and Development. "The Face Mask

Global Value Chain in the Covid-19 Outbreak: Evidence and Policy Lessons." May 4, 2020. http://www.oecd.org/coronavirus/policy-responses/the-face-mask-global-value-chain-in-the-COVID-19-outbreak-evidence-and-policy-lessons-a4df866d/#endnotea0z8.

Our World in Data. "Covid-19 Stringency Index." June 1, 2021. https://ourworldindata.org/grapher/Covid-stringency-index.

Oxfam International. "Sanofi/GSK Vaccine Delay a Bitter Blow for World's Poorest Countries." December 11, 2020. https://www.oxfam.org/en/press-releases/sanofigsk-vaccine-delay-bitter-blow-worlds-poorest-countries.

Pedersen, Lasse. *Markus' Academy*. Princeton University Webinar. February 19, 2021. https://www.youtube.com/watch?v=ADnRm5LWCjg.

Peel, Michael and Joe Miller. "EU Hits Back as Blame Game Over Vaccine Procurement Intensifies." *Financial Times*. January 7, 2021. https://www.ft.com/content/c1575e05-70e5-4e5f-b58c-cde5c99aba5f.

Pellejero, Sebastian. "After Record U.S. Corporate-Bond Sales, Slowdown Expected." *The Wall Street Journal*. October 2, 2020. https://www.wsj.com/articles/after-record-u-s-corporate-bond-sales-slowdown-expected-11601631003.

Perchet, Vianney, Philippe Rigollet, Sylvain Chassang, and Erik Snowberg. "Batched Bandit Problems." *Annals of Statistics* 44, no.2 (2016): 660–681. https://arxiv.org/abs/1505.00369.

Phillips, Toby. "Eat Out to Help Out: Crowded Restaurants May Have Driven UK Coronavirus Spike: New Findings." The Conversation. September 10, 2020. https://theconversation.com/eat-out-to-help-out-crowded-restaurants-may-have-driven-uk-coronavirus-spike-new-findings-145945.

Platt, Eric, David Carnevali, and Michael Mackenzie. "Wall Street IPO Bonanza Stirs Uneasy Memories of 90s Dotcom Mania." *Financial Times*. December 11, 2020. https://www.ft.com/content/cfdab1d0-ee5a-4e4a-a37b-20acfc0628e3?shareType=nongift.

Politi, James and Colby Smith. "Federal Reserve Calls Time on Looser Capital Requirements for US Banks." *Financial Times*. March 19, 2021. https://www.ft.com/content/279c2755-acab-4d9a-9092-d55fe5f518fa.

Posen, Adam. *Markus' Academy* (Lecture Slides). Princeton Bendheim Center for Finance. December 10, 2020. https：//bcf. princeton. edu/wp-content/uploads/2020/12/posenslides. pdf.

Powell, Jerome. *Markus' Academy*. Princeton University Webinar. January 14, 2021. https：//www. youtube. com/watch? v = TEC3supZwvM.

Rai, Saritha. "Apple Alum Builds App to Help Millions in Indian Slums Find Jobs." Bloomberg. August 13, 2020. https：//www. bloomberg. com/news/articles/2020-08-14/apna-job-app-aims-to-connect-india-s-workers-with-employees? sref = ATN0rNv3.

Rajan, Raghuram. "Raghuram Rajan on Covid-19：Is It Time to Decentralise Power?" (Video). Coronanomics. July 22, 2020. https：//www. youtube. com/watch? v = VU9d5IyudYs.

Ramkumar, Amrith. "2020 SPAC Boom Lifted Wall Street's Biggest Banks." *The Wall Street Journal*. January 5, 2021. https：//www. wsj. com/articles/2020-spac-boom-lifted-wall-streets-biggest-banks-11609842601? st = lguw1ftxebizf6e&reflink = article_gmail_share.

Ray, Debraj and S. Subramanian. "India's Lockdown：An Interim Report." *NBER Working Papers*, no. 27282 (May 2020).

Relief Web. "Q&A：Brazil's Poor Suffer the Most Under Covid-19." July 14, 2020. https：//reliefweb. int/report/brazil/qa-brazils-poor-suffer-most-under-covid-19.

République Française. "Non-Respect de l'Obligation de Port du Masque：Quelles sont les Règles? October 21, 2020. https：//www. service-public. fr/particuliers/vosdroits/F35351.

Reuters. "Factbox：How the G20's Debt Service Suspension Initiative Works." October 15, 2020. https：//www. reuters. com/article/us-imf-worldbank-emerging-debtrelief-fac/factbox-how-the-g20s-debt-service-suspension-initiative-works-idINKBN27021V.

Reuters. "Germany to Extend Insolvency Moratorium for Virus-Hit Companies." August 25, 2020. https：//www. reuters. com/article/healthcoronavirus-germany-bankruptcy-idUSL8N2FR36J.

Reuters. "Zambia Requests Debt Restructuring Under G20 Common Framework." February 5, 2021. https：//www. reuters. com/article/us-zambia-debt-idUSKBN2A50XL.

Robert Koch Institut. "Daily Situation Report of the Robert Koch Institute. December 29, 2020. https：//www. rki. de/DE/ Content/InfAZ/N/Neuartiges_

Coronavirus/Situationsberichte/Dez_2020/2020-12-29-en. pdf?_blob = publicationFile.

Rodrik, Dani. *Markus' Academy*. Princeton University Webinar. May 5, 2020. https://www.youtube.com/watch?v = 3cRlHugFBq8.

Rogoff, Kenneth. *Markus' Academy*. Princeton University Webinar. June 12, 2020. https://www.youtube.com/watch?v = 0uh4oPjxxq8.

Romer, Paul. *Markus' Academy*. Princeton University Webinar. April 3, 2020. https://www.youtube.com/watch?v = q9z0eu4piHw&list = PLPKR-Xs1slgSWqOqaXid_9sQXsPsjV_72&index = 30.

Roosevelt, Franklin Delano. "'Only Thing We Have to Fear Is Fear Itself': FDR's First Inaugural Address." History Matters. 1933. historymatters.gmu/edu/d/5057.

Rosenberg, Daniel. "How Digital Coupons Fuel China's Economic Recovery." Luohan Academy. May 27, 2020. https://www.luohanacademy.com/insights/e0d638c3f840e3be.

Roser, Max, and Esteban Ortiz-Ospina. "Global Extreme Poverty." Our World in Data. March 27, 2017. https://ourworldindata.org/extreme-poverty.

Rossi-Hansberg, Esteban. *Markus' Academy*. Princeton University Webinar. October 1, 2020. https://www.youtube.com/watch?v = ZsfKRrI2yB4.

RSF Social Finance. "The Runway Project: Loan Provided by the Women's Capital Collaborative." https://rsfsocialfinance.org/person/the-runway-project/.

Ruehl, Mercedes, Stephanie Findlay, and James Kynge. "Tech Cold War Comes to India: Silicon Valley Takes on Alibaba and Tencent." *Financial Times*. August 3, 2020. https://www.ft.com/content/b1df5dfd-36c4-49e6-bc56-506bf3ca3444?shareType = nongift.

Samson, Adam. "Bitcoin's Revival: Boom or Bubble?" *Financial Times*. November 18, 2020. https://www.ft.com/content/a47090ee-fdf5-4cfa-9d17-47c56afad8c3.

Sandbu, Martin. "Globalisation Does Not Mean Deregulation." *Financial Times*. August 20, 2020. https://www.ft.com/content/a04c186b-ab3f-4df3-99fb-638b5aa1ce50?shareType = nongift.

Saritha, Rai. "Wall Street Giants Get Swept Up by India's Brutal Covid Wave."

Bloomberg. May 6, 2021. https://www.bloomberg.com/news/articles/2021-05-06/wall-street-giants-get-swept-up-by-india-s-brutal-covid-wave? utm_medium = social&utm_campaign = socialflow-organic&utm_content = markets&utm_source = twitter&cmpid = socialflow-twitter-business&cmpid%3D = socialflow-.

Saxena, Ragani. "India's Health Time Bomb Keeps Ticking and It's Not Covid-19. Bloomberg. September 10, 2020. https://www.bloomberg.com/news/articles/2020-09-10/india-s-health-time-bomb-keeps-ticking-and-it-s-not-covid-19.

Saxony Government. "Infektionsfälle in Sachsen." March 18, 2021. https://www.coronavirus.sachsen.de/infektionsfaelle-in-sachsen-4151.html.

Scheidel, Walter. *The Great Leveler*. Princeton, NJ: Princeton University Press, 2018.

Schmelzing, Paul. "Eight Centuries of Global Real Interest Rates, R-G, and the 'Supra-Secular' Decline." Bank of England Staff Working Paper 845, (January 3, 2020): 1311 – 2018. https://www.bankofengland.co.uk/working-paper/2020/eight-centuries-of-global-real-interest-rates-r-g-and-the-suprasecular-decline-1311-2018.

Schmidt, Eric. *Markus' Academy*. Princeton University Webinar. July 27, 2020. https://www.youtube.com/watch? v = 726B0y1D5ZM&t = 31s.

Schulze, Elizabeth. "Robert Shiller Warns that Urban Home Prices Could Decline. CNBC. July 13, 2020. https://www.cnbc.com/2020/07/13/robert-shiller-warns-that-urban-home-prices-could-decline.html.

Sevastopulo, Demetri and Amy Kazmin. "US and Asia Allies Plan Covid Vaccine Strategy to Counter China." *Financial Times*. March 3, 2021. https://www.ft.com/content/1dc04520-c2fb-4859-9821-c405f51f8586.

Shalal, Andrea and David Lawder. "Yellen Backs New Allocation of IMF's SDR Currency to Help Poor Nations." Reuters. February 25, 2021. https://www.reuters.com/article/g20-usa/update-3-yellen-backs-new-allocation-of-imfs-sdr-currency-to-help-poor-nations-idUSL1N2KV1IA.

Shayo, Moses. "A Model of Social Identity with an Application to Political Economy: Nation, Class, and Redistribution." *American Political Science Review* (2009): 147 – 174.

Shiller, Robert. *Markus' Academy*. Princeton University Webinar. July 10, 2020. https://www.youtube.com/watch? v = ak5xX8PEGAI.

Shin, Hyun Song. *Markus' Academy*. Princeton University Webinar. April 20,

2020. https://www.youtube.com/watch?v=LnmMRrzjNWQ.

Siedenbiedel, Christian. "In der Krise Horten die Menschen Bargeld." *Frankfurter Allgemeine*. September 24, 2020. https://www.faz.net/aktuell/finanzen/meine-finanzen/sparen-und-geld-anlegen/ezb-wirtschaftsbericht-in-der-krise-wird-bargeld-gehortet-16969517.html.

Sina, Ralph and Dominik Lauck. "Warum Israel Genug Impfstoff Hat." Tagesschau. January 23, 2021. https://www.tagesschau.de/ausland/impfstoff-israel-biontech-101.html.

Sinn, Hans-Werner. *The Green Paradox*. Cambridge, MA: MIT Press, 2012.

Slaoui, Moncef and Matthew Hepburn. "Developing Safe and Effective Covid Vaccines—Operation Warp Speed's Strategy and Approach." *New England Journal of Medicine* 383, no. 18 (2020): 1701–1703. https://www.nejm.org/doi/full/10.1056/NEJMp2027405.

Slok, Torsten. *Markus' Academy*. Princeton University Webinar. March 20, 2020. https://www.youtube.com/watch?v=zgxDybynvNM.

Solomon, Erika and Guy Chazan. "'We Need a Real Policy for China': Germany Ponders Post-Merkel Shift." *Financial Times*. January 5, 2021. https://www.ft.com/content/0de447eb-999d-452f-a1c9-d235cc5ea6d9.

Solomon, Erika. "BioNTech Seeks to Develop a More Effective Malaria Vaccine." *Financial Times*. July 26, 2021. https://www.ft.com/content/e112b318-aced-482b-be4f-ec76f39cdc3f.

Spataro, Jared. "2 Years of Digital Transformation in 2 Months." Microsoft. April 30, 2020. https://www.microsoft.com/en-us/microsoft-365/blog/2020/04/30/2-years-digital-transformation-2-months/.

Spellman, Damian. "Two Newcastle Players Still 'Not Well at All' Following Covid Outbreak, Says Steve Bruce." *The Independent*. December 16, 2020. https://www.independent.co.uk/sport/football/premier-league/newcastle/players-covid-outbreak-who-steve-bruce-b1774816.html.

Spence, Michael. *Markus' Academy*. Princeton University Webinar. July 6, 2020. https://www.youtube.com/watch?v=92-vc238_nI&list=PLPKR-Xs1slgSWqOqaXid_9sQXsPsjV_72&index=6.

Stein, Jeremy. *Markus' Academy*. Princeton University Webinar. May 11, 2020.

https://www.youtube.com/watch?v=0iNQNzAUDiw.

Stephen, Bijan. "The Lockdown Live-Streaming Numbers Are Out, and They're Huge." The Verge. May 13, 2020. https://www.theverge.com/2020/5/13/21257227/coronavirus-streamelements-arsenalgg-twitch-youtube-livestream-numbers.

Steverman, Ben. "Harvard's Chetty Finds Economic Carnage in Wealthiest ZIP Codes." Bloomberg. September 24, 2020. https://www.bloomberg.com/news/features/2020-09-24/harvard-economist-raj-chetty-creates-god-s-eye-view-of-pandemic-damage.

Stiglitz, Joseph. *Markus' Academy*. Princeton University Webinar. April 27, 2020. https://www.youtube.com/watch?v=_6SoT97wo3g.

Stock, James. *Markus' Academy*. Princeton University Webinar. January 21, 2021. https://www.youtube.com/watch?v=_7Imhf7t0Co.

Summers, Lawrence. *Markus' Academy*. Princeton University Webinar. May 22, 2020. https://www.youtube.com/watch?v=cZmRtQCR2ns&list=PLPKR-Xs1slgSWqOqaXid_9sQXsPsjV_72&index=17.

Tett, Gillian. "Pandemic Aid Is Exacerbating US Inequality." *Financial Times*. August 6, 2020. https://www.ft.com/content/8287303f-4062-4808-8ce3-f7fa9f87e185.

The Economist. "India's Giant Second Wave Is a Disaster for It and for the World." April 24, 2021.

The Economist. "'The Covid-19 Pandemic Will Be Over by the End of 2021,' says Bill Gates." August 18, 2020. https://www.economist.com/international/2020/08/18/the-covid-19-pandemic-will-be-over-by-the-end-of-2021-says-bill-gates.

The Economist. "Are Vaccine Passports a Good Idea?" March 13, 2020. https://www.economist.com/science-and-technology/2021/03/11/are-vaccine-passports-a-good-idea.

The Economist. "Economists Are Rethinking the Numbers on Inequality." November 28, 2019. https://www.economist.com/briefing/2019/11/28/economists-are-rethinking-the-numbers-on-inequality.

The Economist. "How Well Will Vaccines Work?" February 11, 2021. https://www.economist.com/leaders/2021/02/13/how-well-will-vaccines-work.

The Economist. "When Will Office Workers Return?" February 20, 2021. https://www.economist.com/business/2021/02/20/when-will-office-workers-return.

The Guardian. "Big Brother Isn't Just Watching: Workplace Surveillance Can Track Your Every Move." November 6, 2017. https://www.theguardian.com/world/2017/nov/06/workplace-surveillance-big-brother-technology.

The Guardian. "Joe Biden Receives Coronavirus Vaccine" (Video). December 21, 2020. https://www.theguardian.com/us-news/video/2020/dec/21/joe-biden-receives-coronavirus-vaccine-video.

The Renaissance: The Age of Michelangelo and Leonardo da Vinci. Documentary film by DW. April 28, 2019. https://www.youtube.com/watch?v=BmHTQsxxkPk.

The World Bank. "Consumption Expenditure as a Percent of GDP in China." 2021 https://data.worldbank.org/indicator/NE.CON.TOTL.ZS?locations=CN.

The World Bank. "Debt Service Suspension and COVID-19." February 12, 2020. https://www.worldbank.org/en/news/factsheet/2020/05/11/debt-relief-and-covid-19-coronavirus.

Tirole, Jean. "Allons-Nous Enfin Apprendre Notre Leçon?" LinkedIn. April 14, 2020. https://www.linkedin.com/pulse/allons-nous-enfin-apprendre-notre-le%C3%A7on-jean-tirole/.

Titan, Alon, Matthias Doepke, Jane Olmstead-Rumsey, and Michele Tertilt. "The Impact of Covid-19 on Gender Equality." *NBER Working Papers*, no. 27660 (August 2020).

Trading Economics. "Brazil Recorded a Government Budget Deficit Equal to 13.40 Percent of the Country's Gross Domestic Product in 2020." 2021. https://tradingeconomics.com/brazil/government-budget.

Trading Economics. "Sweden GDP Growth Rate." February 26, 2020. https://tradingeconomics.com/sweden/gdp-growth.

Trading Economics. "Taiwan GDP Growth." 2021. https://tradingeconomics.com/taiwan/gdp-growth.

Vegh, Carlos A. "Fiscal Policy in Emerging Markets: Procyclicality and Graduation." NBER. December 2015. https://www.nber.org/reporter/2015number4/fiscal-policy-emerging-markets-procyclicality-and-graduation.

Vissing-Jorgensen, Annette. "The Treasury Market in Spring 2020 and the Response of the Federal Reserve." April 5, 2021. http://faculty.haas.berkeley.edu/vissing/vissing_jorgensen_bonds2020.pdf.

Walsh, David. "Do We Need Coronavirus 'Vaccine Passports' to Get Europe Moving Again? Euronews Asks the Experts." Euronews. December 11, 2020. https://www.euronews.com/2020/12/11/do-we-need-coronavirus-vaccine-passports-to-get-the-world-moving-again-euronews-asks-the-e.

Wasdani, Kishinchand Poornima and Ajnesh Prasad. "The Impossibility of Social Distancing among the Urban Poor: The Case of an Indian Slum in the Times of COVID-19." *Local Environment* 25, no. 5 (2020): 414–418.

Welt. "Das ist Drostens Plan für den Herbst." August 5, 2020. https://www.welt.de/politik/deutschland/article212941080/Christian-Drosten-Buerger-sollen-Kontakt-Tagebuch-fuehren.html.

Westmaas, Rueben. "World Famous Chicago Skyscraper Sways in Wind." Discovery. August 1, 2019. https://www.discovery.com/exploration/World-Famous-Chicago-Skyscraper-Sway-Wind.

Wharton Research Data Services. "Using the CRSP/Compustat Merged (CCM) Database." 2021. https://wrds-www.wharton.upenn.edu/pages/classroom/using-crspcompustat-merged-database/.

Wheatley, Jonathan. "Debt Dilemma: How to Avoid a Crisis in Emerging Nations." Financial Times. December 20, 2020. https://www.ft.com/content/de43248e-e8eb-4381-9d2f-a539d1f1662c?shareType=nongift.

Wheatley, Jonathan. "Emerging Markets Attract $17bn of Inflows in First Three Weeks of 2021." *Financial Times*. January 22, 2021. https://www.ft.com/content/f9b94ac9-1df1-4d89-b129-5b30ff98e715?shareType=nongift.

Wheatley, Jonathan. "Foreign Investors Dash into Emerging Markets at Swiftest Pace since 2013." *Financial Times*. December 17, 2020. https://www.ft.com/content/e12a1eee-2571-4ae5-bc91-cc17ee7f40d0?shareType=nongift.

Wiegel, Michaela. "Wie Frankreich die Akzeptanz der Corona-Maßnahmen Verspielt." *Frankfurter Allgemeine*. September 24, 2020. https://www.faz.net/aktuell/politik/ausland/wie-frankreich-die-akzeptanz-der-corona-massnahmen-verspielt-16969296.html.

Wigglesworth, Robin, Richard Henderson, and Eric Platt. "The Lockdown Death of a 20-Year-Old Day Trader." *Financial Times*. July 2, 2020. https://www.ft.com/content/45d0a047-360f-4abf-86ee-108f436015a1.

Wikipedia. "Tacoma Narrows Bridge (1940)." https://en.wikipedia.org/wiki/Tacoma_Narrows_Bridge_(1940)#Film_of_collapse.

Wolf, Marin. "How Coronavirus and Race Collide in the US." Bloomberg. August 11, 2020. https://www.bloombergquint.com/quicktakes/how-coronavirus-and-race-collide-in-the-u-s-quicktake.

Xie, Yu and Xiang Zhou. "Income Inequality in Today's China." *Proceedings of the National Academy of Sciences* 111, no. 19 (2014): 6928–6933. https://www.pnas.org/content/111/19/6928.short.

Zeckhauser, Richard. *Markus' Academy*. Princeton University Webinar. July 17, 2020. https://www.youtube.com/watch?v=jHTRFizTsFE&list=PLPKR-Xs1slgSWqOqaXid_9sQXsPsjV_72&index=3.

Zhong, Raymond. "How Taiwan Plans to Stay (Mostly) Covid Free." *The New York Times*. January 2, 2021. https://www.nytimes.com/2021/01/02/world/asia/taiwan-coronavirus-health-minister.html.

致　谢

特别感谢托马斯·克伦（Thomas Krön）。没有他的鼎力支持，本书就无法问世。

我从 2020 年 3 月开始组织普林斯顿系列网络研讨会"马库斯学院"（Markus' Academy），许多顶尖科学家和经济学家参与发表演讲，使我受益匪浅。特别感谢十多位诺贝尔奖获得者，其中包括保罗·罗默（Paul Romer）、安格斯·迪顿（Angus Deaton）、约瑟夫·斯蒂格利茨（Joseph Stiglitz）、迈克尔·克雷默（Michael Kremer）、保罗·克鲁格曼（Paul Krugman）、迈克尔·斯宾塞（Michael Spence）、罗伯特·希勒（Robert Shiller）、让·梯若尔（Jean Tirole）、克里斯·西姆斯（Chris Sims）、本特·霍姆斯特朗（Bengt Holmstrom）、威廉·诺德豪斯（William Nordhaus）和埃丝特·迪弗洛（Esther Duflo）等。另外还要感谢流行病学家拉马南·莱克斯米纳拉扬（Ramanan Laxminarayan）和历史学家哈罗德·詹姆斯（Harold James）的分享。我非常感谢以下顶尖经济学家：托尔斯滕·斯洛克（Torsten Slok）、梁内利（Nellie Liang）、奥利维尔·布兰查德

（Olivier Blanchard）、泰勒·考恩（Tyler Cowen）、乔书亚·甘斯（Joshua Gans）、佩内洛比·戈德伯格（Penelopi Goldberg）、申铉松（Hyun Song Shin）、丹尼·罗德里克（Dani Rodrik）、达龙·阿西莫格鲁（Daron Acemoglu）、杰里米·斯坦（Jeremy Stein）、约翰·科克伦（John Cochrane）、劳伦斯·萨默斯（Lawrence Summers）、吉塔·戈皮纳斯（Gita Gopinath）、达雷尔·达菲（Darrell Duffie）、丽莎·库克（Lisa Cook）、肯尼斯·罗高夫（Kenneth Rogoff）、拉贾·切蒂（Raj Chetty）、维罗尼卡·盖里瑞（Veronica Guerrieri）、埃里克·赫斯特（Erik Hurst）、阿文德·克里希纳穆尔西（Arvind Krishnamurthy）、理查德·泽克豪泽（Richard Zeckhauser）、埃斯特万·罗斯-汉斯伯格（Esteban Rossi-Hansberg）、路易吉·津加莱斯（Luigi Zingales）、罗伯特·霍尔（Robert Hall）、艾米丽·奥斯特（Emily Oster）、斯蒂芬·雷丁（Stephen Redding）、杰森·弗尔曼（Jason Furman）、尼克·布鲁姆（Nick Bloom）、亚当·波森（Adam Posen）、查尔斯·古德哈特（Charles Goodhart）、詹姆斯·斯托克（James Stock）、安迪·洛（Andy Lo）、莱斯·佩德森（Lasse Pedersen）、莫妮卡·德博勒（Monica de Bolle）、伊万·韦宁（Iván Werning）、阿米特·塞鲁（Amit Seru）、艾伦·奥尔巴赫（Alan Auerbach）、罗宾·布鲁克斯（Robin Brooks）、加里·戈顿（Gary Gorton）、中村惠美（Emi Nakamura）、安托瓦内特·肖尔（Antoinette Schoar）、阿尔贝托·卡瓦罗（Alberto Cavallo）、菲利普·阿吉翁（Philippe Aghion）、埃德玛·巴查（Edmar Bacha）和维拉尔·阿查里亚（Viral Acharya）等。本书的写作得到几位现任或前任各国央行行长的极大支持，包括比尔·达德利（Bill Dudley）、菲利普·雷恩（Philip Lane）、阿米尼奥·弗拉加（Arminio Fraga）、拉古拉迈·拉詹（Raghuram Rajan）、杰罗姆·鲍威尔（Jerome Powell）和阿古斯汀·卡斯滕斯（Agustin Carstens）。我还要感谢欧元集团主席帕斯卡尔·多诺霍（Paschal Donohoe）以及金融专家巴里·里萨兹（Barry Ritholtz）和利兹·迈尔斯（Liz Myers），并对埃里克·施密特（Eric Schmidt）这样的技术专家致谢。另外我特别感谢德莱尼·帕里什（Delaney Parrish）和凯尔西·理查森（Kelsey Richardson），他们在疫情的困难时期帮助我建立了普林斯顿网络研讨会。

感谢让-皮埃尔·兰道（Jean-Pierre Landau）详细和建设性的反馈意见。我还从以下人士那里得到了有益的反馈意见：约瑟夫·阿巴迪（Joseph Abadi）、卡提克·阿南德（Kartik Anand）、西尔万·查桑（Sylvain Chassang）、马丁·穆莱森（Martin Muöhleisen）、德克·尼佩尔特（Dirk Niepelt）、彼得罗·奥尔托莱娃（Pietro Ortoleva）、让·皮萨尼-费里（Jean Pisani-Ferry）、罗希特·兰巴（Rohit Lamba）、里卡多·雷斯（Ricardo Reis）、扬尼克·蒂默（Yannick Timmer）、西格德·瓦格纳（Sigurd Wagner）、杰罗明·泽特梅尔（Jeromin Zettelmeyer）、汉斯-赫尔穆特·科茨（Hans-Helmut Kotz）和德国银行的一个阅读小组，以及彼得森国际经济研究所的四位匿名审稿人。

我还想向克里斯蒂娜·徐（Christina Xu）和莫汉·塞蒂·查丽蒂（Mohan Setty Charity）表示深深的感谢，他们仔细阅读了本书的每一章，协助了早期草稿的修改。我同时要感谢收集数据并在书中绘制图表的唐·诺（Don Noh），感谢编辑格伦·麦克马汉（Glenn McMahan）和詹姆斯·克拉克（James Clarke）的封面设计和排版。

最后我要感谢我的妻子斯米塔（Smita）和我的两个女儿安加莉（Anjali）和普里娅（Priya），感谢她们在疫情期间对我的支持。

比较译丛

《韧性社会》
《人类之旅》
《绿色经济学》
《皮凯蒂之后》
《创造性破坏的力量》
《人口大逆转》
《不公正的胜利》
《历史动力学》
《价格的发现》
《信念共同体》
《叙事经济学》
《人类网络》
《贸易的冲突》
《全球不平等》
《断裂的阶梯》
《无霸主的世界经济》
《贸易的真相》
《国家、经济与大分流》
《希特勒的影子帝国》
《暴力的阴影》
《美国增长的起落》
《欧元的思想之争》
《欧洲何以征服世界》
《经济学规则》

《政策制定的艺术》
《不平等，我们能做什么》
《一种经济学，多种药方》
《历史上的企业家精神》
《人为制造的脆弱性》
《繁荣的真谛》
《债居时代》
《落后之源》
《21世纪资本论》
《债务和魔鬼》
《身份经济学》
《全球贸易和国家利益冲突》
《动物精神》
《思考，快与慢》
《强权与富足》
《探索经济繁荣》
《西方现代社会的经济变迁》
《萧条经济学的回归》
《白人的负担》
《大裂变》
《最底层的10亿人》
《绑在一起》
《下一轮伟大的全球化》
《市场演进的故事》
《在增长的迷雾中求索》
《美国90年代的经济政策》
《掠夺之手》
《从资本家手中拯救资本主义》
《资本主义的增长奇迹》
《现代自由贸易》
《转轨中的福利、选择和一致性》